21世纪全国高师音乐系列教材
21 SHIJI QUANGUO GAOSHI YINYUE XILIE JIAOCAI

音乐教学论

THEORY （修订版）

YINYUE JIAOXUELUN

教育部体育卫生与艺术教育司审查通过
全国高等学校音乐专业课程教材

尹 红 编著

国家一级出版社
全国百佳图书出版单位
西南师范大学出版社
XINAN SHIFAN DAXUE CHUBANSHE

21世纪全国高师音乐系列教材　编委会

BIANWEIHUI

CONTENT 目 录

第一章

绪　论

一、音乐教学论的性质和任务

音乐教学论，是我国高等师范院校音乐教育专业教学计划中设置的必修课程，也是我国在职音乐教师参加继续教育、进修高等师范音乐专业的必修课程。

音乐教学论是一门相对独立的学科，主要是研究中小学音乐教学的一般规律的科学。它既要研究教师如何教、又要研究学生如何学，并探究音乐教学中各种因素的相互关系、相互作用及其发展规律。所以，音乐教学论属于理论与应用相兼的学科。

通过本课程的学习及音乐教育见习、实习等教学实践环节的锻炼，使学生逐步成为能够独立从事中小学音乐教育教学工作的合格的音乐教师。

音乐教学论课程的任务是：

（一）学习研究音乐教学理论

音乐教学论以教育学、教育心理学、美育心理学的基本理论为依据，以《全国学校艺术教育总体规划》及各类学校音乐课程标准、音乐教学大纲为指导，在总结与继承我国音乐教育的成功经验，学习借鉴国内外音乐教学法精华的基础上，进而认识音乐教育在中小学校教育中的地位和作用，了解中小学音乐课程性质与价值，音乐课程的基本理念，音乐课程目标和内容标准，了解音乐教育的发展趋势，掌握进行中小学音乐教学研究的相关理论知识，明确音乐教师的神圣职责，为研究和创建具有中国特色的音乐教育教学体系打下良好的基础。

（二）学习研究音乐教学规律

音乐教学论的另一重要任务，就是研究中小学及中等师范学校的音乐教学的基本原理，既要研究教师如何教，也要研究学生如何学，从音乐教学中各种因素的相互关系，相互作用及其发展规律来研究中小学校的音乐教学，尤其是要研究如何根据音乐艺术特点进行音乐教学，使学生掌握中小学音乐教育教学活动的一般规律。

（三）指导音乐教育教学实践

学习、研究音乐教学论的主要任务，是用以指导中小学音乐教育教学实践。音乐教学论是一门实践性很强的学科。一方面，要学习并掌握音乐教育教学的相关理论，懂得中小学音乐教学规律，使学习者在音乐教学中知道如何运用的同时，还能领会为什么这样运用，提高运用科学方法的自觉性、创造性；另一方面，还必须有目的地深入到中小学校音乐教育环境之中，丰富感性认识和理性认识，熟悉中小学音乐教学各个领域的教学内容、教学原则、教学方法、教学过程，能够独立设计安排中小学各种类型的音乐课，逐步培养学生当好音乐教师应具备的综合能力。使学生成为能够独立从事中小学校音乐教育教学工作的合格的音乐教师。

二、怎样学习音乐教学论

（一）坚持正确的指导思想

坚持正确的指导思想，就是要以马列主义和毛泽东思想为指导，以国家颁发的有关教育文件为指导性依据，以教育学、心理学和美学作为基础理论，始终坚持音乐教育的正确方向，在学习音乐教学论并运用于音乐教学实践的时候，能够符合中小学音乐教育教学的规律，能够把握社会主义的根本性质。

（二）注重理论与实践相结合

理论与实践相结合，是学习音乐教学论必须遵循的基本原则。应该既注重教学理论的研究，也注重教学实践的研究；既要学习音乐教育历史中成功的教学经验，也要以教学理论总结自己教学实践中的经验和教训；既要对中外音乐教学法进行学习研究，又要将其结合到自己的音乐教育教学实践中创造性地运用，从而不断提高音乐教学水平。

（三）坚持发展并勇于创新

在新的 21 世纪，世界音乐教育发展迅速，音乐教学论需要不断地发展创新，音乐教育教学活动的本身也需要不断发展创新。从中国近现代的学校音乐教育发展来看，我国音乐教学大致经历了由灌输式的教学发展到园丁式的教学，又从园丁式的教学发展到现在提倡的交流式的教学，从音乐教学方式逐步转变的过程说明，没有发展创新，就不可能有今天中小学丰富多彩生机勃勃的音乐教学。

勇于思考、勇于探索、勇于创新，是新时代对音乐教育工作者的要求，对于每位从事或即将从事音乐教育的教学工作者而言，必须具备继续获得新的音乐教育教学知识、总结新的音乐教育教学经验、发展新的音乐教育教学理论的科学的思想方法，不断丰富和发展音乐教学论，为提高我国音乐教育教学水平做出积极贡献。

第二章

音乐课程标准(大纲)及我国音乐教改特色简介

第一节　音乐课程标准(大纲)的意义

音乐课程是我国基础教育的组成部分和必修学科，音乐课程标准或音乐教学大纲(以下简称“大纲”)，都是由国家教育行政主管部门根据国家的教育方针，根据《中华人民共和国义务教育法》以及课程(教学)计划中规定音乐学科的目的、任务而制订、颁布的指导性文件。正确理解和把握音乐课程标准(大纲)的内涵和精神，对于我们进一步深化音乐教育改革，全面推进素质教育，切实搞好音乐教育教学工作是十分重要的。

一、音乐课程标准(大纲)的意义

在《中共中央国务院关于深化教育改革全面推进素质教育的决定》的精神指引下，我国新一轮基础教育课程改革在世纪之交启动。经过充分研究和实验，在21世纪之初，教育部相继制订并颁布了全日制义务教育阶段和普通高中阶段的《音乐课程标准》。音乐课程标准(大纲)的意义体现在以下几个方面：

(一)保证了我国教育方针的贯彻实施

1999年6月召开的全国教育工作会议，指出我国的教育要“以提高国民素质为根本宗旨，以培养学生创新精神和实践能力为重点，造就‘有理想、有道德、有文化、有纪律的’、德智体美等全面发展的社会主义事业建设者和接班人”。同时，还要求“必须把德育、智育、体育、美育等有机地统一在教育活动的各个环节中”。音乐课程标准(大纲)，是国家教育方针的指导思想在音乐学科的具体体现，因此，音乐教育教学要贯彻我国四育(德、智、体、美)并举的教育方针，要贯彻全国教育工作会议精神，就必须学习好音乐课程标准和音乐教学大纲，把握其基本精神和主要特点，以保证我国教育方针在中小学音乐教育中贯彻实施。

(二)明确了音乐教育的基本理念

音乐课程标准(大纲)，明确提出了音乐教育新的基本理念。这些基本理念为指导学校音乐课程更好地实施提供了理论基础，必然会带来音乐教学内容与要求、过程与方法、评价与考核等方面一系列变化。将极大地有利于音乐教育教学质量的提高，对于指导我国中小学的音乐教学工作，繁荣和发展我国的基础音乐教育，无疑具有十分重要的意义。尤其是音乐课程标准不仅对音乐课程的性质与价值、基本理念作了全新的表述，而且对课程目标进行了具体阐述，体现了素质教育和音乐学科功能的特点，为新世纪的基础音乐教育指明了方向。

（三）规定了音乐教学领域和内容

音乐课程标准（大纲），根据音乐艺术的特征和现代教育的要求，按照中小学生身心发展特点和音乐教育审美认知规律，规定了中小学音乐教学的课程目标和音乐教学的领域及内容标准，指出了中小学生在音乐教学活动中学习体验的方式和方法，从教学、评价、课程资源、教材编写等各个方面对标准的实施给予指导，是音乐教师进行音乐教育教学、音乐教学评估及学业考核的依据。每位教师都必须以音乐课程标准（大纲）的要求和标准来指导音乐教学，制订音乐教学计划，予以认真实施。

（四）提出了音乐教材编订的依据

我国从 20 世纪 80 年代开始提倡实施“一纲多本”的教材编写方式以来，音乐教材建设呈现出多姿多彩，蓬勃发展的大好势头。全国各地、各部门编写的各有特色的音乐教材都以音乐教学大纲、音乐课程标准为依据，在经过国家有关部门审查批准的基础上向全国推荐使用。音乐教师选择音乐教材时亦应以音乐课程标准或音乐教学大纲为重要依据，从学校的实际出发来选订音乐教材。

总之，音乐课程标准和音乐教学大纲，反映了时代的发展和社会的需求，是国家对基础音乐教育的指导性文件，是国家对学校音乐教育的基本要求，是教师进行音乐教学的依据，是衡量音乐教学质量的重要标准，依照音乐课程标准和音乐教学大纲进行音乐教学，是加强教学计划性、提高教学质量的保证。

二、音乐课程标准（大纲）的贯彻

（一）学习钻研音乐课程标准（大纲）

认真学习、深入钻研和领会音乐课程标准或音乐教学大纲，是保证教育教学工作正确贯彻音乐课程标准（大纲）的前提。每一位教师只有在深入学习、钻研的基础上，才能深刻理解音乐课程的性质与价值，明确音乐教育的基本理念和课程目标，掌握音乐课程标准或大纲的设计思路、基本框架、主要特点以及其内在联系的整个科学体系，熟悉音乐教学领域和内容，深刻地理解它丰厚的内蕴，从而对音乐课程标准或音乐教学大纲有一个完整、清晰的认识，使学校的音乐教育教学工作能够正确地贯彻实施音乐课程标准和音乐教学大纲。

（二）自觉贯彻音乐课程标准（大纲）

认真自觉贯彻音乐课程标准或音乐教学大纲，是每位教育工作者的职责。每所学校和每位教师，都必须按照音乐课程标准或音乐教学大纲要求来开展学校的音乐教育教学工作，音乐教师对“课标”或“大纲”的课程目标应予以贯彻执行。首先应做到要熟记于心，对音乐课程标准（大纲）的科学体系、总的精神、基本理念、课程目标和规划要求都要了如指掌，只有在此基础上，才能做到自觉运用，就是将音乐课程标准（大纲）精神，自觉地运用于备课、讲课、开展音乐活动等各个教学的环节之中，始终正确把握音乐教育的培养目标和方向。

（三）依据音乐课程标准（大纲）的精神钻研教材

我国中小学校的音乐教材，是根据音乐课程标准（大纲）的要求而编写的系统反映音乐教学领域和内容的教学用书，它是音乐课程标准（大纲）的具体化，是师生进行音乐教学活动的依据。因此，在学习、钻研音乐课程标准（大纲）的基础上，贯彻执行课标或大纲，还必须根据音乐课程标准或音乐教学大纲的精神和要求，深入钻研音乐教材，阅读有关教学资料，掌握教材内容的深度与广度，规划教材的安排，确定教材的进度，选择恰当的教学方法，编写教学计划，创造性地完成教学任务，使我们的音乐教育教学充分发挥审美育人功能，实现培养人的全面发展这一最终目的。

第二节　音乐课程标准（音乐教学大纲）

一、《全日制义务教育音乐课程标准（实验稿）》

第一部分　前　言

新中国成立以来，我国中小学音乐教育在发展的过程中取得了很大的成绩。尤其是近年来，美育被列为教育方针的内容之一，音乐教育事业获得迅速发展，师资队伍不断扩大，后备力量增多，水平大有提高；音乐教育科研有了长足的进步，取得了许多优秀成果；随着国际音乐教育交流活动的日益增多，国外一些可供借鉴的音乐教育思想和教学体系被系统介绍和引进；教学手段正逐步得到改善和提高。这一切都为我国音乐教育的继续发展奠定了良好的基础。但是，在新的历史条件下，现行音乐教育观念、内容、方法、手段和评价体系等方面已不能适应素质教育发展的要求。这种状况影响着音乐教育审美功能的有效发挥，制约着我国中小学音乐教育事业的发展。因此，音乐教育改革势在必行。

制订《全日制义务教育音乐课程标准(实验稿)》(以下简称《标准》),是音乐教育改革的重要环节。《标准》力求体现深化教育改革,全面推进素质教育的基本精神,以音乐审美体验为核心,使学习内容生动有趣、丰富多彩,有鲜明的时代感和民族性,引导学生主动参与音乐实践,尊重个体的不同音乐体验和学习方式,以提高学生的审美能力,发展学生的创造性思维,形成良好的人文素养,为学生终身喜爱音乐、学习音乐、享受音乐奠定良好的基础。

(一)课程性质与价值

音乐是人类最古老、最具普遍性和感染力的艺术形式之一,是人类通过特定的音响结构实现思想和感情表现与交流的必不可少的重要形式,是人类精神生活的有机组成部分;作为人类文化的一种重要形态和载体,蕴涵着丰富的文化和历史内涵,以其独特的艺术魅力伴随人类历史的发展,满足人们的精神文化需求。对音乐的感悟、表现和创造,是人类基本素质和能力的一种反映。

音乐课是人文学科的一个重要领域,是实施美育的主要途径之一,是基础教育阶段的一门必修课。

音乐课程的价值主要体现在以下几个方面:

1. 审美体验价值

音乐教育以审美为核心,主要作用于人的情感世界。音乐课的基本价值在于通过以聆听音乐、表现音乐和音乐创造活动为主的审美活动,使学生充分体验蕴涵于音乐音响形式中的美和丰富的情感,为音乐所表达的真善美理想境界所吸引、所陶醉,与之产生强烈的情感共鸣,使音乐艺术净化心灵、陶冶情操、启迪智慧、情智互补的作用和功能得到有效的发挥,以利于学生养成健康、高尚的审美情趣和积极乐观的生活态度,为其终身热爱音乐、热爱艺术、热爱生活打下良好的基础。

2. 创造性发展价值

创造是艺术乃至整个社会历史发展的根本动力,是艺术教育功能和价值的重要体现。音乐创造因其强烈而清晰的个性特征而充满魅力。在音乐课中,生动活泼的音乐欣赏、表现和创造活动,能够激活学生的表现欲望和创造冲动,在主动参与中展现他们的个性和创造才能,使他们的想象力和创造性思维得到充分发挥。

3. 社会交往价值

音乐在许多情况下是群体性的活动,如齐唱、齐奏、合唱、合奏、重唱、重奏以及歌舞表演等,这种相互配合的群体音乐活动,同时也是一种以音乐为纽带进行的人际交流,它有助于养成学生共同参与的群体意识和相互尊重的合作精神。成功的音乐教育不仅在学校的课堂上,而且也应在社会的大环境中进行,对社会音乐生活的关心,对班级、学校和社会音乐活动的积极参与,将使学生的群体意识、合作精神和实践能力等得到锻炼和发展。

4. 文化传承价值

音乐是人类文化传承的重要载体,是人类宝贵的文化遗产和智慧结晶。学生通过学习中国民族音乐，将会了解和热爱祖国的音乐文化，华夏民族音乐传播所产生的强大凝聚力，有助于培养学生的爱国主义情怀；学生通过学习世界上其他国家和民族的音乐文化，将会拓宽他们的审美视野，认识世界各民族音乐文化的丰富性和多样性．增进对不同文化的理解、尊重和热爱。

（二）基本理念

1. 以音乐审美为核心

以音乐审美为核心的基本理念，应贯穿于音乐教学的全过程，在潜移默化中培育学生美好的情操、健全的人格。音乐基础知识和基本技能的学习，应有机地渗透在音乐艺术的审美体验之中。音乐教学应该是师生共同体验、发现、创造、表现和享受音乐美的过程。在教学中要强调音乐的情感体验，根据音乐艺术的审美表现特征，引导学生对音乐表现形式和情感内涵的整体把握，领会音乐要素在音乐表现中的作用。

2. 以兴趣爱好为动力

兴趣是学习音乐的基本动力，是学生与音乐保持密切联系、享受音乐、用音乐美化人生的前提。音乐课应充分发挥音乐艺术特有的魅力，在不同的教学阶段，根据学生身心发展规律和审美心理特征，以丰富多彩的教学内容和生动活泼的教学形式，激发和培养学生的学习兴趣。教学内容应重视与学生的生活经验相结合，加强音乐课与社会生活的联系。

3. 面向全体学生

义务教育阶段音乐课的任务，不是为了培养音乐的专门人才，而应面向全体学生，使每一个学生的音乐潜能得到开发并使他们从中受益。音乐课的全部教学活动应以学生为主体，师生互动，将学生对音乐的感受和音乐活动的参与放在重要的位置。

4. 注重个性发展

每一个学生都有权利以自己独特的方式学习音乐，享受音乐的乐趣，参与各种音乐活动，表达个人的情智。要把全体学生的普遍参与与发展不同个性的因材施教有机结合起来，创造生动活泼、灵活多样的教学形式，为学生提供发展个性的可能和空间。

5. 重视音乐实践

音乐课的教学过程就是音乐艺术的实践过程。因此，所有的音乐教学领域都应重视学生的艺术实践，积极引导学生参与各项音乐活动，将其作为学生走进音乐，获得音乐审美体验的基本途径。通过音乐艺术实践，增强学生音乐表现的自信心，培养良好的合作意识和团队精神。

6. 鼓励音乐创造

中小学音乐课程中的音乐创造，目的在于通过音乐丰富学生的形象思维，开发学生的创造性潜质。在教学过程中，应设定生动有趣的创造性活动的内容、形式和情景，发展学生的想象力，增强学生的创造意识。对音乐创造活动的评价应主要着眼于音乐创造性活动的过程。

7. 提倡学科综合

音乐教学的综合包括音乐教学不同领域之间的综合；音乐与舞蹈、戏剧、影视、美术等姊妹艺术的综合；音乐与艺术之外的其他学科的综合。在实施中，综合应以音乐为教学主线，通过具体的音乐材料构建起与其他艺术门类及其他学科的联系。

8. 弘扬民族音乐

应将我国各民族优秀的传统音乐作为音乐课重要的教学内容，通过学习民族音乐，使学生了解和热爱祖国的音乐文化，增强民族意识和爱国主义情操。随着时代的发展和社会生活的变迁，反映近现代和当代中国社会生活的优秀民族音乐作品，同样应纳入音乐课的教学中。

9. 理解多元文化

世界的和平与发展有赖于对不同民族文化的理解和尊重。在强调弘扬民族音乐的同时，还应以开阔的视野，学习、理解和尊重世界其他国家和民族的音乐文化，通过音乐教学使学生树立平等的多元文化价值观，以利于我们共享人类文明的一切优秀成果。

10. 完善评价机制

应在体现素质教育目标的前提下，以音乐课程价值和基本目标的实现为评价的出发点，建立综合评价机制。评价应包括学生、教师和课程管理三个层次，可采用自评、互评和他评等多种形式。评价指标不仅要涵盖音乐的不同教学领域，更应关注学生对音乐的兴趣、爱好、情感反应、参与态度和程度，以及教师引导学生进入音乐的过程与方法的有效性等诸多方面。应善于在动态的教学过程中利用评价起到促进学生发展、提高教师教学水平和完善教学管理的作用。

（三）课程标准的设计思路

本《标准》的主干是分层面、分领域、分学段呈现的，体现为从课程目标到内容标准的外化过程。如图所示。

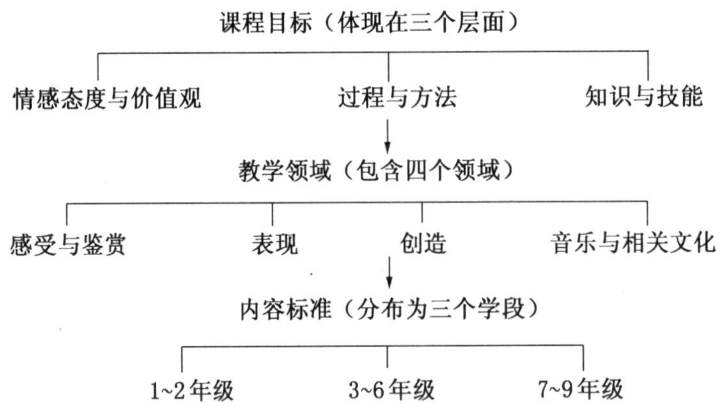

第二部分　课程目标

(一)总目标

音乐课程目标的设置以音乐课程价值的实现为依据。通过教学及各种生动的音乐实践活动,培养学生爱好音乐的情趣。发展音乐感受与鉴赏能力、表现能力和创造能力,提高音乐文化素养,丰富情感体验,陶冶高尚情操。上述课程目标内含在以下三个层面的表述中。

1. 情感态度与价值观

(1)丰富情感体验,培养对生活的积极乐观态度

通过音乐学习,使学生的情感世界受到感染和熏陶,在潜移默化中建立起对亲人、对他人、对人类、对一切美好事物的挚爱之情,进而养成对生活的积极乐观态度和对美好未来的向往与追求。

(2)培养音乐兴趣,树立终身学习的愿望

通过各种有效的途径和方式引导学生走进音乐,在亲身参与音乐活动的过程中喜爱音乐,掌握音乐基本知识和初步技能,逐步养成鉴赏音乐的良好习惯,为终身爱好音乐奠定基础。

(3)提高音乐审美能力,陶冶高尚情操

通过对音乐作品情绪、格调、思想倾向、人文内涵的感受和理解,培养音乐鉴赏和评价的能力,养成健康向上的审美情趣,使学生在真善美的音乐艺术世界里受到高尚情操的陶冶。

(4)培养爱国主义和集体主义精神

通过音乐作品中所表现的对祖国山河、人民、历史、文化和社会发展的赞美和歌颂,培养学生的爱国主义情怀;在音乐实践活动中,培养学生良好的行为习惯和宽容理解、互相尊重、共同合作的意识和集体主义精神。

(5)尊重艺术,理解多元文化

尊重艺术家的创造劳动,尊重艺术作品,养成良好的欣赏艺术的习惯。通过学习不同国家、不同民族、不同时代的作品,感知音乐中的民族风格和情感,了解不同民族的音乐传统,热爱中华民族和世界其他民族的音乐。

2. 过程与方法

(1)体验

倡导完整而充分地聆听音乐作品。使学生在音乐审美过程中获得愉悦的感受与体验;启发学生在积极体验的状态下,充分展开想象;保护和鼓励学生在音乐体验中的独立见解。

(2)模仿

根据中低年级学生的身心特点,从音乐基本要素入手,通过模仿,积累感性经验,为音

乐表现和创造能力的进一步发展奠定基础。

(3)探究

通过提供开放式和趣味性的音乐学习情景，激发学生对音乐的好奇心和探究愿望，引导学生进行以即兴式自由发挥为主要特点的探究与创造活动，重视发展学生创造性思维的探究过程。

(4)合作

充分利用音乐艺术的集体表演形式和实践过程，培养学生良好的合作意识和在群体中的协调能力。

(5)综合

将其他艺术表现形式有效地渗透和运用到音乐教学中，通过以音乐为主线的综合艺术实践，帮助学生更直观地理解音乐的意义及其在人类艺术活动中的价值。

3. 知识与技能

(1)音乐基础知识

学习和了解音乐基本表现要素(如力度、速度、音色、节奏、旋律、和声等)和音乐常见结构(曲式)以及音乐体裁形式等基础知识，有效地促进学生音乐审美能力的形成与发展。

(2)音乐基本技能

培养学生自信、自然、有表情地歌唱；学习演唱、演奏的初步技能；在音乐听觉感知基础上识读乐谱，在音乐表现活动中运用乐谱。

(3)音乐创作与历史背景

以自由、即兴的创作方式表达自己的情感，学习浅显的音乐创作常识和技能。通过认知作曲家生平及作品的题材、体裁、风格等，了解中外音乐发展的简要历史，初步识别不同时代、不同民族的音乐，加深对中国民族音乐的认识和理解。

(4)音乐与相关文化

认识音乐与姊妹艺术的联系，感知不同艺术门类的主要表现手段和艺术形式特征，了解音乐与艺术之外的其他学科的联系。根据自己的生活经验和已学过的知识，认识音乐的社会功能，理解音乐与社会生活的关系。

(二)学段目标(略)

第三部分　内容标准

本部分内容的表述框架

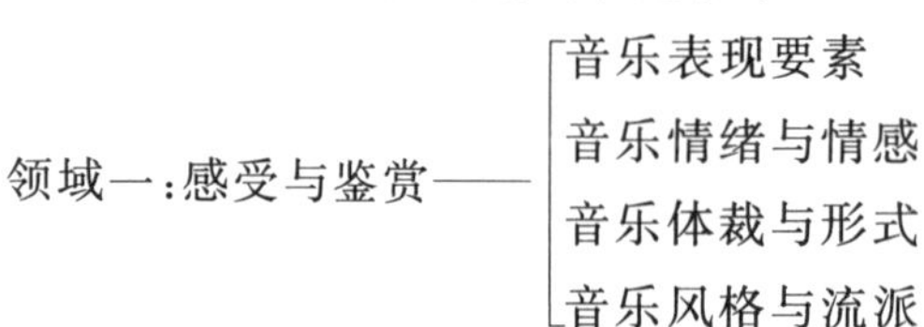

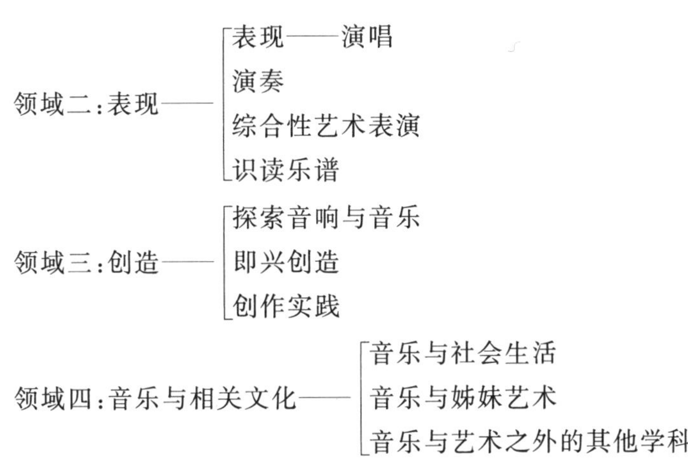

分学段的内容标准(略)

第四部分　实施建议

(一)教学建议

为保证《标准》的实施,教师应深入领会课程的基本理念,开拓思路,创新方法,以音乐为本,以育人为本,全面实现课程价值和课程目标。

1. 教学中应注意的一些问题

(1)遵循听觉艺术的感知规律,突出音乐学科的特点

音乐是听觉艺术,听觉体验是学习音乐的基础。发展学生的音乐听觉应贯穿于音乐教学的全部活动中。

教师要引导学生喜爱音乐,要加深对音乐的理解,充分挖掘作品所蕴涵的音乐美,用自己对音乐的感悟激起学生的情感共鸣;要不断提高音乐教学技能,用自己的歌声、琴声、语言和动作,将音乐的美传达给学生;要善于用生动活泼的形式进行教学,让学生在艺术的氛围中获得审美的愉悦,做到以美感人、以美育人。

以音乐审美为核心是中小学音乐教育最基本的理念,应渗透在各个不同的教学领域中,通过音乐感受与鉴赏、表现、创造及音乐与相关文化的学习,培养学生的审美感知,丰富审美情感,发展审美想象,深化审美理解,有效地提高学生的音乐审美能力。

(2)注意音乐教学各领域之间的有机联系

本《标准》设定的四个音乐教学领域是一个相互联系、相互渗透的整体。教师应全面理解和掌握音乐教学各领域的内容要求及其相互联系,并在教学中将其融合成有机整体,全面提高学生的音乐素质。

例如"感受与鉴赏"即包含有"音乐与相关文化",音乐表现的过程同时也是音乐感受和培养、展示创造力的过程。音乐感受与鉴赏能力的提高,可以丰富音乐的表现,促进音

乐创造力的发展。同理，“音乐与相关文化”也只有在音乐鉴赏、表现和创造活动中才能真正得以理解和体现。

(3)面向全体学生，注意因材施教

课堂教学是学校音乐教育的主要渠道，学校和教师要为全体学生提供足够的音乐教学时间、空间和条件。学生音乐能力的客观差异，要求教师对所有学生给予普遍的关怀和鼓励，使他们充满自信地参与各项音乐活动。对音乐特长学生应给予相应的指导，并引导和鼓励他们关心集体的音乐学习。

(4)建立平等互动的师生关系

音乐教学活动应该是过程与结果并重，教师作为教学的组织者和指导者，是沟通学生与音乐的桥梁。教师应在教学过程中建立民主、平等的师生交流互动关系。

教学形式应灵活多样，应根据不同的教学内容和教学目标，采用与之相适应的教学组织形式，创设充满音乐美感的课堂环境。要突出学生在教学中的主体地位，便于学生参与各项音乐活动，便于教学过程中的师生交流。

(5)运用现代教育技术手段

以信息技术为代表的现代教育技术极大地扩展了音乐教学的容量，丰富了教学手段和教学资源，在音乐教育中有着广阔的应用前景，教师应努力掌握现代信息技术，利用其视听结合、声像一体、形象性强、信息量大、资源宽广等优点为教学服务。要充分发挥学生在学校、家庭和社区运用电脑网络方面所蕴藏的巨大教育潜力，引导学生利用现代信息技术学习音乐。教师应加强对学生在影视、广播、网络上学习音乐的指导。

(6)因地制宜实施《标准》

我国是幅员辽阔人口众多的多民族国家，各地区、各民族和城乡之间存在差别，各学校和教师应结合本地、本民族和本校的具体情况，充分利用当地的课程资源，营造良好的校内外音乐环境，丰富具有区域文化和民族文化特色的教学内容，因地制宜地把握教学领域内容标准的弹性尺度。

2. 关于教学内容的几点提示

(1)感受与鉴赏

感受与鉴赏是音乐教学的重要内容，是培养学生音乐感受能力和审美能力的有效途径。这一部分内容的教学应注意以音乐为本，从音响出发，以听赏为主。教师的讲解、提示，力求简明、生动，富有启发性。应采用多种形式引导学生积极参与音乐体验。引发想象和联想。要尊重学生的独立感受与见解，鼓励学生勇于表述自己的审美体验，以利于激发学生听赏音乐的兴趣，逐步养成聆听音乐的良好习惯，积累感受与鉴赏音乐的经验。

(2)演唱

演唱歌曲是中小学音乐教学的基本内容，也是学生最易于接受和乐于参与的表现形式。歌唱技能的练习，应结合演唱实践活动进行。创设与歌曲表现内容相适应的教学情景，激发学生富有情感地歌唱，以情带声，声情并茂。注意变声期的嗓音保护，避免喊唱。

要重视和加强合唱教学，使学生感受多声部音乐的丰富表现力，尽早建立与他人合作演唱的经验，培养群体意识及协调、合作能力。合唱教学可从轮唱开始，逐步过渡到多声部合唱。

唱歌教学要注意调动每一个学生参与的积极性，培养演唱的自信心，使他们在歌唱表现中享受到美的愉悦，受到美的熏陶。

(3)演奏

器乐演奏对于激发学生学习音乐的兴趣，提高对音乐的理解、表达和创造能力有着十分重要的作用。器乐教学应与唱歌、鉴赏、创造等教学内容密切结合。例如，可用乐器为歌唱做伴奏，演奏欣赏曲的主题音调等。可采用各种演奏形式，以学生普遍学习乐器的合奏为主，鼓励学生从实际条件和各自的兴趣爱好出发，在普遍参与中发展自己的特长。

课堂乐器应易学易奏，便于集体教学使用。吹奏乐器必须符合卫生标准，发音纯正。可因地制宜，选择学习本地区、本民族适宜中小学课堂教学的乐器。鼓励和引导学生自制乐器。

(4)识读乐谱

乐谱是记载音乐的符号，是学习音乐的基本工具。要求学生具有一定的识谱能力，有利于进行音乐表演和创造等教学活动。识谱要与演唱、演奏、创造、鉴赏等教学内容密切结合，要以生动的音乐为载体，在学生感性积累和认知的基础上进行。可以通过学生熟悉的歌曲或乐曲识读乐谱，也可以借助乐器演奏来学习。

简谱和五线谱是我国现行的两种主要谱式，各地、各校在教学中可自行选择。五线谱教学建议采用首调唱名法。

(5)创造

音乐是一门极富创造性的艺术。音乐创造是指在中小学音乐教学中的即兴创造和运用音乐材料来创作音乐的活动。在音乐教学中，处处都有发挥学生创造性的机会。教师应将创造力的培养贯穿于各个教学领域，要启发学生创造性地进行艺术表现.不要用“标准答案”去束缚学生。同一个练习，可能有多种答案；同一首歌曲.可能有多种处理方法；同一首乐曲，可能有多种理解。应重视音乐实践中的创造过程，培养和鼓励学生的创造精神。

(二)评价建议

音乐课程评价应充分体现全面推进素质教育的精神，贯彻《标准》的基本理念，着眼于评价的教育、激励与改善的功能。通过科学的课程评价，有效地促进学生发展，激励教师进取，完善教学管理，推动音乐课程的建设与发展。

1. 音乐课程评价的原则

(1)导向性原则

音乐课程评价应有利于学生了解自己的进步，发现和发展音乐的潜能，建立自信，促进音乐感知、表现和创造等能力的发展;有利于教师总结、提高自己的教学水平;有利于加强和改进学校的音乐教学工作,并有利于促进课程的发展。

(2)科学性原则

评价指标的确定和评价方法的选择应以音乐学科的特点和音乐教学的客观规律为依据,体现中小学音乐课程的性质与价值,符合青少年身心发展特点和音乐审美教育规律。

(3)整体性原则

无论是评价学生、教师,还是评价学校音乐教育工作都应从整体着眼,涵盖课程目标的各层面和教学的各领域。对学生的评价要用发展的眼光,从不同阶段的回顾和对比中,把握其进步与发展,使评价起到激励和促进的作用。

(4)可操作性原则

评价的指标和方法要简便、明晰,易于操作和推广。根据音乐教学的特点,应将定性评价与定量评价相结合,将形成性评价与终结性评价相结合,把评价溶进教学的全过程,使自评、互评和他评有机地结合起来,形成生动活泼的良好评价氛围。

2. 评价内容

(1)学生

对学生的评价应关注情感态度与价值观和知识与技能方面的指标,还应考察学习过程与方法的有效性。如:对音乐的兴趣爱好与情感反应,音乐实践活动中的参与态度、参与程度、合作愿望及协调能力,音乐的体验与模仿能力、表现能力。探究音乐的态度与创编能力,对音乐与相关文化的理解以及审美情趣的形成等。

(2)教师

对教师的评价主要是教育思想、业务素养、教学态度、教学方法和效果、教学业绩(含课外音乐活动)及在师生的交往与沟通中是否爱护和尊重学生等。

(3)课程管理与课程发展

对管理者和课程的评价主要有:学校领导对音乐教育功能的认识和重视程度、学校的艺术氛围、音乐课的开设、音乐教师和音乐教学设施的配备、课外音乐活动的开展等。对《标准》执行情况和出现的问题进行阶段性的评价和分析,及时加以总结,不断调整和完善,促进课程的建设与发展。

3. 评价的方式与方法

(1)形成性评价与终结性评价相结合

音乐教学的实践过程,是评价的一个重要方面,应予以充分的关注,在教学过程中经常进行。可采用观察、谈话、提问、讨论、抽唱(奏)等方式进行。

(2)定性述评与定量测评相结合

在音乐教学活动中,对学生的音乐兴趣爱好、情感反应、参与态度、交流合作、知识与技能的掌握情况等,可以用较为准确、形象的文字进行定性评价,也可根据需要和可行性,进行量化测评。无论采用哪种方法,都要注意科学性。

(3)自评、互评及他评相结合

对学生和教师的评价可采用自评的方式，以描述性评价和鼓励性评价为主。由于在音乐学习中学生个体差异明显，因此，学生评价的重点应放在自我发展的纵向比较上。

“班级音乐会”能充分体现评价的民主性，营造和谐、团结的评价气氛。通过班级音乐会或其他活动，展示师生音乐作品、音乐小评论、演出照片、录音录像等，达到相互交流和激励的目的，是一种生动活泼的评价方式。

学生和教师的自评、师生之间和教师之间的互评、学校和上级主管部门对教师的评价、家长对教师的评价以及师生和家长对学校音乐教学工作和音乐课程的评价，都是重要的评价方式，可以多渠道地获取改进音乐教学的信息，及时调整和改善教学，提高音乐教学质量。但评价活动不宜过多，尽量简化评价过程，防止流于形式。

（三）课程资源的开发与利用

1.《标准》和据此编写的教材是音乐课程最重要的基本资源。学校应组织教师认真学习《标准》，选择经教育部审查通过和教育主管部门推荐的教材（包括学生用教科书、音响教材及教师用参考书），依据《标准》和教材精心地、创造性地实施音乐教学。

2.按《基础教育课程改革纲要（试行）》的规定，实行国家、地方、学校三级课程管理，除国家课程外，地方和学校自主开发的课程应占有一定比例。地方和学校应结合当地人文地理环境和民族文化传统，开发具有地区、民族和学校特色的音乐课程资源。

3.音乐教学设施是实现课程目标的保证。学校应配置音乐专用教室和专用设备，如钢琴、风琴、手风琴、电子琴、音像器材、多媒体教学设备以及常用的打击乐器、民族乐器及西洋乐器等。

学校图书馆及教研组应购置音乐书籍、杂志、音像资料等供教师备课、进修和研究使用；学校的学生阅览室也应配备音乐读物、杂志和音像资料，供学生收集、查阅资料使用。

4.学校的广播站、电视台、网站是音乐教育的一个重要资源，也是建设校园精神文明的窗口之一，应配合音乐课堂教学，经常播放健康向上的音乐，拓宽学生的音乐文化视野，形成良好的校园文化氛围。

学校的礼堂、大教室、多媒体教室、室内体育馆等也应视为音乐课程资源的一部分，可以利用这些设施，举办歌咏比赛、文艺会演、师生音乐会或音乐讲座等。

5.学生课外艺术活动，是音乐课程资源的重要组成部分，音乐教师有责任承担此项任务，学校应将此项工作计入教师工作量，并在设备、经费和场地上予以支持和保障。

6.开发与利用校外各种音乐课程资源。应重视家庭和社会音乐环境对学生音乐爱好、审美情趣的影响，并予以积极的引导。

中国传统音乐是民族文化的重要组成部分，要善于将本地区民族民间音乐资源运用在音乐教学中，使学生从小就受到民族音乐文化的熏陶。

7.各种形式的音乐和音乐教学交流能有效促进课程资源信息的沟通，应积极开发和利用现代信息技术，利用网络交流课程资源。

（四）教材编写建议（略）

二、《普通高中音乐课程标准（实验）》

第一部分 前言

音乐是人类最古老、最具普遍性和感染力的艺术形式之一，是人类通过特定的音响结构实现思想和感情表现与交流的必不可少的重要形式，是人类精神生活的有机组成部分。作为人类文化的重要形态和载体，音乐蕴涵着丰富的文化和历史内涵，以其独特的艺术魅力伴随人类历史的发展，满足人们的精神文化需求。对音乐的感悟、表现和创造，是人类的一种基本素质和能力。

音乐与生活具有广泛、密切的联系，对人的全面发展有着深远的影响。尤其在当今科学技术和经济迅猛发展的时代，音乐教育在促进人的发展和推动社会进步方面，更加显示出它所具有的独特的功能和作用。

制定《普通高中音乐课程标准》是高中教育改革的重要内容。《普通高中音乐课程标准》力求符合素质教育要求，体现普通高中教育的培养目标，确立以音乐审美为核心的课程基本理念，构建适应社会发展需要的，体现时代性、基础性与选择性相结合的普通高中音乐课程，为每个高中学生音乐文化素养的终身发展奠定基础。

一、课程性质

普通高中或乐课程与九年义务教育阶段的音乐或艺术课程相衔接，是高中阶段实施美育的重要途径，是面向全体学生的必修课程。

在普通高中音乐课程中，通过鉴赏与表现音乐，及其他艺术形式的审美活动，使学生充分体验音乐的美和蕴涵于其中的丰富情感，为音乐所表达的其善美境界所吸引、所陶醉，进而产生强烈的情绪反应和情感体验。音乐音响材料的非概念性、非具象性特征，为学生体验、理解和创造音乐提供了广阔的空间，能够激活学生的表现欲望和创作冲动，使学生在主动参与中展现他们的个性和创造才能。丰富多样的音乐实践活动，有助于培养学生共同参与的群体意识和相互尊重的合作精神，使学生的团队意识与共处能力得到锻炼和发展。音乐是人类文化传承的重要载体，学习历史悠久、博大精深的中国民族音乐，有助于学生了解和热爱祖国的文化；学习丰富多彩的世界各民族音乐，拓展音乐文化视野，有益于学生对不同文化的理解与尊重。因此，高中音乐课程对于促进学生全面的、有个性的发展，具有不可替代的作用。

二、课程的基本理念

1. 以音乐审美为核心，培养兴趣爱好

以音乐审美为核心的基本理念，应贯穿于音乐教学的全过程，在潜移默化中培育学生美好的情操、健全的人格。音乐基础知识和基本技能的学习，应有机渗透在音乐艺术的审美体验之中。音乐教学应该是师生共同感受、鉴别、判断、创造、表现和享受音乐美的过程。在教学中，要强调音乐的情感体验，根据音乐艺术的表现特征，引导学生整体把握音乐表现形式和情感内涵，领会音乐要素在音乐表现中的作用。

兴趣是学习音乐的基本动力，是学生与音乐保持密切联系、感受音乐、用音乐美化和丰富人生的前提。音乐课应充分发挥音乐艺术特有的魅力，根据高中学生身心发展规律和审美心理特征，以丰富多彩的教学内容和生动活泼的教学形式，培养学生对音乐艺术持久而稳定的兴趣和爱好。

2. 面向全体学生，注重个性发展

普通高中音乐课程的基本任务，是提高每个学生的音乐素养，使学生各方面的潜能得到开发，并使他们从中受益。普通高中音乐课的教学活动应面向全体学生，以学生为主体，将学生对音乐的感受和音乐活动的参与放在重要的位置。

普通高中音乐课程在提高全体学生音乐素养的同时，还要为具有音乐特长、对音乐有特殊爱好的学生提供发展个性的可能和空间，满足不同学生的发展需要。因此，普通高中音乐课的内容应该体现多样化及可选择性的特点，应把全体学生的普遍参与和发展不同个性的因材施教有机结合起来。

3. 重视音乐实践，增强创造意识

普通高中音乐课的教学过程就是音乐的艺术实践过程。因此，在所有的音乐教学活动中，都应激发学生参与的积极性和创造意识，重视艺术实践，将其作为学生获得音乐审美体验和学习音乐知识与技能的基本途径。通过音乐艺术实践，增强学生音乐表现的自信心，培养良好的团队意识与合作精神。

普通高中音乐课程中的音乐创作，目的在于进一步开发学生的创造性潜质。在教学过程中，应设定生动有趣的创造性活动内容、形式和情景，发展学生的想象力，增强学生的创造意识，并进行音乐创作的初步尝试。

4. 弘扬民族音乐，理解多元文化

普通高中音乐课程应将我国各民族优秀的传统音乐和反映近现代与当代中国社会生活的优秀音乐作品作为重要的教学内容，使学生了解和热爱祖国的音乐文化，增强民族意识，培养爱国主义情感。

世界的和平与发展有赖于对不同民族文化的理解和尊重。在强调弘扬民族音乐文化的同时，还应以开阔的视野，体验、学习、理解和尊重世界其他国家和民族的音乐文化。通过音乐教学，使学生树立平等的多元文化价值观，珍视人类文化遗产，以利于我们共享人类文明的一切优秀成果。

三、课程设计思路

1. 关于模块的设置

根据普通高中教育的培养目标及音乐课程的性质，为体现普通高中新课程体系对课程内容应具有时代性、基础性和选择性的总要求，全面实现高中音乐的课程目标，满足学生对音乐的不同兴趣爱好和特长需求，高中音乐课程的内容结构由 6 个模块组成，供学生自主选择学习。这 6 个模块是：音乐鉴赏、歌唱、演奏、创作、音乐与舞蹈、音乐与戏剧表演。

音乐鉴赏 主要通过聆听和感受音乐及对音乐历史与文化的学习，培养学生的音乐审美能力和评价、判断能力，是增进学生音乐文化素养的主要渠道。

歌唱、演奏 学生通过对音乐表演活动的亲身参与和直接体验，享受音乐表现的乐趣，陶冶情操，提高音乐表现能力。

创作 是培养学生艺术想象力和创造力的园地，也是学生进一步获得音乐基础知识和学习音乐基本理论的模块。

音乐与舞蹈、音乐与戏剧表演 满足学生的不同兴趣爱好和发展需求，认识音乐与姊妹艺术的密切关系，拓展艺术视野，提高学生的综合艺术表现能力。

上述各模块的教育功能和作用，虽有不同的侧重，但对于绝大多数高中学生来说，“音乐鉴赏”作为增进学生基本音乐文化素养的主要渠道，在普通高中音乐课程中应首先得到突出和强调。

2. 关于学分

依照《普通高中音乐课程方案》规定，学生每完成 18 学时的学习任务，通过考试或考查评价，可获得 1 学分。每个高中学生需在音乐课中获得的必修学分为 3 学分。

根据不同模块的教学容量和要求，在高中音乐课程的六个模块中，“音乐鉴赏”为 2 学分，其余 5 个模块各为 1 学分。

对于具有较强音乐能力并愿意在音乐方面继续发展的学生，在获得必修学分后，鼓励选修其他模块，或继续深化歌唱、演奏、创作模块的学习，每修满 18 学时，通过考试或考查评价，可获得 1 学分。

3. 学生选课及不同模块的实施

学校和教师应加强对学生选课的指导。在学生选课前，应将音乐课程不同模块的内容、性质和开课计划(包括课时安排、上课地点、教材和任课教师等)及时向学生详加介绍。在学生选课时，音乐教师应和班主任共同对学生选课给予具体指导，以避免学生选课的盲目性。学校有能力开出的模块，均应面向全体学生，让学生按照自己的意愿并通过教师的指导，选择符合个人兴趣爱好和发展需求的学习内容。

从目前师资及教学设备等情况来看，并不是所有地区和学校都具备同时开设 6 个模块的条件。各地、各校可根据实际情况，对不同模块分步实施。总的原则是：优先开设有利于面向全体学生的基础性模块——“音乐鉴赏”，以保证学生获得参与现代社会生活应具备的音乐文化素养。在此基础上，大力开发课程资源，逐步开发其他模块，积极为普通高中学生学习音乐提供更大的选择空间。

高中音乐课程结构及教学实施表

<table>
<tr><th>模块</th><th>学时学分</th><th>必修学分</th><th>教学实施</th></tr>
<tr><td>音乐鉴赏</td><td>36 学时
2 学分</td><td>3 学分</td><td>在高中的任一学年开设（通常在高一或高二年级）</td></tr>
<tr><td>歌唱</td><td rowspan="5">每个模块 18 学时各 1 学分</td><td rowspan="5"></td><td rowspan="5">学生可跨班选课</td></tr>
<tr><td>演奏</td></tr>
<tr><td>创作</td></tr>
<tr><td>音乐与舞蹈</td></tr>
<tr><td>音乐与戏剧表演</td></tr>
</table>

第二部分　课程目标

音乐课程目标的设置以音乐课程性质的定位为依据。通过教学及各种生动的音乐实践活动，培养学生爱好音乐的情趣，发展音乐鉴赏能力、表现能力和创造能力，提高音乐文化素养，丰富情感体验，陶冶高尚情操。具体课程目标，内含在以下三个维度的表述中。

一、情感态度与价值观

1. 通过学习音乐，使学生的情感世界受到感染和熏陶，在潜移默化中建立起对亲人、对他人、对人类、对一切美好事物的挚爱之情，进而养成对生活的积极乐观态度和对美好未来的向往与追求，思考并规划人生，树立终身学习的愿望。

2. 通过对音乐作品的音响、形式、情绪、格调、人文内涵的感受和理解，培养音乐鉴赏和评价的能力，形成健康向上的审美观，使学生在真善美的音乐艺术世界里受到高尚情操的陶冶。

3. 通过对我国优秀音乐作品的审美体验，增进学生对祖国音乐艺术的热爱，培养学生的社会责任感、民族精神和爱国主义情怀；学习了解不同国家的音乐传统及优秀的音乐作品，理解和尊重文化的多样性，使学生初步具有国际视野，有助于培养学生参与国际交往的能力。

二、过程与方法

1.体验。音乐教学过程应是完整而充分地体验音乐作品的过程。要启发学生在对音乐形态与音乐情感的积极体验中,充分展开联想与想象,爱护和鼓励学生在音乐体验中的独立见解。

2.比较。通过比较音乐的不同体裁、形式、风格、表现手法和人文背景,培养学生分析和评价音乐的初步能力。

3.探究。引导学生进行音乐探究与创造活动,倡导开放式和研究性的学习方法,以发展学生的创造性思维能力。

4.合作。在教学实践过程中,引导学生以音乐为媒介,加强与他人的合作与交流,增强协作能力和团队意识,培养集体主义精神。

三、知识与技能

1.欣赏不同时期、不同民族、不同体裁和不同风格的音乐作品,学习音乐的表现手段,了解音乐的历史与发展,认识音乐的社会功能。

2.通过对歌唱、演奏、创作、音乐与舞蹈、音乐与戏剧表演的学习,使学生掌握必要的基础知识和基本技能,并能够参与教学中的表演及创作活动,培养与其相关的表演、创作能力。

上述课程目标,分为三个维度进行表述,在实际操作中,它们之间有着密切的联系,是一个不可分割的有机整体。

第三部分　内容标准　(略)

第四部分　实施建议　(略)

三、《三年制中等师范学校音乐教学大纲(试行)》

中等师范学校的音乐教学,是实施美育的重要途径。它对加强学校的德育工作,培养学生热爱社会主义祖国、热爱中国共产党;培养学生具有良好的社会公德和教师的职业道德、艰苦奋斗、求实创新的精神,促进学生全面发展,成为有理想、有道德、有文化、有纪律的、合格的小学教师有着重要的作用。

(一)教学目的

(1)通过音乐教学,提高学生的文化素质;掌握音乐基础知识和基本技能,以适应实施义务教育的需要。

(2)使学生认识小学音乐教育的重要意义、教学目的、内容和要求;掌握小学音乐教学的基本方法。

(3)通过音乐艺术形象的感染，陶冶高尚情操，使学生确立正确的审美观念；激发学生热爱祖国音乐艺术的感情。对学生进行热爱社会主义祖国、热爱中国共产党的教育，培养优良的思想品德和为小学教育事业献身的精神。

(二)教学要求

(1)要注意培养学生对音乐艺术的兴趣、爱好。在丰富学生感性知识的基础上，理解、巩固所学的音乐基础知识，培养一定的音乐基本技能。

(2)要使学生懂得义务教育小学阶段音乐教育的重要意义和基本特点。培养学生具有一定的小学音乐教学的基本能力和方法。

(3)要以建设一支思想、业务素质优良的小学教师队伍为出发点，遵循美育的原理和音乐教学规律，发挥学科特点，在音乐艺术实践中培养学生高尚的思想品德和良好的师德。

(三)确定教学内容的原则

(1)教学内容的确定应贯彻德智体全面发展的教育方针，以保证教学目的的实现。

(2)应从本学科实践性较强的特点出发，注意理论联系实际，加强基础知识、基本技能的教学，通过艺术实践培养能力，促进学生全面发展。

(3)应注意弘扬民族音乐文化，体现时代精神，做到思想性和艺术性的统一，寓思想教育于音乐教学之中。

(4)各项教学内容要精选，正确处理内容的逻辑顺序和学生生理、心理发展顺序的关系，使教学内容更加符合教育规律，以利于提高教学质量。

(5)我国幅员辽阔，音乐教育发展不平衡，为主动适应各地实施义务教育的需要和为当地经济、文化建设服务，教学内容的确定应贯彻统一性和灵活性相结合的原则；要注意面向农村，应选编一定的乡土音乐教材。

(四)教学内容和要求

1. 必修课

音乐必修课是中等师范学校音乐教学活动的主体，目的是培养学生具备作为小学教师应有的音乐素养和从事小学音乐教学的基础知识和基本能力。

音乐必修课的教学内容包括：声乐和指挥、器乐、唱游、欣赏、乐理和视唱练耳、小学音乐教材教法。

声乐和指挥

(1)使学生初步掌握声乐的基础知识、基本技能和独立歌唱的能力，做到音高、节奏准确，咬字吐字准确清晰；学习共鸣的调节，分辨声音的优劣；合唱时做到声音和谐统一，声部均衡。

(2)通过教学使学生理解歌曲的思想内容、感受音乐的艺术形象，培养学生正确表现歌曲的能力。

(3)了解儿童嗓音特点和保护嗓音的常识。

(4)学习演唱不同题材、体裁、风格的歌曲、曲艺和戏曲唱段。

(5)学习歌唱指挥的基础知识和基本技能。

器　乐

(1)了解钢琴(风琴)弹奏的基本常识，培养学生弹奏儿童歌曲简易伴奏的能力。

(2)通过钢琴(风琴)教学，培养学生学习器乐的兴趣、良好的乐感、表现力和自学能力。

(3)培养学生自觉练习的精神和养成爱护及保养乐器的习惯。

唱　游

(1)学习唱游的基本技能。

(2)了解小学唱游的教学内容、方法和编排常识。

(3)通过唱游教学使学生认识唱游在小学低年级音乐教学中的重要意义，培养学生热爱少年儿童的感情。

欣　赏

(1)通过欣赏中、外不同题材、体裁、风格的优秀音乐作品，丰富学生的音乐知识，扩大音乐视野，提高对音乐的感受、理解和鉴赏能力。

(2)通过欣赏优秀的儿童音乐作品，使学生了解儿童音乐的特点。

(3)通过欣赏我国丰富多彩的民族民间音乐和优秀音乐作品，使学生热爱祖国的音乐艺术，增强民族自豪感、自信心。

乐理和视唱练耳

(1)乐理教学应使学生掌握五线谱记谱法、简谱记谱法、唱名法、音阶、调、调式、音程、和弦等基础知识和儿童歌曲分析常识。

(2)培养学生具有一定的音乐听辨、听记能力和独立视唱能力。五线谱的视唱教学采用首调唱名法，了解固定唱名法。

(3)通过乐理和视唱练耳的教学，培养学生理论联系实际的学风。

小学音乐教材教法

(1)学习小学音乐教学大纲,了解小学音乐教材,熟悉各年级教学内容和要求,培养学生分析小学音乐教材的能力。

(2)学习小学音乐教学的基本原则、方法和组织各种课外音乐活动的常识、方法。

必修课教学内容分年级要求(略)

2. 选修课

音乐选修课是中等师范学校音乐教学活动的重要组成部分。根据学生毕业后能担任多学科教学的需要,音乐选修课的目的是进一步发展音乐素养较好的学生的特长,提高他们的音乐基础知识、基本技能和从事小学音乐教学的能力,使他们毕业后能担任小学音乐教学工作。音乐选修课的教学内容包括:声乐和指挥,器乐,唱游,欣赏,乐理和视唱练耳,小学音乐教材教法。

音乐选修课从第二学年开始直至毕业。以 240 课时为例,各项内容安排如下:

声乐和指挥

(1)提高演唱能力和范唱儿童歌曲的能力。

(2)学习演唱曲艺、戏曲唱段。

(3)学习童声训练的基本方法。

(4)掌握指挥童声合唱的基本能力。

器　乐

(1)培养弹奏钢琴(风琴)、手风琴的能力和弹奏简易乐曲、儿童歌曲伴奏的能力。

(2)掌握儿童打击乐器的演奏和编配方法。

(3)学习少先队鼓号队的组织和训练方法。

(4)选学适合小学生演奏的乐器,尤应注意学习民族乐器。

唱　游

(1)学习舞蹈的基本动作、基本舞步和舞蹈小组合。

(2)了解律动、音乐游戏、歌表演和集体舞等的特点和教学方法。

(3)培养学生创编唱游教材和组织唱游教学的能力。

欣　赏

（1）欣赏中国民歌和曲艺、戏曲唱段。

（2）欣赏中、外优秀声乐、器乐作品。

（3）选听和分析小学音乐教材中的部分欣赏曲目。

乐理和视唱练耳

（1）学习创作儿童歌曲。

（2）学习基本的和声知识，编写儿童歌曲简易钢琴（风琴）伴奏。

（3）学习有转调的视唱曲（中国民族调式和大调式、小调式中的近关系调）。

（4）听辨大、小调正三和弦的连接和含属七和弦的常见终止式。

（5）听记由四个乐句构成的儿童歌曲和简易二声部合唱歌曲。

小学音乐教材教法

（1）学习小学音乐教学大纲。熟悉小学音乐教材。学会编制小学音乐教学学期计划、课时计划，设计教法、组织教学。

（2）初步掌握小学音乐教学中各项内容的基本教学方法。

（3）初步掌握小学音乐课的评估标准。

3. 教育实践

教育实践是中等师范学校思想政治教育、文化知识和技能，教育理论的综合实践课，是小学教师职前教育的必要环节。音乐教育实践是学校教育实践的组成部分，对于学生了解小学音乐教育，热爱小学生，热爱小学教育事业，培养实际能力具有特殊作用。学校要有计划、有组织地进行，应与音乐必修课、选修课、课外音乐活动有机结合。通过音乐教育实践，使学生进一步认识音乐教育在培养全面发展的一代新人和建设社会主义精神文明中的重要作用。

音乐教育实践包括：见习、实习音乐课；辅导课外音乐活动；小学音乐教育状况调查和社会音乐文化状况调查等。

所有学生均应参加音乐教育实践。参加音乐选修的学生均应实习小学音乐课。未参加选修的学生也应有部分学生实习音乐课。

4. 课外音乐活动

课外音乐活动是中等师范学校音乐教育的有机组成部分，对于进一步培养学生对音乐艺术的兴趣爱好，并根据因材施教的原则培养和发展学生在音乐方面的才能，尤其是对培养学生从事音乐教学工作的实际能力具有重要意义。

音乐艺术具有教育、审美、愉悦等特点，开展课外音乐活动应有助于思想品德的陶冶，培养高尚情操和艺术创造能力。应注意培养学生的集体主义精神，形成生机勃勃的校园文化生活。课外音乐活动要采取多种形式进行。各校应组织学校合唱队、民乐队、管乐队、舞蹈队等；组织各种音乐小组：民歌演唱组、曲艺、戏曲演唱组、打击乐器组、儿童歌曲创作组、音乐教具制作组、乐器修理组等；举办音乐知识、音乐欣赏讲座，定期举办歌咏、乐器观摩或比赛及学校艺术节等。

学校要有领导、有计划、有目的、有组织地开展课外音乐活动，要充分调动学生学习的积极性和主动性。对参加选修音乐课和不参加选修的学生应分别提出不同要求。通过课外音乐艺术的实践，培养学生音乐的表现力、自学能力和组织能力。

（五）实施本大纲应注意的几个问题

本大纲是遵循国家教育委员会1989年6月21日颁发的《三年制中等师范学校教学方案（试行）》的规定，参照国家教育委员会颁发的《九年义务教育全日制小学音乐教学大纲》、《九年义务教育全日制初级中学音乐教学大纲》的精神，结合各地中等师范学校音乐教学的实际，在广泛调查研究的基础上制定的。因此，认真学习、深刻理解方案的精神是实施本大纲的重要前提。

（1）我国是多民族的国家，具有悠久的历史、灿烂的文化，音乐艺术的内容和形式丰富多彩。为弘扬民族音乐文化，增强学生的民族自豪感、自信心，培养爱国热情，要寓德育于音乐教育之中。教材中曲目（歌曲、乐曲、欣赏、练习）的确定应遵循思想性与艺术性相统一的原则，以我国优秀音乐作品为主，其中又以能体现时代精神的近现代优秀曲目为主要内容。如：富有民族特色的、思想性强的创作歌曲、乐曲、民歌、曲艺、戏曲唱段、民族器乐曲等。同时，也要学习外国的优秀音乐作品。

（2）音乐艺术是实践性很强的一门学科。在音乐教学中，要使学生更多地进行音乐艺术的实践，提高学生的感受力。重视音乐基础知识和基本技能的教学，提高学生分析、理解、表现音乐的能力。基础知识、基本技能的教学除与唱歌、器乐、欣赏教学紧密结合外，还应保持适当的独立性和系统性。

（3）必修课的声乐教学是中等师范学校音乐教学的重要内容，是学生进行艺术实践、表现音乐的重要手段，也是作为一名合格的小学教师必备的基本功之一。教学中歌唱的技巧训练是必要的，还应重视结合不同题材、体裁、风格的歌曲进行，以提高学生演唱水平和独立唱歌的能力。

音乐选修课的声乐教学。应采用集体课和小组课相结合的形式进行。

指挥在唱歌教学中具有重要的作用，教学时数约占声乐和指挥教学总时数的十分之一左右。

（4）必修课的钢琴（风琴）教学是学生学习音乐的重要内容，对提高学生的音乐素质具有重要的意义，应采用集体课和小组课相结合的形式进行。练琴时间应根据学校的条件合理安排，一般每周不少于三课时。鉴于目前各校师资和设备条件不平衡，在器乐教学总时数不变的情况下。可将必修课的器乐教学安排在一、二学年内完成。为保持教学总学时的平衡，也可相应调整其他内容的时数。

选修课的钢琴(风琴)、手风琴教学应采用小组课的形式进行。选修课除开设钢琴(风琴)教学外，还应选择适合小学生演奏的乐器进行教学。

(5)唱游是小学低年级音乐教学的重要内容，在音乐教学中应予以足够的重视。唱游教学除课堂教学外，还应在课外音乐活动中作适当安排。

(6)欣赏教学应以听赏为主，注意揭示音乐形象，讲解的语言要简洁、生动并富于启发性。要利用电化教学手段，使用音像教材，注意课内、外结合。

(7)在乐理和视唱练耳教学中，乐理知识的教学应与视唱练耳和音乐分析紧密结合，视唱练习在第一学年可将五线谱、简谱结合起来进行。五线谱视唱采用首调唱名法。视唱练习中调的安排，既要注意 do 音的流动，又要具有相对的稳定，便于学生巩固和记忆所学调号的唱名位置。教学中应注意培养学生的自学能力。

(8)小学音乐教材教法的教学，应着重向学生介绍、分析当地小学普遍使用的教材。了解教材编写的体系、指导思想、特点及其教学法。教学中应观摩优秀小学教师的课堂教学、观看优秀课堂教学录像，还应给予学生实践的机会，使小学教材教法的教学做到理论联系实际。

(9)选修课内容的安排在确保必修课 190 课时的基础上，作了适当的延伸。各地应在客观实际需要与可能的情况下确定内容，尤应注意选择思想性强、具有地方乡土特色的曲目。各项内容的课时比例安排，可根据需要有所侧重。

音乐选修课应注意与劳动技术课结合，如:学习幻灯机、投影仪、录音机、录像机的一般常识和使用方法。学习简易乐器、教具制作和乐器修理的一般常识。

(10)音乐课教学除遵循音乐艺术规律外，还应遵循教育教学规律，学生认识规律和身心发展规律，加强各项教学内容的互相联系，各项内容的教学既应注意自身的系统性，又要有主有辅、互相渗透、互相补充、互为因果以提高教学质量。也应注意与相关学科之间的横向联系。

(11)为了调动学生学习音乐的积极性，了解学生的学习情况，改进教学方法，提高教学质量，应对学生进行学业考核。

学业考核的内容:音乐基础知识、基本技能和音乐表现能力。

必修课考核，应以本大纲必修课规定的教学内容和要求为依据;选修课考核应以本校所设选修课的内容和本大纲选修课的要求为依据;音乐教育实践和课外音乐活动的考核内容、方法由学校制定。

学业考核分为平时考查，学期、学年考试和毕业考试。学业成绩应将考查与考试成绩结合起来进行评定。

(12)音乐教学设备是保证音乐教学正常进行，提高教学质量的物质基础。因此，音乐教学设备的建设是培养全面发展的、合格的小学教师的需要，各地应予以足够的重视。根据不同学校的规模，开设音乐必修课、选修课、教育实践和课外活动的需要，配置必要的设备。主要教学设备包括：音乐教室、五线谱黑板、教学用的中琴房、学生练习用的小琴房、排练室、音乐器材保管室、教学用钢琴、风琴、手风琴、演示琴等。学生练习用钢琴（风琴）、手风琴、民族管弦乐器、西洋管弦乐器、少先队鼓号队乐器、谱架、节拍器等。电化教学设备包括：收录两用机、录像机、电视机、立体声电唱机、投影仪、幻灯机、音乐录音带、录像带、音乐唱片等。

注：职业高中的音乐专业是我国改革开放以来，为适应社会发展而出现的新的教学体制，成为我国人才培养的重要组成部分。目前，一些职业高中开设了艺术教育课程，其音乐课程的设置、课时的规定等尚无统一的要求和规范，一般参照中师、幼师音乐教学大纲进行教学。

第三节　我国当代音乐教育改革特色

跨入 21 世纪，我国音乐教育教学发生着巨大的变革，并不断迈出新的步伐。音乐教育要面向现代化，面向世界，面向未来，就必须具备现代教育思想观念，具备改革的使命感和开拓创新意识，把握音乐教育动态和前沿信息，研究音乐教改成果和教改思路等等，这对于新世纪的音乐教育工作者来说是十分重要的。总的来说，我国中小学音乐教育改革已呈现出以下新的特色：

一、在教育观念上，确立现代教育思想观念

中共中央国务院颁布的《关于深化教育改革全面推进素质教育的决定》，把美育正式列入我国的教育方针，从而明确了美育在学校教育中的地位。作为实施美育重要内容和途径的音乐教育被推举到举足轻重的地位，进而引起了音乐教育思想观念发生转变，现代教育思想观念逐渐为人们认可，具体表现在以下几个方面：

首先，审美教育观深入人心。音乐教育的本质是审美，它是通过音乐进行的一种审美教育。因此，教师在教学中，在遵循音乐教育所特有的音乐审美规律，坚持以音乐审美为核心，坚持以审美的态度来施教，在引导学生对音乐审美要素的感知的同时，把音乐的美溶入学生主动体验音乐的过程之中，使音乐教学过程成为师生共同体验、发现、创造、表现和享受音乐美的过程。学生在获得音乐审美的愉悦体验的同时，不断积累音乐审美经验，陶冶审美情操，提高审美能力，逐步建立正确的审美观。

其次，创造教育观方兴未艾。音乐作为创造性最强的艺术之一，在人的发展方面所表现出来的最大优势，即是培养人的创新精神。因此，在音乐教学中培养学生的创新意识与创新能力，既是素质教育的重要内容和目标，同时也是美育的重要功能，更是现代教育对音乐教育工作者的要求。创造教育观在音乐教学实践中的体现，既包括教师富于创造性的教学活动，以及教师对教学创造性地设计等；同样，也包括学生创造性地学习，即学生主动参与、探究、合作学习中的富有个性化的学习。总之，创造性的音乐教学既贯穿于教师

的教学活动中，也贯穿于学生的学习活动之中，使音乐教学的过程成为师生的知识再创造的过程。

再次，主体教育观得到确立。当代的音乐教育教学，体现以人为本，以人的发展为本，已成为现代教育观念的核心。音乐教育教学改革的发展，要求音乐教师要以主体教育观来驾驭现有的课程和教材。面向全体学生，关注学生的发展，把激发学生的学习兴趣和调动学生积极性放在首位，形成师生互动、生动而灵活的音乐教学。而过去在教学中以教师为中心的传统教育思想观念被摒弃，变“教书匠”为“设计师”，“合作伙伴”，教师不再只是向学生传授知识和技能，更重要的是引导学生如何获取知识，学会学习，让学生成为学习的主体。

二、在教学方法上，不断学习借鉴综合创新

国内外的各种音乐教学方法或音乐教育体系，都是国内外音乐教育者长期的教育教学实践经验的总结和智慧的结晶，都有一定的学习借鉴的价值，他们为我们的音乐教育教学提供了广阔的学习和选择的空间。我国音乐教育教学改革正待深入，要求我们在不断学习借鉴的基础上，综合创新逐步建立和形成发挥学生主体性的多样化的教学方法，以适应新时期的音乐教育教学。

学习借鉴，就是要根据我国中小学音乐教育教学目标，进行有目的、有计划、有步骤地学习中外各种教学方法的理论基础和实施要领，既要学习借鉴我国教育历史进程中各种教育思想、教学方法的精华；同时也要学习借鉴世界各国先进的音乐教育体系及其教学方法，在进行认真系统分析的基础上，摸清其脉络，理解其内涵，掌握其真谛。

综合创新，就是要结合我国中小学音乐教育教学实际，将国内外各种教育思想、教学方法以及音乐教育体系，辩证地进行比较研究。我们必须因地制宜、因校制宜，深入比较研究，既要比较研究这些教学方法所体现的教育思想观念，也要比较研究这些教学方法的构成要素；既要使我们的音乐教育同世界先进教育思想、教育方法相融合，更要使我们的音乐教育在兼容并蓄中，能够创造出具有中国特色的音乐教学方法和音乐教育体系。在创造性的综合运用中，实现教学方法的优化，为提高教学效率，促进我国音乐教育事业的发展发挥积极作用。

三、在教学内容上，倡导音乐与相关文化有机结合

在中小学音乐教育教学中，将音乐置于整个人类文化的一个组成部分来看待，从审美的角度、文化的角度、历史的角度和风格的角度向外辐射，进而扩大学生的音乐文化视野，提高学生的音乐文化素养，陶冶学生的人文精神，这是时代赋予学校音乐教育的又一新的教学领域。

音乐与相关文化有机结合，是音乐课人文学科属性的体现，主要涉及音乐与社会生

活、音乐与姊妹艺术、音乐与艺术之外的其他学科等三个方面的教学内容：

现代社会中，音乐与社会生活的关系密切，随着电视、VCD、DVD、卡拉 OK 等的普及，各种社会活动中的礼仪音乐、实用音乐、背景音乐等的兴起和应用，音乐的各种功能得到了充分体现和发挥。面对现实社会中的种种音乐，学校音乐教育有责任和义务指导学生参与各类社会音乐活动，并运用音乐方式同他人进行交流，切身感受音乐与社会生活的关系，理解音乐对人生的意义，认识音乐的社会功能和价值。

音乐与姊妹艺术历来关系密切，在舞蹈、戏剧艺术中，音乐总是与之彼此呼应，相互衬托，融为一体；而在诗歌、影视艺术中，音乐也与之时而融合，时而对照，相伴相随；即使是那些纯视觉艺术，如美术等与音乐也有相通之处，纵观历史，音乐流派与美术流派在其风格等方面也常常相互影响，不断发展。总之，艺术的形象性和情感性这一共性，使得音乐显示出它在姊妹艺术中的独特影响和价值。在音乐教学中有机结合其他艺术形态，让学生在视听交融等综合体验中，了解并把握艺术审美规律的同时，进而能更加深刻地感知音乐，深化学生对音乐的审美体验。

音乐教学的另一丰富资源，是音乐与艺术之外其他学科的有机结合。无论是在配乐诗歌的意境体验时，还是在韵律操中感受不同节奏情绪的音乐；无论是通过物理学中对声音的物理属性的认识，还是通过学习不同历史、地域和国家的音乐了解其风土人情，认识其不同文化背景等等，音乐与其他文化相互作用和相互影响。在音乐教学中，音乐与语文、体育及历史、地理等人文学科有机结合，进一步丰富了音乐的人文内涵，使学生从多元文化音乐教育中吸取营养。在这种以音乐文化为主线的教学活动中，既有利于提高学生音乐文化素养，拓宽学生的视野，也可以艺术化的方式促进学生对交叉学科的理解，更有利于培养现代社会所需求的复合型人才。

四、在教学形式上，创造多渠道的音乐教育教学活动

中小学校音乐教育教学的转变还体现在教学形式的多样化和社会化。多渠道的音乐教育教学活动，为学生提供了丰富多彩的音乐艺术实践，学生可以根据自己的情况，选择自己喜爱的形式参与各种普及性或提高性的音乐活动，成为各类音乐活动中的表演者、欣赏者、创造者、评论者，从而最大限度地发展学生对音乐的爱好和才能，丰富学生的音乐文化生活，促使学生在德、智、体、美诸方面得到完美而和谐的发展。

多渠道的音乐教育教学活动具体体现在以下几个方面：第一，在课堂上安排形式多样的音乐活动，寓教于乐。音乐课堂教学中，教师应根据学生的生理和心理特点，引导学生在主动参与各项音乐活动中感受音乐、体验音乐，丰富其知识，培养其能力。第二，在学校内开展多姿多彩的课外音乐活动，发展和满足不同学生对音乐的兴趣和爱好。各级各类学校在课外音乐活动或学校艺术节中，组织各种类型的音乐兴趣小组，合唱队（团）、舞蹈队、乐队等是常见的音乐活动形式。此外，“每周一歌”、“音乐板报”、“音乐竞赛”、“文艺会演”等音乐活动的开展，都极大地丰富了学生的课余文化生活。第三，积极开发与利用校

外音乐课程资源，引导学生参加校外的社会音乐活动。近年来，随着国家加大对艺术教育的力度，各级教育部门在各地区定期或不定期举办形式多样、内容丰富的美育节、艺术节、合唱节、歌咏比赛、舞蹈比赛等活动；同样，各级文化部门与当地的少年宫、艺术馆、文化馆等开设音乐教育机构，举办各类社会音乐活动，如各类音乐培训班、文艺会演、音乐比赛等，这些都为学校师生提供了广阔的舞台。

总之，学校的课内、课外音乐活动、社会音乐活动的有机结合，形成相互渗透、互为补充，这既给学校音乐教育教学活动带来新的活力，也为学生营造出良好的校内外音乐环境，带给学生更多的音乐表演的机会和享受成功的喜悦。这些多渠道的音乐教育教学活动，既是学生乐于接受的、生动有效的音乐教育形式，也是学校音乐教育的有机组成部分，对提高学生的音乐文化素质和促进我国文化建设的发展发挥着积极的作用。

五、在教学手段上，注重运用现代教育技术

新世纪里，在音乐教学中运用现代教育技术，这是时代赋予音乐教师新的使命。陈至立同志曾在《中国教育报》上号召："各级各类学校的教师要紧跟科学技术发展的步伐，努力掌握和应用现代教育技术，以提高自身素质，适应现代教育的要求"。因此，学习、掌握并运用现代教育技术，对于音乐教育改革和发展意义深远。

现代教育技术的最大特点是色彩逼真，形声并茂，这种音画结合既可以再现场景，也可以创设情境，增强音乐教学的情趣性和生动性，使学生产生强烈的学习欲望而主动学习，达到寓教于乐、寓教于美。同时，现代教育技术能够突破空间与时间的限制，既可以展示音乐教学中所涉及的古今中外音乐文化知识，开拓学生音乐文化视野，还可以让学生自主学习，根据教学目标，学生运用现代教育技术进行音乐的表演、创作等，进而更好地感受和理解音乐，提高学习效率。此外，教师也可以利用录音、录像等现代教育技术记录音乐教学过程，供课后分析，相互交流、总结教学经验和成果，帮助教师提高业务素养和教学水平，促进音乐教学改革，提高音乐教育质量。

总之，音乐教育技术现代化的发展将深化教育改革，为教学手段与教学模式的变革提供新的物质基础，在我国音乐教学中体现出极大的应用前景。在音乐教育教学中，遵从讲究实效，富有美感的原则，恰当运用现代教育技术，教师不但自己学会利用并设计音乐教学课件，还应鼓励学生利用和设计音乐教学课件，让现代教育技术给音乐教学以新的活力，为优化教学过程，提高教学质量，促进我国音乐教育的改革和发展发挥积极作用。

六、在教学评价上，新型的综合评价机制初步形成

科学的音乐教育教学评价机制，能有效地促进学生发展，激励教师进取，同时，对教学改革起着导向和质量监控作用，使音乐教学管理工作逐渐完善，推动音乐教育教学改革更好地向前发展。在新时期，过去音乐教学中由教师"一言堂"式的评价宣告结束，取而代之

的是师生共同参与的、生动活泼的新型的综合评价机制正在初步形成并日臻完善。

我国中小学音乐教育新型的综合评价机制，是在体现素质教育目标的前提下，以音乐课程价值和基本目标的实现为评价的出发点。评价指标不仅涵盖音乐教学的各个层面和各个领域，还关注学生对音乐的兴趣、爱好、情感反应、参与态度和程度，以及教师引导学生进入音乐的过程与方法的有效性等诸多方面；评价内容从过分注重学生学业成绩转向注重学生多方面发展的潜能，既有对学生音乐学习的评价，也有对音乐教师教学的评价；评价方式从过去单一的教师终结性主评转向综合性评价，即是既要结合音乐教学的实践过程中形成性评价，也要结合每个学期和学年各阶段的终结性评价；既可以对于音乐教学采用定性的评语进行描述性评价，也可以根据需要采用测量进行定量的评价；既可以让师生针对音乐教学进行自评，也可以让师生之间展开互评，以及包括学校各级主管部门、家长等对音乐教学工作的评价，评价包括学生、教师和课程管理三个层次；评价功能从过去注重甄别与选拔转向对广大师生参与音乐教育教学工作的激励，用发展的眼光肯定学生的进步，使评价起到激励和促进的作用。通过这样的综合评价机制，更有利于促进学生全面发展，从多种渠道获取改进音乐教学的信息，提高教师教学水平并不断完善教学管理，从而激励师生以更大的热情投入音乐教学，不断提高音乐教学质量。

第三章

中小学生音乐心理与音乐教学

中小学的音乐教育教学应该与受教育者的个性发展要求及心理发展水平相适应。根据中小学生生理、心理发展的状况，根据中小学生音乐审美心理特征来进行音乐教育教学，使中小学生的音乐心理得到正常发展，这是提高音乐教育教学质量的基础，也是本章阐述的重点。

第一节 中小学生生理、心理发展简述

我们通常说的中小学生主要是指处在童年期、少年期、青年初期的个体。个体从出生到青年初期一般要经历 18 年左右，我国根据青少年儿童身心发展特点和教育工作的经验，把青少年儿童身心的发展大致分为六个较大的阶段。（见图 3—1）

（图 3—1）我国青少年儿童身心发展的分期

分　期	年　龄	学习阶段
乳儿期	初生～1 岁	哺乳阶段
婴儿期	1 岁～3 岁	托儿所阶段（先学前期）
幼儿期	3 岁～6、7 岁	幼儿园阶段（学前期）
童年期	6、7 岁～11、12 岁	小学阶段（学龄初期）
少年期	11、12 岁～14、15 岁	初中阶段（学龄中期）
青年初期	14、15 岁～17、18 岁	高中阶段（学龄晚期）

每一个人从出生到走向成熟，都要经历两个生长发育高峰：

图 3－2

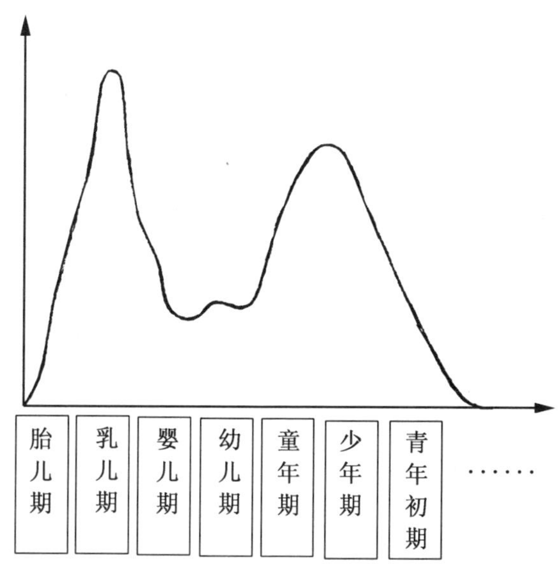

以上各阶段既互相区别，又互相联系，前一阶段往往孕育着后一阶段的一些特点，后一阶段又往往残留着前一阶段的一些特点。阶段之间没有截然的界线，而是逐渐过渡的。我们研究中小学生音乐心理，就需要先了解他们各个阶段的生理、心理发展的基本状况。

一、生理发育方面

（一）童年期生理发育特点

童年期又称学龄初期，大致相当于小学阶段。童年期儿童身体增长迅速，脑的发育趋于成熟，神经系统发展完善，一般到了小学高年级，学生的身体发展开始逐渐进入人生发育的第二次“生长高峰”（见图 3－2），其身体发展的主要特点是内部成熟。尤其是这一时期儿童声带的日趋增宽、肺活量的逐渐加大，乃至整个大脑的不断成长等等，这些都为童年期的儿童发展音乐心理提供了有利的生理前提。

（二）少年期生理发育特点

少年期又称学龄中期，大致相当于初中阶段。这一阶段的学生已开始进入青春期发育阶段，他们的生理发育突出特点表现在以下三个方面：

(1)在身体体态方面变化显著。由于少年期是处在人的生长发育的第二个高峰期（见图 3－2），这一时期的学生身高增长迅速，体重也迅速增加。

(2)在生理机能各个方面逐步健全。少年期学生脑的发育基本成熟，神经系统也已经发展较完备，各种感觉器官也都已发育成熟。

(3)在生理发育方面迅速，性机能开始成熟，出现了“第二性征”。这一时期的学生已进入青春期。

伴随着生理方面的发展变化，这一时期的学生嗓音也会出现变化，即要经历变声期。变声是由于发声器官的发育引起声音（音色音质）明显的改变。变声期是指学生个体从童年末期向青年成人期过渡的一个正常的生理变化阶段。

在这一时期每一个人都要经过一年至三年的声音变化。由于遗传、环境和教育等因素的影响，每个人的声音变化的时间长短不一。“变声期”一般发生在12、13岁至14、15岁。在变声期间，学生一般会感到嗓音沙哑，易疲劳，且自己控制不住声音，尤其发高音困难等现象。在“变声期”间男、女学生的音域普遍降低，其中男生较女生的变化则更为明显一些。

（三）青年初期生理发育特点

青年初期又称学龄晚期，大致相当于高中（中师、职中）阶段。这一时期是青年向成年人过渡的一个发展时期，亦是青年学生身体发育日趋接近成熟的时期，他们的生理发育突出特点表现在以下三个方面：

(1)从身体发育方面看，青年初期学生的身体进入比较平稳的发育过程并已接近成熟。这一时期其身体增长的速度已逐渐减慢，身体的机能、肌肉的力量等较之少年期有明显提高，身体各个部分机能指标已达到或接近成人的标准。

(2)神经系统已经基本发育完善，神经系统的发展达到或接近成人标准。这一时期，青年脑的发展虽然接近成熟，但其机能活动仍在继续发育。尤其是神经系统活动的兴奋和抑制过程已经趋于平衡，且带有较强的意识性。

(3)青春期的第二性征发育基本成熟，男女两性在体态上表现出明显差异，其第二性征稳定化。

二、心理发展方面

（一）童年期心理发展特点

童年期是儿童的认知活动、情感意志逐渐发展的时期。其主要特点表现在以下两个方面：

(1)认识活动逐渐发展。小学低年级的儿童感知事物还不甚精确，注意力也不够稳定，无意注意仍起重要作用，擅长于具体形象识记。通过学习，儿童的注意、记忆和想象等得到发展，逐渐能够较细致地感知和辨别事物，他们的认知活动从具体形象思维逐渐向抽象概括过渡，但仍然具有很大成分的具体形象性。对于这一点，心理学家皮亚杰通过长期研究指出：人的认识发展在7岁到11岁时，能够进行初步的逻辑运算，但思维不能完全离开具体事物。可见，童年期儿童的直接感知能力比抽象思维强是其主要特点。

(2)情感意志不断增强。小学生情感的发展总的来看，其情感内容不断丰富，情感意志不断增强，情感的稳定性与控制力不断提高。随着活动领域的逐步扩大，儿童的情感不断丰富，审美意识逐渐增强，道德感、理智感、美感等情感随年龄增加而逐渐发展起来。虽然小学低年级儿童一般情绪不太稳定，意志比较薄弱，评价能力也还很差，但进入小学中年级、高年级的过程中，儿童的情感意志不断增强，并能够初步控制自己的情感，具有独立性的意志也伴之逐渐发展起来，尤其到了高年级，他们的自我意识开始增强，儿童的独立评价能力也开始趋向成熟。

(二)少年期心理发展特点

少年期是人一生中心理发展的重要转变时期，其变化是急剧的，对外界的感受是十分敏感的，国内外一些心理学家称这一时期为“否定期”、“困难期”、“危机期”。少年期心理发展的主要特点体现在以下几个方面：

(1)自我意识增强，产生较强的“成人意识”。随着年龄的增长，这一时期的学生考虑个人问题的兴趣有上升趋势，他们希望老师、家长视自己为大人，并有较强的自信心和自尊心。其个性开始初步形成，但发展具有不稳定性；其意识开始具有独立性和“成熟感”，但认知往往带有表面性和片面性。

(2)抽象思维能力迅速发展，学习的自觉性有了进一步增强，处于少年期的学生，虽然童年期以具体形象思维为主要形式的思维特点仍在起作用，但他们已逐步开始以抽象思维为主要形式，初中学生注意力的稳定性、目的性和选择性进一步增强，抽象识记能力开始有了进一步发展。

(3)情绪、情感日益丰富，但又缺乏稳定性。处于少年期的学生在情绪、情感方面表现出充满活力、热情、重感情的特点。他们对于事物的情绪、情感的反应往往较强烈，且易冲动，既易喜，亦易怒，情绪来得骤然，去得也迅速。他们对情绪和情感的自我调控能力还处在发展过程中，还不善于克制自己的情绪和情感。

(三)青年初期心理发展特点

青年初期的学生在心理发展方面较之少年期更趋于成熟，这一时期是青年逐步确立人生观、道德观、价值观的关键时期，其主要特点表现在以下三个方面：

(1)自我意识逐渐成熟，具有较强的独立性。不管是高中学生，还是中师学生，面对日益丰富的社会生活，往往表现出广泛的兴趣，遇事有自己独立的见解，个性逐步形成，且具有相对稳定性，但限于知识和社会阅历，对事物的看法常常会出现主观性和片面性。

(2)抽象逻辑思维能力迅速发展，具有深入学习钻研的能力。青年初期学生思维的概括与组织能力都有了进一步的提高，学习注意力较稳定，愿意自己独立思考和解决问题。他们开始学会从具体事实和表象中，概括出抽象的定理和法则，再从抽象回到具体。因此，这一时期，他们的抽象逻辑思维及学习能力得到极大的发展，但仍存在对复杂事物难以抓住本质的现象。

(3)情感趋于成熟和稳定，但表现方式更为多样。青年初期学生的情感较为复杂，他们对生活充满激情，善于在明辨是非的基础上使情感受到意志的控制，常常表现出含而不露，有文饰的一面，但同时也有冲动、狂热、不计后果的另一面。因此，与成人相比显得热情有余，理智不足，与少年期相比，则情感持续时间较长、更内向，具有内隐特点。所以，青年初期的学生情感状态是处在由外倾型情感向内隐形情感过渡时期。

第二节　中小学生音乐审美心理主要特征

中小学生音乐审美心理是指学生在进行音乐审美活动中的心理状态和心理能力。概括起来主要有：音乐感知、音乐情感、音乐思维和音乐兴趣等方面的内容。

一、音乐感知

音乐感知即是音乐的感觉和知觉，它是指学生在进行音乐审美活动时，对特定的音乐现象的感觉和知觉。

根据心理学的研究，“感知”或“知觉”是指对客观事物表面现象的外部联系的综合反映。它是在感觉的基础上形成的，是比感觉更高级的感性映象，它所反映的是当时直接作用于我们感觉器官的对象的各种特性的总和。音乐审美实践中的心理活动，是以感觉为基础，以知觉为反映形式而结合成为一个完整的心理过程。

感知音乐美是认识音乐的基础，是获得美感愉悦的源泉，学生的审美观念、审美情趣、审美理想以及对美的创造才能，都是在审美感知的基础上产生和发展起来的。一般来说，音乐的感知内容包括个体对音乐的整体感知能力和对音乐要素的感知能力。这也是音乐审美能力最基本的因素。因此，培养学生对音乐的旋律、节奏、和声、音色、力度、体裁、风格等基本要素美感的辨别、感受和对音乐的注意和记忆，并在音乐审美情感中体验，都是十分重要的。

中小学生基于从具体到抽象的审美感知，他们的音乐认知尚处于从幼稚逐渐到较成熟再向成熟的发展之中，对美的理解也是从肤浅逐渐到深刻。小学儿童往往是从对音乐的好奇心发展到对音乐的兴趣和爱好，但他们对音乐的感知更多的是对音乐外在特征的感知，因此，是比较肤浅的。小学低年级的儿童还处于“写实性”的高峰，他们往往以自己的实际感受为标准来对音乐进行评价，与自己经验相符的就视为好的而积极倾向它；否则，则不予理睬。到了小学高年级，由于知识和见闻增长，思维和感情的发展，这一阶段的学生对抒情歌曲的爱好有所增加，他们感觉歌的“弯儿转得好听”而接受并喜爱，这实则是他们对音乐的旋律美有了进一步的感知。然而中学生对于音乐,则可以从音乐的审美价值等对音乐作出评价和判断。他们的音乐感知能力相对小学阶段的学生而言有了很大的提高和进步,但与成人相比,他们的音乐感知能力往往带有表面性和片面性,并常常受到社会环境的影响。我们经常可以发现,许多中学生一看到自己认为美的歌曲就专心抄下来,一听到自己认为美的歌就爱不离口,甚至把其中的美作为自己的行动指南。因此,中学生对于音乐美的感知,他们衡量的标准多与主观的好恶联系。他们简单地以为好听就是美,否则就不认为美等等。而高中学生对音乐的审美感知是较敏锐的,他们有着强烈的审美要求,希望参与音乐生活。他们能够接受不同体裁、不同风格、不同流派和不同地域的音乐,他们能按自己已有的审美标准对音乐作品作出较准确的评价,能主动进入一些音乐作品的内部,探索其内涵。这时,高中学生的音乐审美能力有进一步的提高。因此,教师必须注意当代青年学生的特点和审美需求,根据学生的特点来开展教学。总之,音乐教师应根据中小学生各自的特点,多方面、多角度地为学生提供丰富多彩的音乐作品和音乐实践活动,让学生逐渐学会以正确的审美观来感知音乐。

二、音乐情感

情感是主体对于外界刺激所持态度的心理反应。音乐情感是指伴随着个体的音乐审美活动而产生的特定的情绪活动和情感上的共鸣。即音乐情感是个体对特定的音乐音响产生的相应的态度和内心体验。

音乐作为人类社会意识形态之一,它是一门具有强烈情绪感染力的艺术。人的情感是丰富多样的,当所感知的音乐与个体需求的满足相联系吻合的时候,就会产生积极的情感体验,如愉悦、喜爱、兴趣等情感,并激励学生努力进取;当所感知的音乐与个体需求的不能实现联系的时候,就会产生消极的情感体验,如厌恶、不满等情感,则易引诱学生走向消极、低沉。总之,不同的音乐,对人的精神具有不同影响,对于塑造人的精神气质、个性特征、品格有着不可替代的作用。

中小学生的音乐情感的发展受到其身心发展的制约。在此阶段中,他们生长发育较快,认知水平提高,尤其是中学生的学习活动领域的逐渐扩展,社会交往加深,自我意识和成年意识增强,这些因素使他们的情感活动也逐渐从肤浅向深化方面发展,审美意识有了进一步的发展,但由于受生活经验的局限,这时期他们的情感发展处在动荡而不稳定的状态。

小学低年级学生音乐情感体验具有较强的情绪性特点,其喜怒哀乐形于色,且易于变化,一般到了中、高年级的儿童才能在音乐审美活动中,有意识地表达思想感情,并加入感情色彩。中学生的音乐情感及审美体验较之小学阶段往往更丰富、更深刻,尤其是高中学生的音乐情感发展趋向深刻稳定,并开始逐渐学会以审美的态度来对待各种音乐。中学生除喜欢朝气蓬勃雄壮豪爽的音乐以外,还喜欢欢乐、优美、通俗易懂的音乐,以满足多方面感情需要，贝多芬说过："音乐当使人类的精神爆出火花"。因此，教师应以优秀的、健康的音乐陶冶学生，使他们在音乐美的享受中获得精神上的满足，获得积极的音乐情感，让学生心灵得到净化，情操变得高尚，从而转化为精神力量。

三、音乐思维

音乐思维是指个体在音乐现象（或行为）的间接的和概括的反映中，以音乐感知为基础，以智力操作为手段，对相应音乐内容的理解和应用。是认识的高级阶段。如果说，通过音乐感觉和音乐知觉，我们能感知千姿百态的乐曲和乐器，但通过音乐思维，我们却能揭示这些乐曲、人和乐器的关系、规律，并能概括地反映乐器与人、乐器与乐曲、人与乐曲的本质联系和规律，因此，音乐思维能反映音乐及相关事物的本质和它们的规律性联系。

音乐思维具有创造性、独立性、概括性，并存在着个体差异。在音乐教育与教学中，培养和发展青少年的音乐思维，对于其音乐活动的内容、音乐行为的内在联系和音乐活动的质量有直接关系。对于小学阶段的学生来说，随着各种感觉的发展，他们对音乐的感知，更多地借助于歌曲的歌词、乐曲的标题、乐曲 的故事情节，他们比较喜欢带有趣味性的或拟人化的歌曲和有简单故事情节的乐曲。因此，小学阶段的学生最先和最容易掌握的音乐思维，就是音乐动作思维和音乐形象思维。所以，小学的音乐教学主要应以直觉的感性认识为主，以生动有趣的形象来诱发和感染学生，发展学生对音乐的注意力、想象力、感受力；而对于初中阶段的学生来说，由于经验的积累、思维的发展，他们对于音乐无论是欣赏还是演唱、演奏，都可以不依赖于歌词、标题，更多的是从对音乐要素的综合感知和情感体验上去想象，而想象和联想是人们的重要思维活动。因此，中学阶段的音乐教学，应随着学习内容的深化和学习性质的改变，音乐教学应提倡探索性，要尊重学生的音乐感受，让学生在音乐感知与音乐探索中，不断发展并培养学生对音乐的理解力和鉴赏力，使学生形象思维与逻辑思维同时发展；对于青年初期的高中学生，他们有了一定的音乐相关知识和经验，对于音乐作品大都能从音乐实践及情感体验中丰富自己的音乐感性形象、音乐抽象形象，逐步掌握和使用音乐抽象思维。因此，高中音乐教学，应进一步拓宽学生的音乐视野，在引导学生感受、体验音乐的同时，还应引导学生通过分析音乐，把对音乐的感知，从情感体验上升为理性认识。教师在了解、理解和发展学生思维时，必须从音乐教育科学的特点出发，要善于启发学生的音乐思维，在使其学会用音乐思维方法解决问题的同时，让学生音乐思维得到不断的提高和深化。音乐教育科学特点之一，就是引导学生的音乐思维向着音乐创造性思维发展，也就是用创造性思维方法解决问题。因为，学生音乐思维的培养与音乐的学习不单纯是接受或一味地模仿，许多方面是需要动脑思考，而人们的成功往往都离不开音乐创造性思维。音乐的学习，也是更多的需要音乐创造性思维。学会音乐的思维，将会产生更有价值的学习，获得更好的学习效果。

四、音乐兴趣

兴趣，它是指个体对某种事物或活动所表现出来肯定的情绪态度。音乐兴趣是指个体对音乐或对音乐的某方面内容具有积极和肯定性的积极反应，这种反应是与个体对音乐的情感相联系的。一般来说，一种持久的兴趣，有助于推动人深入钻研和努力学习，以取得事业的成功，如缺乏这种品质，就容易见异思迁，难以长进。所以，培养学生对音乐的兴趣，是推动学生学习音乐的巨大动力。

中小学生的音乐兴趣都具有容易激发，但也不易持久，不易稳定的心理倾向。因此，对于中小学阶段的学生来说，既可能是建立音乐兴趣的时期，也可能是转移音乐兴趣的时期。由于音乐兴趣是中小学生音乐审美活动的内在动力，教师在音乐审美教育过程中，激活和培养学生的音乐兴趣和爱好是十分重要的。

在学校音乐教育教学中，音乐教师应注意选择生动有趣的音乐教材，发挥音乐音响的优势，通过听觉上的直观感受去诱发、强化学生的兴趣，并以音乐的美感激发学生的兴趣，不断调节和变化教学方法，使学生始终保持积极的情绪去探究、去参与音乐活动，并在参与性的音乐教学活动中稳定和保持学生的兴趣。让学生带着高涨的、激动的情绪来学习，从而培养学生健康、高尚的音乐审美情趣。还有一点也不容忽视，当学生兴趣处于朦胧状态时，启发学生的音乐兴趣就显得十分重要。教师应注意用丰富的联想创设意境，启发学生思维的积极性；用多姿多彩的音乐艺术佳品启发学生的兴趣；抓住音乐作品的独特风格，诱发学生求知的兴趣；用感人的演唱演奏或电教手段，以及恰到好处的艺术处理，引发学生探索的兴趣，即使是不能直接产生兴趣的东西，也应设法让学生间接地产生好奇与兴趣。

第三节　根据中小学生音乐心理开展音乐教学

学习、研究中小学生音乐生理和心理发展，中小学生音乐审美心理特征，是为了使我们能够根据中小学生生理、心理发展状况，从他们的音乐审美心理特征出发进行音乐教育教学，遵循和运用音乐教育教学心理规律，提高音乐教育教学工作质量。因此，根据中小学生音乐心理开展音乐教学主要有以下特点：

一、教学内容体现综合性

由于中小学生的音乐心理发展使他们的情感和学习兴趣均具有不稳定性的特点，教师在音乐教学内容的安排上应根据中小学生这一特点，尽可能地使音乐教学内容丰富多彩，主次分明，成为五彩缤纷、生机盎然的音乐世界。

中小学的音乐教学的内容通常有歌唱、音乐欣赏、器乐、音乐知识、视唱练耳和音乐创作等诸方面的教学。一般情况下，这些教学内容常常是以综合的形式交织在一起进行，即使是一堂单一内容的教学，在具体实施过程中仍然要涉及综合性的教学问题。教师应使音乐教学不断向学生提供新的刺激，满足中小学生的好奇心和求知欲，使他们在整个音乐教学的过程中始终保持旺盛的学习精神。

音乐教学内容的综合性并不意味着杂乱无章，在教学内容的综合中，不论是音乐教学各个领域之间的综合，还是音乐与舞蹈、戏剧、影视、美术等姊妹艺术的综合，以及音乐与艺术之外的其他学科的综合，在实施中，综合应以音乐为教学主线，要注意突出重点，分清主次。例如，以唱歌教学为主的综合课，以欣赏教学为主的综合课，以器乐教学为主的综合课，以音乐创作教学为主的综合课，教师在教学计划的设计过程中，必须注意结构布局合理，环节衔接紧凑，全面发展学生的音乐感受力，保证音乐课堂既丰富又井然有序，以提高学生的音乐文化素养。

二、教学方式注重参与性

音乐课堂教学方式注重参与性，符合中小学生的心理和生理特点。由于中学生开始出现成人意识，自我意识增强，他们能够把探索的视线对着自己，愿意去探索新的学习，这些都为学生成为学习主体，积极主动地参与音乐教学活动提供了有利因素。让学生积极参与音乐教学实践，是使他们各方面得到发展的基本教学方式。

音乐教育是通过音乐进行的审美教育，学生正确的审美观的确立，必须以审美体验为基础，以丰富的审美经验积累为前提，只有让学生参与具体的音乐实践活动，才能感受音乐、体验音乐，才能使之心灵得到陶冶，审美观才能确立。

在音乐教学过程中，参与的方式多种多样，动口、动手、动眼、动耳、动脑、动身等等，教师应创造多种多样的音乐实践活动方式，诸如各种表演、竞赛等音乐实践活动，使学生成为音乐实践活动中的表演者、欣赏者、创作者、评论者，真正成为参与的主体，在参与音乐实践活动中培养其能力，丰富其知识，获得审美体验。

三、教学活动增强情趣性

中小学生受其心理和生理发展特点的影响，在中小学阶段是建立音乐兴趣的良好时期。中小学生情感日益丰富而又强烈，在音乐教学活动中增强情趣性，是中小学音乐教学的重要特点。

由于音乐是情感的艺术，这使音乐审美教育具有感情色彩，应重视教学中情感因素的作用，注重教学与心理的联系，注重创设情境，把认知过程与情感过程结合起来，使其审美情感不断深化，使他们的情感受到陶冶，进一步激发学生认识美、创造美的欲望。

兴趣是人们跨进音乐艺术殿堂的敲门砖，音乐教学中激发学生学习音乐的兴趣同样十分重要。采取多种多样的教学方式，精心安排教学内容，新颖变化的教学方法，创建良好的学习环境等，都是培养兴趣的有效途径。

总之，音乐教学活动中激发学生的情趣，要通过寓教于乐，以“情”感动学生心灵，以“趣”激发学习动机，以“美”愉悦学生身心，让学生在体验音乐美妙乐趣之中陶冶其情操、净化其心灵。

第四章

音乐教学方法与音乐教育体系简介

学习、研究音乐教学方法和音乐教育体系，是音乐教育教学中的重要课题，对于引导和激发学生有效地达到最佳学习，提高教学效率，保证教学质量，实现预期目标等都有重要意义和作用。为了适应当前培养人才的需要，我们必须从世界范围吸取先进的音乐教学方法和经验，必须继承和发展我国音乐教学方法和经验，集众家之长，综合运用先进的音乐教学方法和教育体系，把我们的音乐教育事业推向新的水平。

第一节　我国音乐教学常用的教学方法

一、视唱法

视唱法是教师指导学生独立运用视觉、听觉、感觉进行积极思维活动，进行识谱唱曲的方法。在音乐教学实践活动中运用视唱法，可以帮助学生熟悉音乐知识，积累音乐经验，培养学生表现音乐、表达情感等多种能力，从而提高学生音乐素养。因此，视唱法是音乐教学中最常用的方法之一。让学生把乐谱转化为实际音响，不仅需要有读谱知识和能力，而且还要有用人的声音正确表达出来的能力。因此，运用视唱法要注意：

(1)采用视唱法，一般应是在学生初步具有一定的识谱能力和把握音准、节拍、节奏等基本能力的基础上进行，这就要求教师在平时的音乐教学中注意加强对学生音准、节奏等的基本训练，同时，还应尽量与乐理知识教学结合，为学生独立视唱创造条件。

在运用视唱法时，整个教学过程不宜教师带唱，必要时可用琴声示范，而且一般应以轻声慢速视唱较为恰当，同时要培养学生击拍视唱的良好习惯。

(2)运用视唱法还可以适当与听唱法、指谱唱曲等方法配合进行，使这些方法在教学中互相补充、结合运用，在采用听唱法等方法的同时即应着手培养学生识谱唱曲的能力，随着学生识谱唱曲能力的逐步提高，逐步引导学生过渡到独立识谱唱曲。

二、视奏法

视奏法，就是指导学生独立运用乐器，通过视觉、听觉、触觉、感觉进行积极的配合活动，进行视谱奏曲的方法。在音乐教学实践活动中运用视奏法，可以帮助学生熟悉音乐、感知音乐，并培养学生表现音乐的能力，为学生的审美需求服务。视奏法与视唱法一样，需把乐谱化为实际音响。同样要求学生不仅要熟悉乐谱，了解乐谱各种符号的意义，而且要有用乐器准确奏出的能力。不管是中、小学的器乐教学中，或是中师的琴法和器乐教学中，都应该运用视奏法。运用视奏法要注意：

(1)运用视奏法，也应是在学生初步具有一定的识谱能力和演奏乐器等基本能力的基础上进行。因此，教师在平时教学中应注意加强对学生演奏乐器的基本技能技巧训练，并应尽量与乐理知识教学结合。

(2)最初阶段也宜采取指谱奏曲的方法，逐步过渡到学生独立识谱奏曲。学生开始宜慢速视奏，同时，教师要注意培养学生正确的演奏姿势和方法。

三、模仿法

模仿法，指在音乐教学过程中，学生根据教师或同伴作出的演唱、演奏以及表演动作等方面的示范，进行仿效尝试练习的教学方法。

模仿法在我国音乐教学中的运用自古有之，可以说是一种古老的教学方法。我国民间传统音乐“口传心授”的传承方法，实际上也就是模仿法。由于模仿法具有从音乐到音乐的直接性、不完全依赖乐谱而保留音乐风格特点等优越性，我们可以从某一个角度来说，中华民族音乐文化延续了数千年之久，模仿法的运用在其中起到了积极的作用。

在进行演唱、演奏等活动的音乐教学中运用模仿法，首先是有利于锻炼和培养学生对音乐的听觉能力，培养学生“音乐的耳朵”，这是与普通学校音乐教育的任务相吻合的。在我国中小学音乐教育中，运用模仿法的前提条件就是先得听音乐(短句、片断或整段)，而人的听觉器官则是人们感受音乐的重要条件，只有学生听准确了，听会了才有可能模仿着唱出来，这种教法的实施过程，就是不断进行音乐听觉能力培养与训练的过程，这正符合音乐是听觉的艺术的本质特点；其次是有利于锻炼和培养学生准确表现音乐韵味的演唱能力(包括发声机能的控制能力)。音乐的美学特征和审美价值，很重要的一个方面在体现它独特的“韵味”上。音乐的韵味往往表现在音色、力度、速度等音乐要素的细微变化，以及音与音之间的连接过渡、气息和音乐句逗的处理等方面，由于模仿法有全面地传递音乐信息的特点，从而有利于学生通过模仿来把握音乐的韵味，从中培养学生对音乐要素的敏感，发展学生对音乐的感受、表现以及鉴赏能力。另外，在进行动作表演活动的音乐教学中运用模仿法，有利于集中学生注意力，提高学生观察力、记忆力和表演能力。不管是在小学的唱游教学活动中，还是在中小学的各种音乐活动的教学之中，模仿法，都是将少年儿童引入音乐殿堂大门的一种有效的学习方法。

运用模仿法应注意：

(1)音乐教学中提供的演唱、演奏或动作表演应是具有感染力和艺术性。按照音乐审美教育的要求，运用模仿法是为了更好地让学生学习音乐、感受音乐、表现音乐、鉴赏音乐，而不是孤立地、无审美价值的“音”的技能训练。模仿的内容应该是有音乐意义的一个乐句，一个乐节，或者是与音乐教学相关的动作表演等。

(2)教师提供的音乐信息应是多种方式的，最常见的是音乐教师用声乐或器乐等方式为学生提供模仿的音乐，此外，还可以利用现代音乐教学手段，如多媒体、录音或录像等方式来展示某一音乐片断，使学生保持一种新鲜感，激发学生学习音乐的兴趣。

（3）在音乐教学中，教师示范时应边示范边分解动作，同时边讲解动作或演唱、演奏的练习要领，以便于学生的仿效尝试练习。学生在仿效尝试练习的过程中，教师应仔细观察学生，一方面及时检查，及时矫正，随时提示学生掌握演唱、演奏或动作的练习要领；另一方面还应及时鼓励学生的表现，而不要有任何让学生“出丑”的评价。

（4）模仿法的运用要适度。在中小学音乐教学中，模仿法主要用于某些有一定难度的旋律片断（尤其是戏曲音乐的片断），它主要不是一个单独的教学环节，而应是融于各个教学环节之中，并使之优化的方法。

四、演示法（示范法）

演示法，是教师在教学中或通过实际音响，或向学生正确示范（如歌唱的呼吸、弹琴的姿势、手形等示范）或展示直观教具（如图片、图表等）来说明或印证所传授的知识的教学方法。演示法的特点是生动而形象，具体而真实，因此常常广泛地运用于音乐教学活动的各个领域。尤其是当前现代教育技术的广泛应用，更是为这种教学方法的运用提供了广阔的前景。音乐教学中的演示手段多种多样，常见的演示可以是教师示范，可以是观摩录像，聆听实际音响，也可以是展示图表及实物等等。运用演示法要注意：

（1）教师在演示时，要使全班学生都能看到演示的对象，教师应引导学生注意观察演示对象的主要方面，把学生的注意力集中到观察的对象上去。

（2）演示要紧紧配合讲授的知识，引导学生在感知过程中进行分析、综合，逐步加深理解，从而得出明确的结论。

（3）教师在范唱歌曲或是范奏乐曲时，一定要正确示范，做到声情并茂，富有感染力，从而激发学生学习的兴趣，帮助学生感知和理解音乐。

五、讲授法

讲授法是教师运用口头语言向学生传授知识的一种教学方法。我们常说的讲述法、讲解法、讲演法、讲评法等同属于讲授法。运用讲授法，教师可以将音乐文化知识系统地传授给学生，使学生能在较短时间内获得较多的知识。在音乐教学中，一般音乐知识教学多采用讲解法；音乐欣赏教学的作品介绍中多采用讲述法；举办音乐知识欣赏讲座中则多采用讲演法；而教育见习的课后总结中又多采用讲评法，如此等等，都是以教师传授知识为主要形式。

讲授法是历史上使用最久、最广泛的教学方法之一。虽然常受到批评，却依然被广泛采用。教学远不等于讲授，但教学却不能没有讲授，因为学生学习知识，主要是间接知识，这就常常需要教师在课堂上的讲授，我们应该在正确的教学思想指导下，发挥教师的主导作用与发挥学生的主体作用并重，使之相得益彰。

运用讲授法应注意：

（1）音乐教学中的讲授应当结合音乐（包括音响、音乐作品等），使学生对各种音乐知识在音乐中的实际意义与作用有切实的感受和完整的认识，从而加深理解。那种离开音乐实际音响和具体音乐作品条文式空洞说教的方法应当避免。

（2）讲授内容应概念明确，逻辑清楚，突出重点，抓住关键，做到深入浅出。应避免平淡散乱、艰深晦涩。每次讲授的内容不宜过多，应通盘安排，以利学生充分理解和掌握。

（3）讲授应富有启发性，要讲究语言艺术和情感的起伏。说话的速度不宜太快，要让学生有思考的余地。总之，清晰准确、生动形象富有感情的语言有助于取得良好的教学效果。

六、练习法

练习法是指通过训练的方式，让学生通过自己的感官活动来巩固知识，并将知识转化为技能技巧的教学方法。这种方法有利于发展学生思维，培养学生能力，使学生进一步理解和掌握所学知识，把知识转化为技能技巧，并逐步学会学习。

音乐课的练习多种多样，有视唱、视奏、听记、发声、呼吸、模仿节奏、创造节奏、创作歌曲、乐理作业、音乐作品分析等等。其方式可以是个人的，也可以是集体的；可以是课堂内的，也可以是课外的。

在音乐课堂教学中运用练习法要注意：

（1）练习要有科学的设计。所谓科学的设计，就是要根据每课的教学目标，并结合学生的特点和教材本身的特点来合理安排练习步骤和练习时间。

（2）练习要注意方式多样化，保持恰当的分量。课堂练习的次数不宜过多，每次练习的时间也不宜过长，同时还要注意在练习过程中使学生始终保持练习的新鲜感。

（3）对学生练习结果要及时公正评价，对有独创精神的学生要及时肯定和鼓励。

七、讨论法

讨论法是指为实现一定的教学任务，师生全体或以小组为单位，就教学中的某一问题各抒己见，相互启发、探讨问题的教学方法。

讨论法有利于启发学生的思维活动，更好地发挥学生的主动性、积极性，激发学生的学习兴趣，有利于培养学生独立思考能力、口头表达能力和创造精神，有利于促进学生灵活地运用知识和提高分析问题、解决问题的能力。讨论是一种多项信息交流活动，学生在讨论中可以相互启发，取长补短，共同提高。

运用讨论法应注意：

（1）教师对讨论的问题应有充分准备。准备工作包括：既要考虑讨论的问题要有吸引力，也要考虑讨论问题的难易适度；既要准备正确的答案，还要估计学生在讨论中可能产生的若干答案。同时，还应给学生布置阅读材料，引导、激励学生积极参与讨论等等。

（2）讨论问题时，应给予学生适当的思考时间，要善于启发诱导学生发表自己的见解，使学生围绕问题的中心发言，及时抓住争论中心深入展开。同时应注意讨论时间的控制。

(3)讨论后应及时评价，使学生获得满足感和成就感。

八、比较法

比较法是教师在教学中运用两种或两种以上的实例进行对比之中得出正确答案的一种教学方法。

应该说，对许多事物的认识，都是通过比较才得以确立的，通过比较，可以区分客观事物间、知识间的异同，有利于学生把握正确的概念。因此，比较法是培养具有同向思维与逆向思维兼有的较好途径，同时，对培养立体思维能力更有促进作用。在音乐教学中，让学生通过演唱、演奏、欣赏、表演不同的音乐作品或片段，再予以分析、比较其不同的音乐情绪、音乐特点等等，均有利于学生把握各种不同的音乐风格，进一步感知音乐。

运用比较法要注意：

(1)教师应作多方面的准备，把良莠、正反、高低、强弱、快慢、因果等等，择其一二罗列给学生，让学生在动脑筋作比较之中，求得正确答案。这种经过比较的答案，会给人以较深的印象。

(2)运用比较时要结合学生的实际情况，选择比较的内容中，最好有一个对象是学生熟悉的，这样有利于学生辨出其异同，从而充分发挥比较的作用。

九、欣赏法

欣赏法是以欣赏活动为主的教学方法，是指教师在欣赏教学过程中，让学生通过体验音乐作品来感悟音乐，从而培养审美感、道德感等高级情感的教学方法。

欣赏法在音乐教学中运用是十分常见的。通过欣赏活动使学生产生积极的情感反应，丰富学生的精神生活，可以是借助于音乐作品进行聆听、联想、想象、模仿、分析、评价，还可以适当利用诗歌、戏剧、歌舞、绘画等其他艺术形式进行辅助性欣赏。总之，通过这些音乐欣赏活动，进一步培养和发展学生对音乐的感受、表现和鉴赏能力，同时使学生的情操得到陶冶，艺术视野得到开拓，逐步培养起学生正确的审美观和健康的审美情趣。

运用欣赏法应注意：

(1)精心设计创设情境。音乐是情感的艺术，创设情境可以激发学生的强烈的情感反应，引起学生欣赏的兴趣。让学生置身于音乐的意境中，入情、入境、想象、联想、体验音乐丰富的情感，使学生的审美情感、道德情感得到升华。

(2)引导学生参与欣赏活动。学生参与欣赏活动，可以激发学生的欣赏兴趣。在音乐欣赏活动中参与的方式是多种多样的，可以是进行编配部分节奏的参与；也可以是运用乐器来和乐式的参与；还可以采用人声“哼鸣”主题的方式参与等等。通过参与的方式使学生能够较好地注意音乐、进入音乐、体验音乐，极大地激发学生主动参与音乐欣赏活动的兴趣。

(3)引导学生学会聆听。聆听音乐的过程实际上也是体验音乐、感知音乐的过程。在音乐欣赏活动中聆听的方式也是多种多样，如听辨主题，听辨音乐形式，听辨音乐要素的特点，听辨音乐风格的迥异，听辨音乐情绪和意境等等。通过各种方式引导学生学会聆听音乐，更好地从听觉上注意音乐，进而感知音乐，及情感体验、想象联想、理解认识，逐步找到进入音乐的途径。

十、情境法

情境法是充分利用形象，创设具体生动的场景，激起学生的学习情绪的一种教学方法。情境法是近年来我国中小学教学兴起的一种教学方法。

情境法主要是激起学生的情绪，进而调动学生积极参与学习，是融情、言、行为一体的教学方法。中小学生对音乐的感受、理解，可以借助情境，通过具体生动的情景，进一步引起学生的内心共鸣，从而更好地用歌唱、奏乐、动作等音乐表演形式把它表现出来。

情境法在音乐教学上的途径主要有：通过画面（或多媒体）、道具等来创设并再现情境，可以让学生在音乐活动中扮演某些角色进一步体会情境；也可以通过配乐朗诵中的语言描绘情境；还可以通过音乐渲染情境等。通过这些途径，把学生带入与音乐教学内容有一定联系的情境之中，激发学生产生一定的内心体验和情绪，从而加强学生对音乐教学内容的理解，促使他们产生用音乐来表达的欲望，同时也受到一定的性情陶冶。运用情境法应与其他教学方法有机结合起来，以便获得较好的效果。

十一、发现法（亦称“探索法”）

发现法是指学生运用教师提供的教材或材料，通过自己观察、实验、思考、讨论、查阅资料等途径去探究，去发现问题、回答疑问和解决问题，从而获得知识和技能的一种教学方法。发现法从青少年儿童的好奇、好问、好动的心理特点出发，让学生自己去发现、去探索要解决的问题，主动地学习，让学生在掌握知识的过程中，能够进行研究、探讨和创造，再从实践到理论上去检验、证明，通过发现得出结论，这种方法可以提高学生学习兴趣，使学生产生自行学习的内在动机，发挥学生学习的潜能，发展学生的智力，加强学生的记忆能力和解决问题的能力。

运用发现法的一般教学步骤是：

（1）创设特定问题的情境，使学生在这种情境中面临矛盾，使之产生问题。

（2）协助学生收集有关资料，对所提问题提出解答的假设与答案。

（3）从理论或实践上检验假设与答案，有不同观点可以展开讨论。

（4）对答案的修改，或对争论作出总结，得出共同的结论。

此外，运用这一教学方法还需要注意学生各方面水平的高低、学习问题的难易程度，以及把握好教学时间的控制。

第二节　国外音乐教育体系简介

一、达尔克罗兹音乐教育体系

（一）概述

埃米尔·雅克·达尔克罗兹（Emile Jaques－Dalcroze，1865～1950）瑞士作曲家、音乐教育家。达尔克罗兹从小就开始学习音乐，曾先后在日内瓦、维也纳、巴黎音乐学院学习音乐，并广泛参加各种音乐活动。1892 年应聘在日内瓦音乐学院教授音乐史、和声、视唱练耳等课程。在此期间，他针对学生的音乐表演与音乐感受之间的严重脱节（即学生们虽有高超的演奏技巧却缺乏对音乐的情感反应，没有体现音乐的美感）的问题，创建了“体态律动”教学法，开辟了音乐教育实践的一个新领域。他先后在德累斯顿和日内瓦开办学校进一步进行实践研究，逐步形成了达尔克罗兹音乐教育体系。达尔克罗兹对世界音乐教育产生了积极的影响，德国赫勒劳（Hellerau）建立了达尔克罗兹体系的研究所，伦敦开办了达尔克罗兹体态律动学校，继而五大洲都设有专门学校推广达尔克罗兹音乐教育体系。从而掀开了世界音乐教育改革的一页，影响整个世界近现代的音乐教育。

（二）达尔克罗兹音乐教育思想的基本观点

达尔克罗兹基于对音乐与身体关系的哲学思考研究，他逐渐形成这样的观念：音乐是人类情感的反应。音乐的最初形式是把人们的情感转换成为具有音乐性的动作，这些动作就是人类肢体的动作，人们可以通过身体运动表现情感、表现音乐，将聆听音乐和人们身体反应结合起来，就能够产生理解、表现音乐的巨大力量，以促进人们身心的和谐发展。所以，音乐教育既不能是单纯的技术训练，更不应是脱离音响的理论知识和规则的传授，它首先应该是对音响运动和情感的体验。这种体验必须以音乐与身体运动结合的节奏运动为基础。

由此，达尔克罗兹认为，音乐教育首先要通过（音乐与身体结合的）节奏运动唤醒儿童的音乐本能，培养学生的音乐感受力和敏捷的反应能力，进而获得体验和表现音乐的能力。因此，培养和发展学生的音乐能力是音乐教育的主要目的，而音乐中的技巧仅仅是艺术表现的一种手段。

体验音乐、体验情感是达尔克罗兹音乐教学改革的出发点和宗旨，他指出：“体态律动的目标是：在本课程结束时，不是能使学生说‘我知道’而是‘我体验到’。以此引起学生的表现欲望，激活他们的情感世界，扩大他们的本能力量，并能迁移到生活中去。”从而进一步阐明了音乐教育不仅仅是学习音乐的更深层次的观念。

（三）达尔克罗兹体系的基本内容与方法

达尔克罗兹音乐教育体系主要是由体态律动、视唱练耳和即兴创作三部分内容组成。尽管这三个方面的内容各自独立，但在教学实践活动中，又常常是综合而有机地结合在一起。

1. 体态律动

即是由身体对音乐做出相应的反应的练习。在其教学活动中，通常是让学生随着音乐即兴地运用身体做出各种相应的动作，来表达个人对音乐的感受。体态律动是达尔克罗兹音乐教育体系中最著名最有成效的部分。

体态律动强调把音乐与身体的感应和运动紧密结合，其目的主要在于训练学生有效地利用听觉与身体动作来感受音乐、理解音乐和表现音乐。

体态律动教学特点：

(1)要求学生以自身身体为乐器，通过身体动作体态，再现所听音乐。体态律动教学中训练学生的动作，往往从拍手、摇摆、走、跑、跳……入手。如，随着音乐可用手拍出其节拍，可通过走路来感受和表示四分音符的节奏，可通过跑步来感受和表示八分音符的节奏。

(2)体态律动教学过程中，注重培养和训练学生对音乐要素的感受。体态律动教学注重引导学生通过身体运动去感受音乐的各种要素，从而培养学生对音乐要素的敏感。

例如，在教学中让学生随着教师即兴弹奏的音乐律动，并要求学生在律动中，当感觉是大调式时，身体向前方律动；当感觉是小调式时，身体退着律动；当感觉不清楚是什么调式时，就横向律动等。

又例如：教师用一根底端系有重物的细绳，像钟摆似的来回摆动，让学生的躯体跟着来回摆动，从而体验自己躯体的节奏。教师通过放长或缩短细绳的长度来变化重物来回摆动的速度，让学生跟着变化躯体摆动的速度，然后把绳子交给一个学生摆动，教师用钢琴弹奏柔和的摇摆性节奏的音乐，为摆动的绳索和学生的身体运动伴奏。此时，绳索、孩子、音乐处于完全和谐状态。最后，绳索落地，让学生闭着眼睛跟随音乐继续摇摆，集中于对身体律动的意识，并随着音乐变化力度与速度。这是一个从视觉到听觉体验节奏的练习过程。

(3)注重学生注意力集中的训练。体态律动教学是从音乐入手，让学生去聆听音乐的变化来进行律动，从而培养学生的记忆与抑制能力。

如，让学生随着音乐律动，当听到约定的信号（如口令、打击乐声、和弦等），立即作出约定的快速反应（停止律动、或反方向律动，或做出某一姿势）这类的种种训练，都有利于引发学生的注意，培养学生集中注意的能力及大脑与身体的协调能力。

(4)注重培养学生的即兴创作欲望和能力。体态律动教学不但强调教师即兴演奏音乐，同时在训练学生和乐动作时常常也是要求学生即兴创作。教师在教学中不是去特别注重或要求学生动作的美感，而往往是注重学生身体动作是否与自己演奏的音乐协调。

2. 视唱练耳

视唱练耳不仅要培养学生具有读谱视唱能力，更重要的是通过系统的听觉训练、听觉分析，提高学生在节奏、旋律、和声、复调、音乐风格等多方面的技巧和能力。

达尔克罗兹指出：“一切音乐教育都应当建立在听觉的基础上，而不是建立在模仿和数学运算的训练上。”他认为，良好的听觉是接受音乐教育最重要的禀赋。要唱出一个曲调，就必须先要在内心听到这个曲调或想到这个曲调。演奏、演唱都必须使用听力。

视唱练耳教学特点：

(1)达尔克罗兹音乐教育体系中视唱练耳和身体律动两者是紧密结合的，即是将体态律动应用于听音和视唱教学。他认为，应该通过结合体态律动的方式帮助学生发展听觉和记忆能力，培养绝对音感，发展内心听觉。

(2)在教学中以固定唱名法为主要教学手段。

(3)教学内容主要包括：

发展音高和音高关系感、音色感。

对单一调性和多调性旋律的听辨和记忆。

对各种和弦与和声片断的听辨、记忆。

看谱视唱与即兴视唱能力。

音乐听写和使用所学习过的要素构成乐曲的能力。

达尔克罗兹在教学中，往往首先让音乐刺激学生的听觉，使之产生印象、感觉，再以动作表现音乐。它以身体动作作为联系音响与符号的纽带，作为感性通向理性的桥梁，最后通过音乐符号使感性体验转化为理性知识，并用即兴创作将所学的知识运用于音乐实践活动。

3. 即兴创作、表演

(1)即兴创作、表演是以语言、歌唱、钢琴、其他乐器为工具，运用游戏、动作、演奏、演唱等手段，进行即兴的音乐创作活动。这种即兴的音乐创作活动是把体态律动、视唱练耳中获得的音乐能力迁移应用于各种学习内容中去，充分发展学生的想象力和创造力。

(2)即兴创作、表演的主要形式：

①即兴演奏，即让学生根据某节奏型，用各种乐器(如键盘乐器、竖笛、口琴等)即兴演奏旋律与和弦。

②即兴演唱，即让学生根据某节奏型或某个音列、音阶即兴唱出曲调，还可以即兴编词演唱等。

③即兴问答，即是后者根据前者表演的音型或乐句即兴答出下句。如老师用乐器问，学生用动作或乐器来回答。

④即兴指挥与表演，即是让某个学生即兴指挥其他同学来跟随其表演的活动。

也可以是让学生看着下列表示音乐力度的图形(图4—1)即兴表演，教师跟随学生的身体运动即兴演奏，表现出学生的表演所体现的力度变化。

图4—1

达尔克罗兹的贡献，在于他第一次在理

论和实践两方面同时确立了身体运动反应在音乐教育中的重要地位。它把只从书面上、理性上学习音乐，改变为结合律动、听觉、情感、心灵去感受音乐，使音乐的学习充满活力。达尔克罗兹对世界近现代相继出现的各种音乐教育改革的思想、新体系的形成都具有深远的影响。

二、柯达伊音乐教育体系

（一）概述

柯达伊·左尔坦(Kodály Zoltán，1882～1967)匈牙利作曲家、民族音乐学家和音乐教育家。柯达伊生长在一个具有良好艺术环境的家庭。幼年起就从父母那里接受到古典音乐的熏陶，少年时代学习钢琴、小提琴等多种乐器；中学时期开始了他的早期音乐创作活动。高中毕业后便进入布达佩斯音乐学院学习作曲和指挥，同时还在布达佩斯大学的艾特佛什学院学习匈牙利和德国的语言和文学。1904 年获得作曲专业毕业文凭；1906 年获得哲学博士学位；1907 年柯达伊被聘为音乐学院音乐理论和作曲教授。从 1925 年以后，柯达伊开始关注青少年的音乐教育，从此进行了历时四十余年的普及和发展匈牙利音乐教育事业，创立了具有匈牙利特色的音乐教育体系。他的音乐教育体系，不但在匈牙利官方规定的音乐教育中普遍采用，而且对于世界各地的音乐教育都有着巨大的影响。

（二）柯达伊音乐教育思想的基本观念

首先，柯达伊音乐教育思想是：音乐应该属于每个人。在这一基本思想的指导下，他指出“普通学校的目的是为人们形成完美的品格建立基础，没有音乐就没有完全的人。”这清楚地表明，学校教育课程中一定要包括有音乐教育。

柯达伊认识到，要想实现使匈牙利人民更具有文化教养、更具有匈牙利民族特色的愿望，只有从最开始的普通教育入手。

他指出：“音乐教育在普通学校是如此重要，甚至超过音乐本身，培养音乐的听众就是在培养一个社会”。这些柯达伊的音乐教育观点都反映了柯达伊对音乐教育的思考是广义的、深层次的，他对音乐的思考，结合着人的生命本体需要、人类文化的发展、社会的发展，其意义超出一般理解的音乐范畴。

其次，学校音乐教育要牢固地建立在民间音乐基础上，是柯达伊的又一教育思想。柯达伊认为，儿童都是首先使用母语学习讲话，进行交谈的，儿童也应该首先使用音乐的母语歌唱，而优秀的民间歌曲是引导儿童进入音乐世界的最好材料。通过民间音乐教育可以培养儿童具有对民族音乐文化的深厚感情，并且会进一步促使儿童热爱人类的一切优秀文化。

总之，音乐教育必须成为学校教育课程中的一个组成部分，并且，使学校音乐教育成为培养合格的音乐听众，培养熟悉热爱本国文化的社会成员的重要途径。正是在这些音乐教育观念的指导下，目前的匈牙利全社会都关心青少年的艺术才能的成长已蔚然成风，并把培养音乐家和培养有修养的音乐听众视为发展音乐文化不可分割的两个方面。

（三）柯达伊教学法的基本手段与内容

1. 以歌唱作为音乐教育的基础

为贯彻“音乐属于每个人”的音乐教育思想，柯达伊创设了以歌唱教学为主要内容的课程体系，柯达伊认为歌唱教学可以不受学生发展水平和客观物质条件的限制，歌唱使儿童在轻松、自然的状态下学习，这是歌唱生之具有的本能。

柯达伊认为，如果首先学习歌唱，然后学习器乐，将使学生具有多种音乐能力的准备，通过歌唱，让学生感受曲调旋律的音乐美感，来感受音乐意义，来培养学生各方面的能力。

柯达伊的歌唱教学中尤为推崇合唱教学，他认为，在合唱中歌唱是影响大多数人们去接触有价值音乐的最容易的方法，它既可以培养人的高尚品格和趣味，也可以培养人们的集体合作的品质。为此，柯达伊音乐教育体系始终贯穿着多声听觉训练，普通学校的二年级就开始了多声部的视唱训练。这不仅是培养学生欣赏、理解多声部音乐作品的要求，也是符合对音乐艺术的认知规律。

2. 音乐教材特色

柯达伊编写系统而丰富的音乐教材其特色主要有以下三点：

（1）突出弘扬本民族文化精神

柯达伊认识到，要想实现使匈牙利人民更具文化教养、更具有匈牙利民族特色，他坚持“学校音乐教育首先要牢固地建立在民间音乐基础上”的原则，坚持普通学校的音乐教材要系统地采用具有匈牙利民族特色的五声调式的民歌为主，培养儿童热爱民间音乐、继承民族传统。他主张儿童先学习本国、本民族的音乐，然后再学习外国音乐，从而引导学生最终去接近属于全人类的优秀文明的财富。

（2）遵循儿童自然法则来安排教材的顺序

柯达伊教学法安排教材顺序是以儿童自然法则为依据。儿童自然法则即是根据正常儿童在其成长的各个时期的学习和接受能力来编排课程内容与顺序。与此同时，在教学中注重培养学生的读写能力。

例如：节奏教学是结合儿童生活中的走、跑，以四分音符、八分音符节奏作为教学起点。旋律教学是依据 sol—mi 或 la—sol—mi 为起点，再加 do、re，从而引入五声音阶读写，进而学习自然大小调。歌唱教学是以具有匈牙利民族特色的五声音阶歌曲和练习为基础，以儿童运用旋律的自然能力为基础。

五线谱教学则先从无谱号、无调号、无拍号的五条自然关系的平行横线开始，按照首调唱名法，同时在四个调性位置上学习 sol，mi 两个音级：

例 4—2

3. 使用首调唱名法

柯达伊音乐教育体系使用的首调音级字母是：d、r、m、f、s、l、t。完全的写法是：Do、

Re、Mi、Fa、Sol、La、Ti。使用临时升降记号时需要改变元音的发音，升高半音 Fa 变成 Fi，降低半音 Ti 变成 Ta。最普遍的临时变化音就是这两个音级，其他变化音级也同此规律。

例 4—3

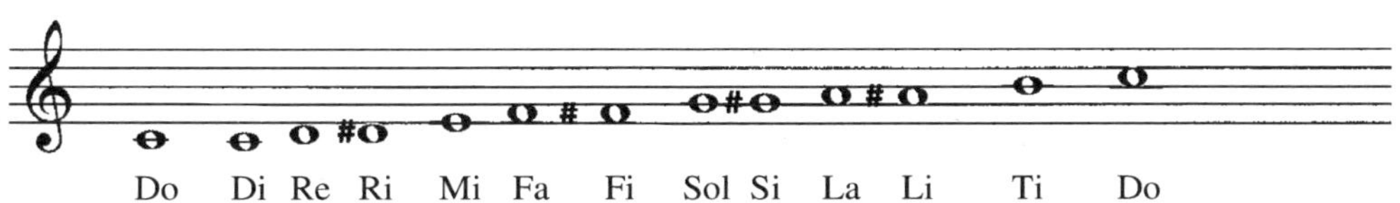

柯达伊认为，使用首调唱名比使用固定唱名更可以帮助儿童很快地学会读谱。儿童在初学阶段应把学习重点放在熟悉掌握各个调性位置的音程关系上，并利用手势帮助，可在同音级上做唱名转换的练习，或做同主音的音阶调式转换练习，培养学生在首调唱名法中迅速建立转调概念。

柯达伊音乐教育体系同样承认固定唱名法的长处，器乐和无调性作品的学习适宜固定唱名法，在小学高年级开始同时要求学生学习固定唱名法。

4. 采用节奏时值读法与节奏训练

柯达伊教学法中采用法国人艾米里一约瑟夫·契夫(Emile-Joseph Chevé，1804～1864 年)的节奏名称体系，使节奏时值符号化，具有可读性。教学时通过口读、手拍，直接与节奏时值相联系，通过音节的声音使儿童首先从感性上体验、识别节奏时值。

节奏音节标记可以使用带符头或单纯符干的记法，常见的音符时值标记及读法归纳如下：

表 4—4

音符时值	标记	读音
四分音符	♩ 或 |	Ta
八分音符	♪ 或 ⊓	Ti Ti
二分音符	𝅗𝅥	Ta—a
十六分音符	⊓⊓⊓	Ti ri Ti ri
附点音符	|. 𝅘𝅥𝅮	Ta—m—ri
	⊓.	Ti—m—ri
四分休止符	𝄽	嘘
八分休止符	𝄾	嘶

柯达伊音乐教育体系注重对儿童进行节奏训练，其节奏训练的方法多种多样，且生动活泼，常见的方法有：

(1)利用图片或节奏卡片进行节奏教学。如利用图画让儿童理解四分音符与八分音符的时值比例：

例 4—5

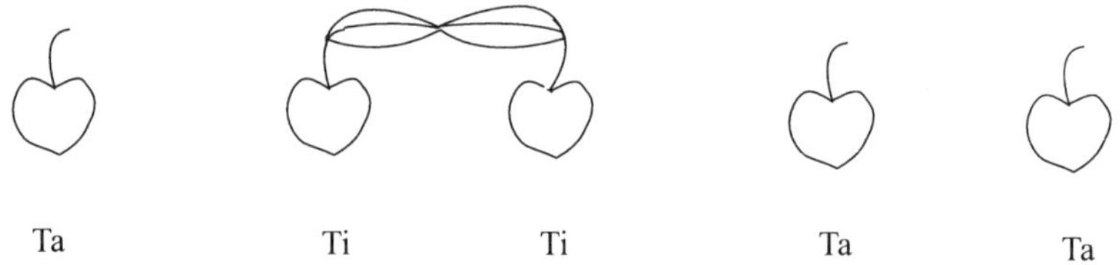

又如：利用节奏卡片练习，带有游戏性质，能够引起儿童们的兴趣。

例 4—6

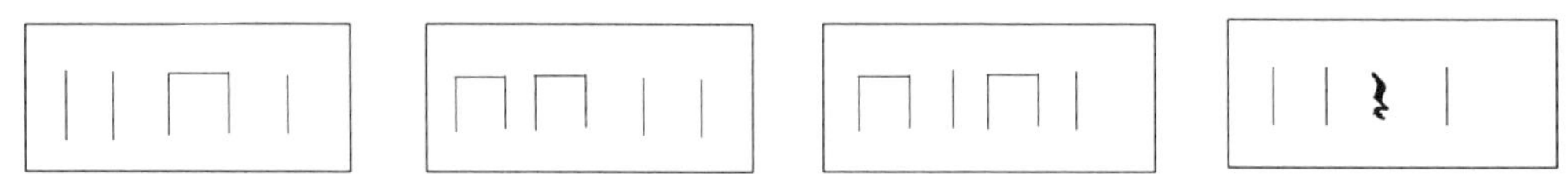

(2)利用拍手、踏脚等身体动作或打击乐器，拍击具有固定节拍与节奏的二声部；或为歌曲、视唱曲配以各种固定节奏型成为节奏与歌唱的二声部。

例 4—7

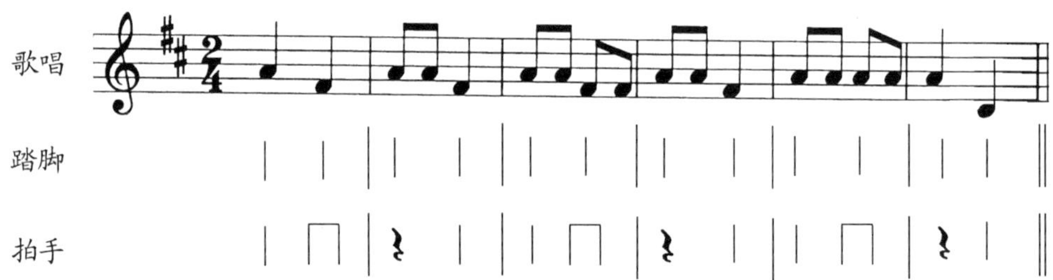

5. 使用字母标记

字母标记类似数字简谱，是使用唱名的辅音字头。如：d、r、m、f、s、l、t。表示高八度音时在右上角加一短撇，如：d′、r′、m′，表示低八度时在字母右下角加一短撇，如：d$_{\prime}$，r$_{\prime}$，m$_{\prime}$ 等。

字母标记主要用于辅助五线谱的学习，在后来的多声部视唱、音程听唱、和弦分析等教学中也仍然有使用意义。

如(例 4—8)是用于音程的听写、视唱的例子。

例 4—8

s-m	f-m	s-d'	s-s
t'-d	s$_{\prime}$-d	f-m	t'-d

字母标记还可以结合手势，进行二声部训练，如：

例 4—9

s s l l s m | d m < s / r s⌒ — ‖
d — m — s — |

音高字母标记与节奏记谱结合，便可以形成一种简明记谱法。

例 4—10

6. 使用柯尔文手势

为了在教学中帮助学生从视觉上理解首调唱名体系中音级之间的高低关系和调式音级的倾向，柯尔文教学法使用约翰·柯尔文手势，人们常简称之为“柯尔文手势”。

柯尔文手势见图 **4—11**

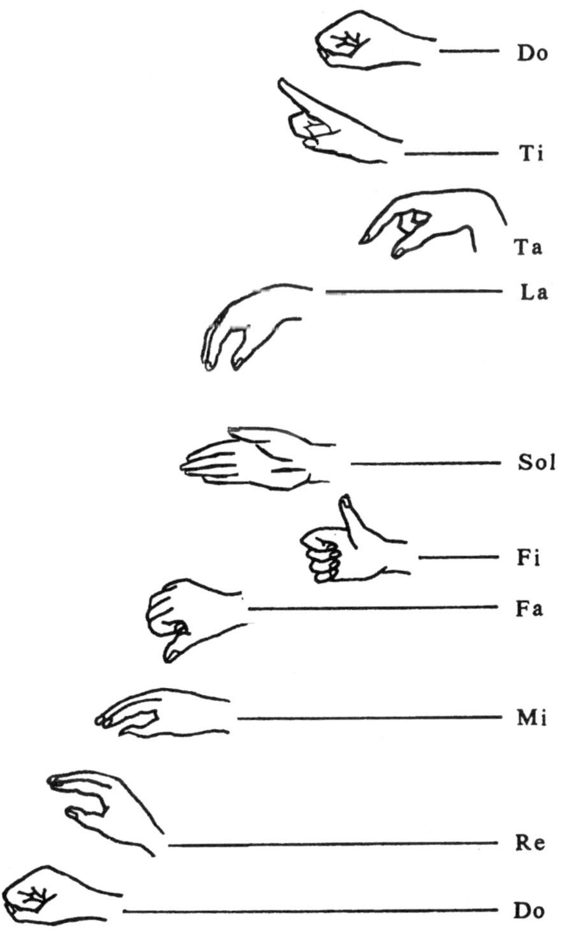

柯尔文手势的使用是一种视觉的辅助手段，尤其是教师用两只手表示不同声部音高的结合，能更好地进行二声部合唱训练。

柯达伊的贡献主要在于，他创立了适合于匈牙利国情的音乐教育体系。他坚持音乐教育立足于弘扬本民族文化精神，坚持音乐教育必须成为学校教育的组成部分，坚持音乐教育是培养音乐家和培养音乐听众，“让音乐应该属于每个人”等等思想观念，对世界近代音乐教育改革产生积极的影响。

三、奥尔夫音乐教育体系

(一)概述

卡尔·奥尔夫(Carl Orff，1895～1982)，德国作曲家、音乐教育家。从小就受到良好的音乐教育。1914 年毕业于慕尼黑音乐学院。受达尔克罗兹体态律动和现代舞表演的影响和启示，1924 年，他与舞蹈家军特(Dorothea Gunther)创办了“体操—音乐—舞蹈”学校即“军特学校”，开始进行音乐与舞蹈结合的实践探索，其中，节奏成为音乐方面训练的重点。为了进行新的节奏教育，奥尔夫设计出一套节奏性乐器，现在被称为“奥尔夫乐器”，尔后，奥尔夫开始考虑把军特学校的教学经验用于儿童音乐教育试验。直到 1948 年，由儿童们在一组奥尔夫乐器上演奏的音乐被制作成系列广播节目播放后，引起音乐工作者的关注。于是，奥尔夫开始了他在儿童音乐教育方面的试验。1950 年至 1954 年，随着奥尔夫的五卷《学校音乐教材》的陆续出版，奥尔夫音乐教育体系逐渐形成。1961 年，奥地利萨尔茨堡的莫扎特音乐学院成立了奥尔夫学院。由此，奥尔夫的音乐教育体系在德国和世界各国得到广泛传播。

(二)奥尔夫音乐教育思想

奥尔夫音乐教育体系的基本核心观念“是关于一种元素性的音乐教育的观念。”奥尔夫解释元素性是指那些属于原始素材、原始起点，接近人本能的、自然的、适合于开始的，能为每个人体验的，适合儿童的基本要素。

如元素性的音乐，是以音乐中最基本的因素，即节奏为基础的音乐。

元素性的节奏，是指最简单的不断反复的固定节奏型。

元素性的音阶，是最基本的五声音阶。

元素性的和声，是最基本的Ⅰ、Ⅳ、Ⅴ级(甚至只是Ⅰ级)的和声。

元素性的乐器，是指最没有技术负担的打击乐器和“人体乐器”。

元素性的动作，是基于生活的走、跑等动作等等。

奥尔夫指出：“元素性音乐永远不单是音乐本身，它是同动作、舞蹈和语言联系在一起，由人们自己参与的音乐。”正是由于采用上述这些最基本、最原本的音乐素材为音乐教学活动的出发点，在奥尔夫的“元素性音乐教育”中，儿童能以最自然的方式在参与音乐教学活动之中，充分地感受音乐、表现音乐和创造音乐。

奥尔夫认为，音乐教育应该面向所有的人，音乐教育的目的首先在于培养人。因此，奥尔夫的另一观念是更注重教学过程，即注重在音乐教学活动过程中，尽可能地让学生按各自方式、意愿去做，去参与音乐活动，发挥其想象和独创性。奥尔夫说："让孩子自己去寻找、自己去创造音乐，是最重要的。"

（三）奥尔夫音乐教育体系基本内容与方法

1. 教学内容

奥尔夫音乐教育体系是综合了语言、动作、歌唱、演奏、欣赏、表演和创作等内容的综合教学。其基本教学内容主要可以分为嗓音训练活动、动作练习活动和乐器演奏活动三个方面。这三个方面的内容可以独立地开展音乐教学活动，但在实际教学中，又常常是综合地有机结合在一起。

（1）嗓音训练活动

嗓音训练活动是指运用人的嗓音进行的音乐教学活动。嗓音训练活动主要分为歌唱活动和富有节奏性的语言朗诵活动。其中富有节奏性语言朗诵活动是奥尔夫体系在教学内容方面的一大独创，它使儿童首先在进行语言节奏的体验中，获得具有音乐节奏要素的概念。富有节奏性的语言朗诵既可以是谚语、词汇（甚至是地名和人名）的组合，也可以是儿歌、小诗、童谣。奥尔夫学院的专家指出，富有节奏性的语言朗诵最好选用本地儿童们熟悉的语言如：儿歌、童谣等；既可以是单层次的语言朗诵，也可以是构成多层次的语言朗诵。

例如：利用学生的名字进行语言活动练习

例 4－12

单层次的语言朗诵：即是学生齐诵上述（例 4－12）语言朗诵练习。

多层次的语言朗诵：在单层次的语言朗诵练习的基础上，一种方法：将学生分为两组，一组用原速朗诵，另一组将速度放慢一倍进行语言朗诵，从而构成多层次。

例 4－13

另一种方法：将学生分为两组，一组反复朗诵一、二小节，另一组反复朗诵三、四小节，也构成多层次。

例 4—14

学生通过以上的语言朗诵活动，可以从其中提取最基本的节奏元素(节奏基石)有：当学生熟悉这些节奏以后，还可以把这些节奏素材引入音乐教学活动的其他教学内容之中。

(2)动作练习活动

动作练习活动是指运用人身体的动作来进行音乐教学活动。动作练习活动主要包括律动、舞蹈、戏剧表演、指挥和声势活动。其中的声势活动是奥尔夫体系在教学内容方面的又一大独创。声势活动是指用最简单的身体动作发出的各种有节奏的声音的活动。其中最基本的四种动作是跺脚、拍腿、拍手、捻指(其又称为身体乐器)。

声势活动教学是多种多样的，常见的有：

①为语言朗诵即兴创作声势。通常采用当地儿童们熟悉的儿歌、童谣。

例 4—15

②为歌曲即兴编配声势。

③集体练习声势做速度和力度等变化。

④采用“回声”的方式：即老师即兴做声势以示提问，而学生重复模仿或者也即兴做声势以做答。

例如：

a. 老师演示以下节奏声势，学生模仿练习：

例 4—16

b. 老师将一、二小节的节奏用声势作为向学生的“提问”。

c. 学生变化三、四小节的节奏(即兴创作)，用声势作答。

例如：

例 4—17

声势活动也可以是单层次或多层次地组合练习(方法同语言朗诵练习)。

⑤“卡农式”的节奏声势活动。

例如：

例 4—18

卡农形式的节奏声势活动，虽然可以让学生按上述节奏谱练习，但在教学活动中，老师常常不将节奏谱版书，而完全让全体学生模仿老师或模仿某一学生来进行卡农式的节奏声势活动。

(3)乐器演奏活动

奥尔夫与乐器制造者合作，设计了一整套以打击乐器为主的包括有固定音高和无固定音高的各类乐器。奥尔夫乐器演奏活动是奥尔夫音乐教育体系的又一大特色。人们常简称“奥尔夫乐器”，这些乐器不经专门的训练就可以直接演奏，对儿童来说是极易掌握的。奥尔夫乐器见(表 4-19)：

表 4—19

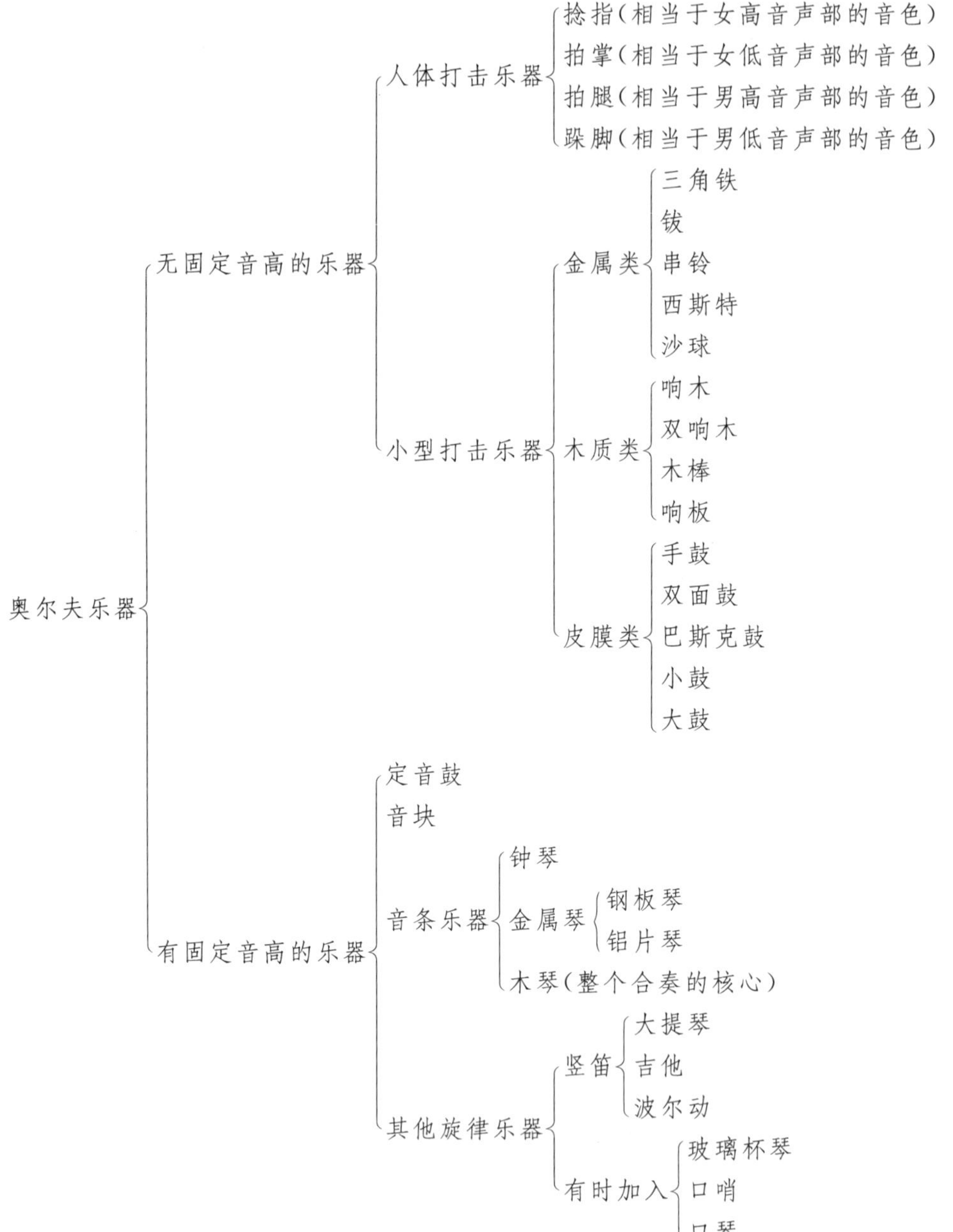

这些乐器色彩丰富，容易操作，它有利于激发儿童的兴趣和想象力，为儿童即兴演奏以及创造能力的发展提供了广阔的天地。

奥尔夫的乐器演奏的方式多种多样，可以演奏旋律；也可以演奏较为复杂的多声部作品；还可以采用“回声”方式(见声势活动“回声”方式)相互即兴问答式的演奏。

奥尔夫乐器配奏极富特色，主要是采用固定音型和多声部织体的原则(即对于每一个学生只演奏某一固定音型，但把全体学生演奏的固定音型组合起来就具有多声部织体的音响效果）。

例 4－20

运用固定音型并构成多声部织体的配奏应注意：

①组合起来的各种固定音型的节奏应形成相互补充支持。

②各种固定音型的音与乐器性能要相适合。

③各声部同时发响的音在结构上应有主音、属音。

2. 教学方法及特点

(1)教学方法

奥尔夫体系的教学方法主要是“引导创作法”。引导创作法是指在教学中，学生运用元素性材料（如最基本的节奏、最基本的动作方式等），遵循探索—模仿—迁移—即兴创作的学习过程，在集体富有创造性的音乐活动中进行音乐学习。

在课堂上，教师经常作为一个提出问题的人鼓励学生自己去探索答案，去探索各种各样的可能性，通过提出问题并组织讨论，引导学生主动地参与到音乐教学活动之中。尤其是即兴创作,可以说是奥尔夫教学法的精髓,在其教学法中具有重要的更深的意义。奥尔夫认为,即兴是最古老、最自然的形式,是情感表现的最直接形式。在即兴创作的过程中,有利于对学生创造能力的培养,这对于培养创造性的人是十分重要的。

(2)教材特点

奥尔夫体系的教材是以奥尔夫写作的五卷《学校音乐教材》作为代表,它的内容主要来自德国的儿童游戏、童谣和民歌。奥尔夫认为,只有来自儿童生活的教材,才可能成为最符合儿童天性的、最自然的、最富有生命力的教材。

具体内容纲要如下:

第一卷　五音范围内

第一部分:韵律与游戏歌曲

第二部分:节奏一旋律练习(Ⅰ)

第三部分:乐曲

第二卷　大调波尔动/各音级

第一部分:波尔动

第二部分:各音级

第三卷　大调属和弦

第四卷　小调波尔动/各音级

第一部分:波尔动

第二部分:各音级

第五卷　小调属和弦节奏一旋律练习(Ⅱ)

奥尔夫的《学校音乐教材》没有具体规定教学过程和方法,按奥尔夫的说法,这套教材仅仅是提供一种“教育应该如何顺应儿童本性”的思路。它的目的是启示教师按照这种思路,结合具体的教学实际,选择适合自己学生的教材内容,而不是生搬硬套奥尔夫教材。

奥尔夫的贡献在于,他创建的音乐教育体系,使儿童能够自然地进入、参与音乐教学活动,使儿童参与音乐活动的过程成为发展和培养儿童创造力及各方面能力的过程,并使儿童获得共同交流、分享和共同创造积极而又愉快的音乐审美体验,为儿童发展个性、社会性开创了一条新的道路。

第三节　思考与启示

本章介绍了我国音乐教学常用的教学方法和国外著名的音乐教育体系,它们都从不同的侧面反映出一定的音乐教学规律,学习、研究这些音乐教学方法和音乐教育体系的目的,就是为了更好地把握当代音乐教育的主流和发展趋势,根据我们的音乐教育实际,有选择地综合运用中外音乐教学法,不断改革、创新,以建立和发展具有中国特色的音乐教育体系。

一、思考

（一）如何改革创新我国的音乐教学方法

教学方法是教学过程整体结构中的一个重要组成部分，它贯穿音乐教学的全过程，直接关系到教学工作的成败和教学效率的高低；直接关系到教学目标和任务的完成；直接关系到把学生培养成什么人。

本章介绍的我国常用的教学方法，是我国广大音乐教育工作者在长期音乐教学实践活动中发展起来的，为我国的音乐教育发展发挥积极的、重要的作用。正确地对待、研究这些教学方法，我们既不要把它们看得很完美，但也不要一提它们就觉得厌恶可憎。而要辩证地来进行比较分析，我们不难看出，它们的指导思想是注重教师的主导作用，而忽略了学生的主体作用。但其中也体现出注重启发诱导的指导思想原则等，更有待于我们不断地发展和创新。我国音乐教学采用的是大班课堂形式，如何弥补我国音乐教学方法的不足，不断改革和创新，使审美教育观、主体教育观、创造教育观在我们的音乐教学方法及教学活动中得以体现，从而不断完善我们的教学方法，是我们每一位音乐教育工作者的职责所在。

（二）如何规划构建具有中国特色的音乐教育体系

从目前状况看，我国的音乐教育从幼儿园－小学－中学－大学的整体规划是不够的，某些音乐教学内容存在部分重叠与脱节现象，音乐教育的系统性和连续性都还有待进一步研究。当前，国家教育部颁发的《全日制义务教育音乐课程标准（试验稿）》和《全日制义务教育艺术课程标准（实验稿）》，为建立我国的音乐教育体系奠定了良好的基础。相信我国不同层次、不同类型学校的“音乐课程标准”或“艺术课程标准”亦即将问世，随之而来的，如对各类学校不同层次音乐教学的整体规划，以及相关的音乐教学理论与教法的研究，对新课程体系的音乐、艺术教材的编写和音乐教改实验及其推广等等；亦将全面展开，所有这些都显示着我国音乐教育教学改革正面临着空前发展的大好态势，一切都有待于音乐教育工作者为之努力。

二、启示

（一）重新认识研究我国普通学校的音乐教育目标

普通学校的音乐课程，主要是通过音乐教育学习音乐，还是通过音乐教育陶冶高尚情操，培养新型人才，摆正这对关系，对于把握我们音乐教育的目标是十分重要的。奥尔夫教学法的“重视教学过程”，即是注重学生参与、表现、创造音乐的过程，使这个过程成为发展和培养儿童创造力及各方面能力的过程的观念，应该给予我们的启示。

如果我们的音乐教育还停留在仅仅是让学生学习音乐，那么音乐教育“重艺术、轻技能”等都将成为一句空话。总之，要使音乐教育的价值得以体现，要使音乐教育能面向每个学生，使每位学生的能力都得到发展，使情操得到陶冶，重新认识和研究我们的音乐教育目标是十分重要的。

（二）进一步树立让学生成为学习主体的教育观念

现代教育体现了教育主体哲学的思考。这一点在教育理论研究和改革实践中正不断地被接受、认同和深化。一般来讲，主体性可以说是人的独立性、创造性和主观能动性的高度集中和概括。中小学的音乐教育教学如何让学生真正成为学习的主体，是当前的每一位教育工作者必须思考的问题。

奥尔夫的元素性音乐教育思想，强调利用最原始、最简单的节奏和音高元素，通过简单的拍手、打击乐器演奏和即兴歌唱等方式，面向每一个音乐天资和生长环境不同的学生进行音乐教育，促进学生在原有基础上的发展。可以说，这种尊重学生对音乐的独特感受，鼓励学生利用简单的音乐元素对音乐进行各自的表现和即兴创作，重视学生哪怕是微不足道的与众不同的表现，就是主体教育观念最深刻的体现，这种教学方式是每一个学生都可以参与并能显示其独立性、创造性和主观能动性的方式，它追求的是每个学生自己独立的对音乐的感受和表达，使每一位学生都能主动学习，并学会学习。在这种音乐教育思想的指导下，在音乐教学中，学生真正成为学习的主体，每一位音乐教师都应该努力创造让每个学生都参与教学活动的机会，要让每个学生都能体验到参与与成功带来的满足，从而强化学生的主体意识。

（三）弘扬民族音乐文化应是学校音乐教育的重要内容

柯达伊音乐教育体系成功的经验启示我们，建立具有中国特色的音乐教育体系，必须是在立足于弘扬民族音乐文化的基础上，再广泛吸收世界优秀音乐文化。

普通学校的音乐教育，如何通过我国民族音乐文化来培养学生的民族精神和气质，继承和发扬民族音乐文化，是每一位音乐教师音乐教改的重要课题。音乐教师应把弘扬民族音乐文化融于自己的教学实践之中。首先，教师应努力掌握民族音乐中各种艺术形式的风格所产生的历史文化背景；其次，教师应采用丰富多变的教学方法和手段，努力培养学生对民族音乐的兴趣，提高他们对民族音乐的欣赏水准和鉴赏力。

我国是一个有着悠久文化历史的文明大国，由于它历史悠久、民族众多、幅员辽阔、品种繁多，几千年的创造积累使得民族音乐纷繁绚丽，多姿多彩。我们学校的音乐教育，就是要让学生通过音乐所包含的丰富内涵，让学生深切地感受中华民族的历史、民族的音乐文化和民族的情感，启发学生对祖国悠久文化历史的了解，激发其民族自豪感，丰富学生精神境界，陶冶他们的情操。

第五章

音乐教学原则、教学模式及教学设计

第一节　音乐教学原则

音乐教学原则是教师从事音乐教学工作遵循的基本法则，它是历代教育工作者在长期的音乐教学实践活动中所获得的经验的科学总结。

在普通教育学中阐述的基本教学原则，如：

科学性与思想性统一的原则；

教师主导作用与学生主动精神相结合的原则；

理论与实际相结合的原则；

循序渐进的原则；

启发诱导的原则；

直观性原则；

系统性原则；

巩固性原则；

统一要求与因材施教结合原则；

传授知识与发展智力统一原则等等。

这些原则体现着教学活动的共性和规律，对音乐教学工作同样是适用的。根据音乐教育的特殊性，考虑到音乐学科自身的特点和艺术规律，结合学生的生理、心理特点，归纳出以下音乐教学的基本原则：

一、寓教于乐原则

教学都具有教育功能，音乐教学的教育功能必须根据音乐艺术的特点和教育教学的规律，使音乐教学在学生乐于接受、乐于学习的状态中进行。由于教学永远具有教育性，因此，在音乐教学中，必须坚持社会主义方向，坚持在音乐教学中对学生实施思想品德教育，促使学生得到全面和谐的发展。虽然音乐教育与德育的总体目标是一致的，但是音乐教学在实施德育目标过程中，则有着自身特殊的途径与手段。它不是靠理论的说教，而是通过感知、表现、创造音乐艺术，在体验和理解音乐的过程中，寓德育于审美教育，寓思想教育于音乐艺术教育，让学生在充满快乐和饶有兴趣的音乐教学活动中走进音乐。

在音乐教学中，贯彻寓教于乐原则应注意：

(1)坚持音乐教学中思想性和艺术性相结合。既要从教材内在的思想性出发，结合音乐艺术向学生进行教育；也要在音乐教学的过程中，渗透思想教育，在潜移默化中实现育人的目的。

(2)遵循音乐审美教育的规律，让学生在参与体验音乐活动的教学过程中，感受美、鉴赏美、创造美，充分享受音乐文化所带来的快乐，获得音乐艺术审美的愉悦体验，达到净化心灵、陶冶情操、以美育人的目的。

(3)注重音乐教师的为人师表。教师高度的政治思想觉悟，良好的道德修养和艺术修养，是贯彻寓教于乐原则的重要因素。

二、参与活动原则

参与音乐活动，是帮助学生进入音乐的最佳途径。音乐的歌唱、欣赏、器乐、创作等内容，都要求学生在亲自参与各项教学活动中感受、体验并表现音乐。可以说，没有参与，学生就产生不了音乐艺术审美体验，也就不可能提高其音乐审美能力，音乐教学的审美育人的目标也就难以实现。直接让学生参与音乐活动，能极大地吸引学生的注意力，调动学生的学习兴趣，使学生成为音乐学习的主人，学生亲身参与音乐实践活动，既能获得丰富的审美体验，又能在音乐活动中锻炼和培养学生各方面的能力。

在音乐教学中，贯彻参与活动原则应注意：

(1)要注意创造一个良好的课堂音乐教学环境，使学生能够全身心投入到参与音乐活动中。良好的音乐课堂教学环境包括物理环境和心理环境。从物理环境(指音乐教室的设备、设施和座位设置形式，以及教具形式等)来讲，应是尽可能地将音乐教室装饰美化，为学生提供优美的音乐教学环境；从心理环境(指音乐教学中的师生关系、课堂气氛等)来讲，应使师生处于民主平等关系之中，创设和谐、愉快的音乐学习气氛，使音乐教学活动产生相应的积极情感，以保证每一个学生能自然地积极地参与音乐活动之中。

(2)教师看待学生应是重在参与，而不在参与的多少。让学生参与音乐教学活动是为了帮助学生尽快进入音乐世界，吸引学生对音乐的注意力，使学生始终保持对音乐的兴趣。同时，音乐教学有着明确教学目标和任务，在音乐课堂里的“玩”，也始终要把握适度。因此，学生参与音乐活动不在多少，而在于参与，重在为学生创造和提供参与音乐活动的机会。如在欣赏音乐作品过程中，哪怕学生只在该部音乐作品的音乐主题出现时，能和乐拍手，这也是参与，尽管学生参与动作不多，但我们可以发现学生对音乐能更注意、更贴近。所以，学生参与音乐活动应是使学生没有任何压力和负担，始终保持轻松、愉悦的心态，能自觉、主动参与到音乐活动中。

(3)创造丰富多彩的音乐实践活动，激发学生的学习兴趣，让学生全身心、全方位地参与音乐教学活动，这样的参与是包括学生的听觉、视觉、直觉、运动觉和言语知觉等多方面的参与，并巧妙地将音乐教学目标融入其中，使学生学习掌握相关的音乐知识，并自觉地将音乐知识技能、技巧运用于多种音乐实践活动，使学生各方面的能力得到锻炼和发展。

三、情感性原则

音乐是情感的艺术。音乐的情感特征决定了音乐教学必须坚持情感性原则，决定了音乐教育必须遵循音乐艺术的这一特殊规律。音乐教育是以情感人、以美育人的一种高尚的艺术教育，在音乐教学过程中，教师应充分发挥情感因素的积极作用，一方面要通过音乐所表达的情感和音乐形象，来对学生动之以情、感之以形，使学生产生情感与精神的共鸣，达到学生与音乐之间的情感交流，从而陶冶他们的情操。另一方面，在丰富多彩的音乐教学活动的过程中，教师要以自己饱满积极的情感影响学生，要努力创造和谐、融洽的教学气氛，积极地与学生产生情感交流，引发学生的积极情感反应，以发展和谐的师生关系，优化教学效果。纵观我国的优质录像音乐课的音乐教学，无一不是充满着丰富的情感流露、交流。因此，坚持音乐教学的情感性原则，既是音乐审美教育的需要，也是发展学生音乐审美能力的需要；既是发展学生音乐兴趣的需要，更是提高教学效率的需要。

在音乐教学中，贯彻情感性原则应注意：

(1)采用多种教学方法与手段，引导和激发学生的情感。教师要根据音乐教育以情动人的规律，在音乐教学过程中根据学生的生理、心理特点为基础，要善于情感性地处理教学内容，使之知情并茂，同时，采用多种多样的教学方法和手段，引导和激发学生的情感，特别是审美情感，调动学生学习音乐的兴趣和愿望，达到情境交融，寓教于情，以情促知、情知交融的教学效果。

(2)教师应以饱满积极的情绪去感染学生，以自己的高尚情操影响学生，陶冶学生的相应情感，做到以情激情、以情育人，使音乐教学在师生情感的交融中愉快地进行。音乐教师在教学工作中满腔热情地投入，范唱、范奏以及富有感情地讲解等，都将对学生产生巨大的影响和感染。

四、科学性原则

音乐艺术本身是具有科学性的，而作为以音乐为内容的教学活动，就更应突出其科学性。首先，就音乐教学的内容来看，不管是音乐理论、音乐创作、音乐表演、音乐鉴赏都有其内在的科学依据及理论体系。其次，从音乐教学的方法和组织形式来看，都应体现音乐教学科学性的实质，都应遵循音乐艺术规律和教育规律。

在音乐教学中，贯彻科学性原则应注意：

(1)要根据音乐艺术规律和教育规律来进行音乐教学。

(2)要遵循《音乐教学大纲》、《音乐课程标准》，结合学校和学生的实际情况，既要统一要求，又要与因材施教相结合，循序渐进地进行音乐教学。

第二节　音乐教学模式

一、音乐教学模式简介

音乐教学模式，是指在一定的音乐教学思想或教学理论指导下，为组织音乐教学所建立起来的各种教学活动的基本结构形式。音乐教学模式是音乐教学过程理论和音乐教学过程实践之间相互沟通的桥梁，是音乐教学理论的具体化，是多种教学方法的综合化、教学经验的概括化，是可供教师设计和组织各种音乐教学实施的典型范式。研究音乐教学模式，有利于教师在音乐教学过程中掌握一定的规律，使音乐教学更趋向于科学化。

在音乐教育发展的历程中，各种新教学模式的创造是没有止境的。尤其是最近的100年中，各国的音乐教育改革运动此起彼伏，一浪高过一浪，各种教学模式如雨后春笋般地不断涌现，对此，中外教育理论家作出了许多有益的贡献；不少教师通过自己的辛勤劳动，或是在为充实已有的音乐模式而积累宝贵的经验，或是为创造新的音乐教学模式而提供有益的素材。概括中、外音乐教学模式，是一项十分艰巨而又颇有价值的工作。这里结合我国中小学音乐教学实际，将传统的音乐教学模式与改革后尚处于探索中的音乐教学模式简介如下：

（一）传统的音乐教学模式

1. 传授接受教学模式

传授接受教学模式的基本程序是：

激发学习动机→复习旧课→讲授新课→巩固运用→检查

这种教学模式的优点是能充分发挥教师在音乐教学中的主导作用，传授的音乐知识系统性明显，学生在单位时间内可以获得较多的音乐文化知识，且有利于学生后继学习。采用这种教学模式若是过分强调教师主导作用，容易压抑学生学习的主动性和积极性，造成学生学习的被动状态。

2. 示范模仿教学模式

示范模仿教学模式的基本程序是：

定向→参与性练习→自主练习→迁移

这种教学模式注重把教师有目的的示范作为有效刺激，以引起学生相应的行动，使他们通过模仿有效地掌握必要的技能技巧。这种教学模式的前三个环节是示范模仿本身所涉及的，而“迁移”是对模仿的更高要求，是模仿的进一步深化。这种教学模式用于音乐教学中训练技能技巧的教学。目前，随着现代教育技术的广泛运用于音乐教育教学，音乐教师的示范也可以借助现代教育技术媒体向学生传递信息，让学生模仿练习，获得必要的音乐技能技巧。

3. 自学辅导教学模式

自学辅导教学模式的基本程序是：

定向自学→讨论交流→启发指导→练习总结

这是一种在教师指导下，以学生自学为主的教学模式。这种教学模式有利于发挥学生学习的主体作用，也在不同的意义和更高的水平上有利于教师主导作用的发挥。实施自学辅导模式的前提是学生要有较好的自学能力和习惯。为此，在整个过程中，教师要贯彻班集体与个别化相结合原则，对学生的自学要起好诱导和质疑的作用，注意不要让自学变为“自流”。同时要教给学生一些学习方法，引导学生自学，让学生自己学会归纳音乐知识，形成良好的自学习惯，使学生自学有序、自学有方、自学有获，在自学实践中使学生自学能力获得提高。

4. 启发诱导教学模式

启发诱导教学模式的基本程序是：

教师启发→学生摸索→整理深化→巩固发展

这种教学模式，是在教师指导下，充分调动学生的学习积极性，师生共同完成教师事先精心设计的音乐教学活动。因此，在音乐教学中，注重引导启迪学生积极思考，以调动学生学习积极性尤为重要。教师启发方式应多种多样，如可以是通过音乐范例启发学生；可以是创设情境启发学生；可以通过提问方式启发学生；还可以采用示范或图示等方式启发学生……通过各种方式启发学生，诱导学生，调动学生积极性，培养学生自学摸索能力，分析小结能力以及运用发展能力。

（二）探索中的音乐教学模式

1. 游戏教学模式

游戏教学模式的基本程序是：

激发兴趣→参与游戏→引导鼓励→小结提高

这种教学模式主要适用于小学低年级唱游课。这一教学模式是从儿童的生理和心理特征出发，让儿童通过游戏对音乐产生兴趣，从游戏中学习音乐，在游戏中引导他们进入音乐的殿堂，让学生在“动中学，玩中学，乐中学”，逐步培养学生的音乐审美情趣。

2. 参与教学模式

参与教学模式的基本程序是：

唤起参与→引导参与→主动参与→拓展

这种教学模式的基本指导思想是：全体师生共同建立民主、和谐的教学气氛，让不同层次的学生都有同等的参与和发展的机会。参与就是实践，人们只有参与音乐实践活动才能认识音乐世界，学生通过学习音乐，提高音乐审美能力，就要靠学生自身的音乐学习实践活动。因此，唤起学生参与的欲望，调动学生参与的积极性和提高他们的参与能力是关键。在引导学生参与时，教师应指导或示范参与的方法，给学生提供适当的不同的参与机会，使学生初步将参与欲望外化为参与音乐教学过程的行为，从而逐步使学生积极主动参与音乐实践活动。在主动参与音乐实践过程中，感知音乐、体验音乐、理解音乐和表现音乐，同时，培养学生主体意识并促进学生的自主学习能力的培养。在拓展阶段，让学生在理解基础上作内在能动式的学习，并拓展运用知识，这无疑将推动学生的创造性学习。

3. 情境陶冶教学模式

情境陶冶教学模式的基本程序是：

创设情境→情境体验→总结转化

这种教学模式是指在音乐教学活动中创设一种情感和认知相互促进的教学环境，让学生在轻松愉快的音乐教学气氛中，既有效地获得音乐文化知识，又陶冶情感的一种教学模式。运用这种教学模式，要根据音乐教学目标，通过语言描绘、音乐渲染、实物演示、幻灯或图画再现情景以及运用现代教育技术等等，为学生创设一个富有情感、美感，生动形象的特定氛围（即情境），学生在这一特定气氛中以各种形式参与音乐活动，小学低年级还可以让学生扮演角色来体验情景等等，使学生在潜移默化中进行学习，最后总结领悟学习内容，做到情与理的统一，使情感体验上升到理性认识。

4. 探究发现教学模式

探究发现教学模式的基本程序是：

创设问题情境→探寻问题解答→交流讨论→作出结论

这种教学模式注重在音乐教学中充分发挥学生的主体作用，使学生在探寻问题的解答过程中，发现所要学习的结论，从而学习知识，掌握技能，提高学生各方面能力。这种教学模式教与学难度较大，花的时间会多一些，但这样的学习是发展性的，是使学生在探究发现的过程中学会学习、锻炼能力。重要的是，在创设问题情境时，教师应根据音乐教学的目标和学生水平，创设一个既能激起学生热情，又能使学生通过对这些问题的探究，全面提高素质的问题情境。使学生积极参与，动手动脑动口，收集和处理各种材料与信息，探寻问题的解答，通过讨论、争辩，归纳出合理的结论。

5. 引导创造教学模式

引导创造教学模式的基本程序是：

探索→模仿→迁移→即兴创造

这种教学模式充分调动学生学习音乐的积极性，以学生为主体，强调创造性，通过引导学生探索来激发学生的学习动机，通过模仿将学生引入音乐学习，教师发现学生掌握基本要领后，更重要的是引导学生将其举一反三，灵活运用于新的学习，开展各种即兴创造活动。这种教学模式始终是让学生在宽松的形式中参与音乐实践活动，培养学生的想象力、创造力。具体教学操作详见本书第四章第二节奥尔夫音乐教育体系。

任何一种音乐教学模式都是一定音乐教学思想的反映。简要分析一下以上音乐教学模式，我们不难发现，传统的音乐教学模式主要是以教师为主导，学生是处于一种知识继承性的学习，而改革探索中的音乐教学模式主要是以学生为主体，学生是处于一种研究知识智能性的学习。两大类的教学模式虽然有某些相似之处，但其反映出来的教育思想却有本质的区别。随着音乐教育教学改革的深入，音乐教学模式也在不断变化出新，在实际教学中存在的教学模式远远不止这些，且每种模式都可以有许多变式。在音乐教学中，有时一个单元的教学过程往往需要好几种教学模式综合运用来完成，而有时一种教学模式又需要通过若干具体的音乐教学活动才能完成。我们对音乐教学模式的研究是服务于实践音乐教学目标的需要，因此，我们必须正确认识和对待传统音乐教学模式和改革探索中的音乐教学模式，因为它们都在不同程度上反映了一定的音乐教育规律，对各种教学模式应是扬其长、弃其短，在音乐教学实践中不断进行加工改造和创造，逐步完善并不断创造新型的音乐教学模式，以适应新时代的要求。

当前，世界各国在探索音乐教学的改革中，出现模式化、多样化、艺术化的倾向，随着音乐教学改革的深入，音乐教学模式也在不断变化出新，改造传统的音乐教学模式，完善并不断创造新型的音乐教学模式，适应新时代的发展要求正是我们广大音乐教育工作者职责所在。

二、音乐教学模式课例

课例一：

（一）教学课题

欣赏歌曲《春晓》。

（二）教学目标

（1）通过艺术歌曲《春晓》的欣赏，感受音乐与诗句结合的完美贴切，珠联璧合，对以我国古典诗词为题材的现代声乐作品有进一步学习的愿望。

（2）在参与活动的过程中，学生充分发挥想象力和创造力，用自己喜爱的形式创作表现《春晓》的意境，并对音源有一个新的认识，真正体会生活是音乐的源泉。

（3）在潜移默化中，加深学生对生活与自然的热爱。

（三）教学过程

1. 座位编排

师生合作的∩形小组式排列法。组织教学（略）。

2. 导入（采用情感教学模式：情景——陶冶模式）

创设情景，用实物投影仪打出唐诗《春晓》彩图。

师：同学们，在学习新课之前，请大家欣赏一幅画（出示画）。这是一幅唐诗《春晓》图。请同学们一起来朗诵一遍彩图上唐代诗人孟浩然的名作《春晓》。

生：春眠不觉晓，处处闻啼鸟。夜来风雨声，花落知多少。

师：很好，这首诗同学们上小学时就学过了，哪位同学来讲讲这首诗写了什么？

生：这首诗描绘春天的夜晚，诗人睡得多香，不知不觉天就亮了。醒来听到处处是鸟叫声。想到昨天夜里刮风下雨，又不知道有多少花朵要被风雨打落。

师：很好，全诗写春天夜雨晓晴诗人梦醒后的感受，淡淡几笔就把春天的景色以及诗人对春光的喜爱和惜花的心情写出来了。

3. 授新课

师：音乐与诗歌的结合是人类最古老的综合艺术形式之一。唐诗是我们中华文化的瑰宝，我们今天学习音乐与诗歌的结合，欣赏根据唐诗谱写的艺术歌曲《春晓》。

(1)简介曲作者生平及主要作品

(采用认知教学模式：传授——接受模式)

请同学们把书翻到第 30 页，我们首先来了解一下曲作者的生平及主要作品。

黎英海(1927～)现代作曲家，音乐教育家，代表性论著有《汉族调式及其和声》、钢琴曲《夕阳箫鼓》等。作曲家于 1982 年选取了三首唐诗：《春晓》、《枫桥夜泊》、《登鹤雀楼》谱写成艺术歌曲。我们的课本选用了《春晓》。那么什么是艺术歌曲？艺术歌曲有什么特点呢？

投影仪出示：

艺术歌曲：18 世纪末 19 世纪初，在欧洲盛行的一种抒情歌曲通称艺术歌曲。

特点：歌词大多采用著名的诗歌，侧重于表现人的内心世界，旋律的表现力强，表现手段及作曲技法比较复杂，钢琴伴奏占有重要地位。

师：此后，世界各国凡具有类似特点的创作歌曲均被划归艺术歌曲之列。现在我们来欣赏女声独唱《春晓》，请同学们欣赏后回答两个问题：

投影仪出示：

①歌曲的基本情绪是怎样的？听后有什么感受？

②词与曲的结合有什么特点？

(2)听赏《春晓》

生：歌曲的基本情绪：抒情优美，恬静婉转，略有感慨感伤，钢琴伴奏渲染了诗意的氛围，歌曲的意境很美。词与曲的结合特点：旋律流畅好唱，与诗句结合自然贴切。

师：这首歌曲的节奏平稳，速度徐缓，力度在中弱与很弱之间，旋律委婉质朴、柔美。前半部分带有喜晴的感觉，后半部分反复咏唱最后两句诗，在音区、力度上做变化，把诗人为花木担忧、感慨的心情表现出来了。请同学们看谱例(例 5－1)，用得最多的是哪些音符？歌曲结束在哪个音符上？属于什么调式呢？

例 5—1

春　晓

（独唱）

1 = ♭D $\frac{4}{4}$　　〔唐〕孟浩然诗

黎英海曲

广板

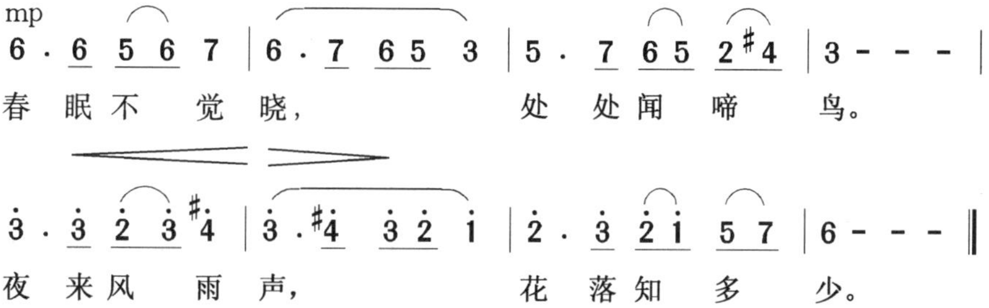

mp

6 · 6 5 6 7 | 6 · 7 6 5 3 | 5 · 7 6 5 2 ♯4 | 3 - - - |

春　眠 不　觉　晓，　处　处 闻　啼　鸟。

3̇ · 3̇ 2̇ 3̇ ♯4̇ | 3̇ · ♯4̇ 3̇ 2̇ 1̇ | 2̇ · 3̇ 2̇ 1̇ 5 7 | 6 - - - ‖

夜　来 风　雨　声，　花　落 知　多　少。

生：用得最多的是 la、do、mi，结束在 la 音上，是小调式。

师：很好。《春晓》采用小调式，并通过速度、力度、节奏、旋律的变化给我们营造了一种非常宁静、非常美好的意境。在理解的基础上，我们再来反复欣赏，请同学们跟着录音小声哼唱，要细心揣摩词曲、钢琴伴奏结合所表达的诗意。

(3)复听并小声哼唱《春晓》

（采用情感教学模式：参与——体验模式。情感的唤起，情感的深化，情感的外化。）

师：通过反复欣赏和哼唱，同学们对《春晓》有了比较深刻的理解。现在请大家思考，能否用其他的自己喜爱的方式来创作、表现《春晓》的意境？大家分组讨论，人人参与，要注意同音乐有机结合。

老师这里准备的一些物品（纸、彩笔、塑料袋、矿泉水空瓶、米、水、玻璃杯、红色皱纹纸、剪刀、小录音机，有关春天的音乐磁带等），大家可根据需要来选择。

(4)学生分组讨论

（采用行为教学模式：行为——辅助模式。认知教学模式：指导——发现模式。教师巡回指导，启发学生开阔思路，联系生活实际创作。）

(5)学生分组展示表演

朗诵组：配乐诗朗诵。

第一段：男女分别领诵原诗。

第二段：学生有分有合朗诵自己创作的片断：

女领：是谁，带来莺啼燕语？

男领：是谁，吹绿岸边杨柳？

男女领：是谁，吹落满树花朵？

合：春风啊，是你是你；

女合：飘洒成美丽的旋律，

男合：绽放出瑰丽的生命，

女领：春雨啊，是你是你，

男领：滋润我干渴的心地，

合：引我走进芬芳的花季。

第三段：全组学生朗诵原诗。

师生点评：他们在原诗的意境上作了延伸，自己进行创作，尽管还不是十分的完美，但是这种创新、拓展的意识非常好。如果能与原诗结合得更紧密些，就更好了。音乐的选择很得当。

歌舞组：两个同学跳舞，其余同学唱，并且将旋律作了改编。用红色皱纹纸剪成花瓣，当唱到“花落知多少”时，配以洒落花瓣的动作。

师生点评：他们采用了歌舞相结合的方式，歌唱有领有合，舞跳得虽然不是太好，也没有什么基本功，但反映了诗的意境。舞蹈是流动的诗，运动的画，跳动的音乐。“洒落花瓣”这个设计很形象直观，使诗的意境生动起来了。

自然音乐组：同学们有蹲有站，利用教室里现有的音源，选择老师提供的物品，惟妙惟肖地塑造了诗的意境，教室里响起了鸡叫、鸟鸣、鼾声、风声、雨声，泉水的流动声等，他们借揉塑料袋、纸张，抖动书本表现风声，用矿泉水的空瓶子装上米，发出“沙沙”的雨声，水桶里撩起水声，玻璃杯倒水，加上钥匙的抖动声，模拟营造诗的意境。

师生点评：这组同学用自己的想象力与创造力为我们描画出一个生机勃勃的春天的早晨，而且是一个农村的早晨，因为我们听到了公鸡叫声。他们的表演非常和谐、生动。音乐的范畴除了乐音、噪音，也可以是中介音，还可以是生活中的自然音响，他们运用的是生活中物品的自然音响，我们常说生活是音乐的源泉，这个音源、声源是可以无穷尽地探索，去开启的，只要我们开阔思路，运用得当，就会收到意想不到的效果，他们的表演真棒！

图谱组：投影仪出示图谱见（图 5－2），学生代表作讲解。

图 5－2

生:枝头绿了,春天到了,诗人睡觉不知道黎明的到来(双手交叠作睡眠状)。醒来到处是鸟儿欢快的叫声,夜里起了一场风雨,》代表声波。花儿不知道又落了多少。

师生点评:这组同学群策群力,设计的图谱形象生动,用图谱的办法既是最原始的,也是最现代的,现在世界上一些先进音乐教学法中也常常用到它。

图画组:投影仪出示画面。一位学生上前讲解图画。

生:春天的早晨,觉,总是睡得那么香,瞧,太阳都老高了,诗人却还在酣睡,这时窗外清脆的鸟鸣声惊醒了他,他睁开朦胧睡眼,抬头望着窗外,突然,一串雨滴沿着屋檐滑了下来,他这才猛然想起原来昨夜这里所有的一切都经历过一场风雨,望着池塘中的片片落红,诗人不由地感叹道:"一场风雨打落了多少花儿,真是可惜呀!"

师生点评:这组同学画的画构图合理,线条简练流畅,色彩富有想象力,反映出"春晓"的意境,画得很有新意,真可谓画是有形诗,诗是无形画。

图 5—3

师:刚才同学用各种方式展示了讨论的结果,丰富多彩,都非常有个性,有创造性。请大家考虑如何把我们的创作表演跟我们欣赏的艺术歌曲《春晓》有机结合,融为一体。

(6)讨论

自然音乐组表现鸡鸣鸟叫、鼾声、流水声。朗诵组前奏中朗诵原诗。紧接着全体一起轻声唱前段歌词,歌舞组同学舞蹈律动。至"啊"处,学生朗诵创作的一段,最后两句诗,配上“洒落花瓣”、“风声雨声”、在“鸟鸣”声中结束。学生图画在大屏幕上出示,作为背景。

(7)完整欣赏《春晓》,加入学生的创造表演

(8)一个作品可以用多种演唱形式,请大家欣赏女领、童声合唱《春晓》

4. 小结

同学们,通过欣赏歌曲《春晓》,我们对音乐与诗歌的珠联璧合有了初步感受和体验,通过参与讨论和表演,同学们进一步感受《春晓》,开阔了视野,使个性和创造性得到了充分发展,从感知美、体验美,上升到创造美、表现美,相信同学们从这里走出去的时候,带走的不仅仅是知识,还有很多、很多……

5. 练习与思考

(1)熟练吟唱《春晓》,细心揣摩、领略词曲结合所表达的诗意。

(2)谈谈你对“生活是音乐的源泉”的理解。

教学设计思路:

《春晓》教学设计的基本思路,一是欣赏,二是创作。欣赏是创作的前提,创作是欣赏的提升,这个关系是本课教学的主线。欣赏力求进入双向对话交流的创造性审美层次。教师先放歌曲,不做任何讲解,提出问题,让学生带着问题去听,去感受和欣赏,凭直觉向老师说出自己的感受;教师从作品的本身、音乐的本体等方面与学生对话、交流、分析。再放歌曲,学生复听并演唱,将直觉感受和老师讲解相结合,产生新的理解和体验,产生自己创作创新的愿望,自然引入创作阶段。通过学生的讨论,教师的指导,学生之间、师生之间进行深层次交流,在参与活动中,教师提供多种参与情景、条件,使每个学生都有参与体验的愿望和机会,思维充分展开,联系生活实际创作创新,充分发挥想象力和创造力,用自己喜爱的形式创作表现《春晓》,并对音源有一个新的认识,真正体会生活是音乐的源泉,在潜移默化中,加深对生活对自然的热爱。在创作、表演活动中,教师是学生的合作伙伴,有时应学生要求伴奏,有时为学生放音乐。学生处于主体地位,是学习的主人,通过讨论、表演、评价、总结活动,学生进一步感受《春晓》,深化情感体验,个性、创造性得到了充分发展,从感知美、体验美,上升到创造美、表现美。

(根据缪丽君教案整理)

课例二:

(一)试教课题

歌曲《小雨沙沙》的唱游教学。

(二)教学目标

通过小雨和种子的游戏,激发学生学习兴趣,让学生在唱游活动中学习《小雨沙沙》的歌表演,并懂得种子生长离不开雨露的基本道理。同时,通过唱歌教学学生能够认记“do”音的线间位置。

（三）教学过程

1. 组织教学(略)

2. 引入音乐教学

(1)小雨和种子游戏

①同学们，老师下面要表演几个动作，请同学们仔细观看，猜一猜，这些动作分别表现什么？猜中的小朋友，发给一朵小红花。

②学生观看老师在音乐伴奏中动作表演。(略)

③学生讨论：老师的动作表现了“喝水”，“发芽”，“长大”的形象。

老师小结：老师表演的是种子喝水、发芽、长大的过程。

④教师进一步引导学生：

同学们想想，你见过哪些植物的种子？

学生讨论回答：

花儿种子、西瓜种子、桃子核、松树种子、玉米种子、向日葵瓜子种、花生种子……

⑤教师：好，小朋友，现在我们就来扮演这些种子，做种子“喝水—发芽—长大”的游戏。

请小朋友选择自己喜欢的种子头饰(教师根据学生选择发给学生种子头饰)。

⑥教师带领学生一起做模仿性的律动，共同演示“种子”—“喝水”—“发芽”—“长大”等动作。教师对同学们的表演给予及时鼓励。

⑦引入发声练习：

教师：各种种子怎么才能长得快呢？我们要常常和“他(她)们”说说话，鼓励“他(她)们”快快长大。

a. 呼吸练习：

先让学生从坐着呼吸，逐渐找到呼吸的状态，然后再起立站着呼吸。

b. 继续用拟人化的情节进行发声练习：

教师：种子成长过程中，需要雨水滋润，唱歌的声音要有气息支持，引导学生练唱。

例 5—4

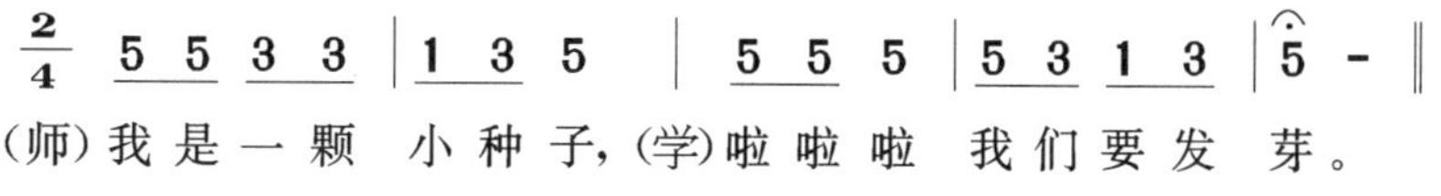

2/4 5 5 3 3 | 1 3 5 | 5 5 5 | 5 3 1 3 | 5 - ‖

(师)我 是 一 颗 小 种 子，(学)啦 啦 啦 我 们 要 发 芽。

⑧教师从“喝水”动作引导学生联想出“雨水”的形象。

⑨让学生即兴编创表示“下雨”的动作。

⑩进行小雨和种子的游戏。

a. 教师启发：种子的成长离不开雨水，小朋友们长大也要互相帮助。学生分成两组：“小雨组”和“种子组”(由学生自愿选择参加哪一组)。

b. 在《小雨沙沙》的伴奏音乐中，学生“小雨组”和“种子组”，分别做“下雨”、“喝水”等动作。

3. 学唱《小雨沙沙》

教师:刚才我们进行了小雨和种子的游戏,下面我们一起来唱唱这首关于小雨和种子的歌曲。

(1)认记歌词

例 5—5

小　雨　沙　沙

许　竞　词

王天荣　曲

天真地

①教师用动作教记歌词。

②师生一起边做边读歌词。

③学生认看歌单,教师提示翘舌音“说、沙、出”和“在”。

(2)唱会歌曲的 1～2 段词

(3)学生看教师手势认唱歌曲旋律音

(4)引导学生观察认记 do 音位置

教师提示:五线谱就好像是土壤,do 音就好像是种子,种子应该在土壤的下面。并让学生说出 do 音在五线谱的下加一线。

(5)新歌表演唱

教师提出:刚才我们进行了小雨和种子的游戏,下面我们把这些动作加入歌唱中进行新歌表演唱。

①教师唱歌曲每句的前面两小节的歌词，学生接唱后面两小节的歌词，并边唱边做出相应的动作。

②听录音的范唱，学生分别做“小雨”、“种子”的动作。

③将学生分成“小雨组”、“种子组”进行配合表演。

④引导观看配合得好的几对同学，让学生找出“好”的原因。

⑤学生随歌曲伴奏带进行歌表演，第一遍音乐时，学生拍着手走成两个双圆圈，“种子组”在里圈，“小雨组”在外圈，形成小雨与种子的扮演者相对而立（也可以两位小雨扮演者对一位种子扮演者）。

图 5—6

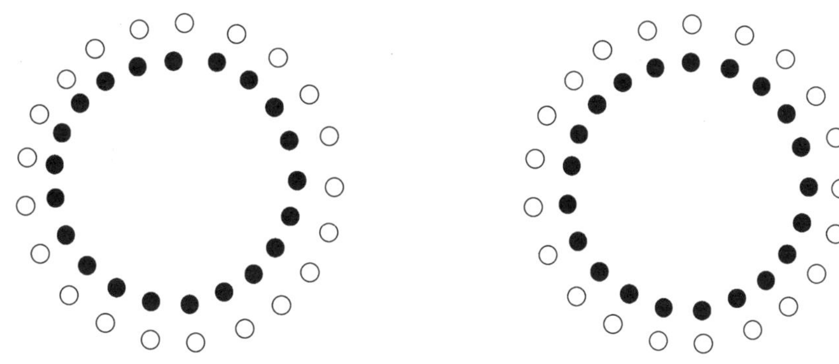

第二遍音乐时，再边唱边表演。

(6)师生共同讨论

种子要喝水才能发芽长大，所以小雨要关照身边的种子。

教师进一步引导学生想一想，如果把我们自己比作种子，那么，滋润我们成长的“雨露”都有谁？

学生讨论回答：爸爸、妈妈、老师、同学……

(7)请学生想着所有关爱你的“雨露”再边唱歌曲边按自己的音色进行歌表演

(四)全课小结：记住同你配合的伙伴，记住关爱你的雨露。

（根据张茂英老师教案整理）

第三节　音乐教学设计

一、音乐教学设计概述

21 世纪之初，我国新的《音乐课程标准》颁布，带来了音乐教学改革的新气象。“面向全体学生”，“注重个性发展”，“以学生为主体”，注重学生对音乐实践活动的参与和投入，强调“开发学生创造性潜质”，建立平等、互动的师生关系，倡导学生自主、合作、探究学习方式……上述种种新课程理念的产生，使音乐教学观念及教学方式等都发生转变，由此，音乐教学设计在思想、内容、角色、过程、资源、目标等方面随之亦发生了很大的变化。按照新的《音乐课程标准》教育观点与方法来进行音乐教学设计，促进音乐教学工作，是目前教师亟待发展的一种新的能力，也是现代教育对音乐教学设计提出新的要求。

音乐教学是一种有目标、有计划的教育活动。因此，在活动之前，教师需要进行必要的准备，即进行音乐教学设计。这样做有利于音乐教学工作的科学化，可以减少教师在音乐教学中的盲目性和随意性，增强自信心，同时，教师也可以借此过程进行相关学习、收集和组织材料，安排活动顺序，以便为学生的学习和发展提供良好的教育环境，达到优化课堂教学，提高音乐教学质量。在传统的音乐教学中，教师也在进行着教学设计，那就是为上课所进行的一系列课前准备工作，即备课。教师以前的备课往往是从教师的主观愿望出发，大多只是设计教师的教法，而忽视学生的学法，它是以教师为中心来进行安排和策划，这样的教学设计其科学性和有效性是较低的。一定的音乐教学设计体现了一定的教育理念和教育方式，音乐教学设计要适应新时期音乐教育的发展需要，要求教师在总结反思传统教学设计的基础上，根据《音乐课程标准》基本精神，学习、研究音乐教学设计的理论和方法，在音乐教学实践的不断探究中，坚持借鉴与创新、继承与发展相结合，创造出能体现新的《音乐课程标准》精神的音乐教学设计。

新课程标准下的音乐教学设计，要求教师以现代教学理论为基础，根据音乐学科的特点，用系统整体观点来综合考虑教师、学习者、教学目标、教材、媒体、评价等各方面因素，分析音乐教学问题和需求，设计解决他们的教学策略和教学步骤，加以实施并由此进行评价和修改，直至获得解决问题的最优方案的计划过程和操作程序。

在新课程标准指导下的音乐教学设计，应体现下列特征：

1. 主体性

当代音乐教学中，体现以人为本，以人的发展为本，已成为现代教育观念的核心。教师的音乐教学设计，应突出学生的主体地位，充分发挥学生的主动性和创新精神，一切教学过程的安排应当从学生的需要与特点出发，要遵循音乐教育的规律。总之，要以学生的“学”为教学设计的出发点。

2. 创新性

教师树立创新意识，这是搞好音乐教学设计的动力，也是时代赋予的要求。音乐教学设计中创新性的体现，既包括教师创造性地设计富于创造性的音乐教学活动，也包括如何引导学生创造性地学习，以求新求变的精神，不断创造出符合音乐教学规律的音乐教学新的方式。

3. 开放性

《音乐课程标准》及其教材给师生均留下许多空间，允许并鼓励大家立足实际，着眼发展，在教学内容上不拘泥于教材，即是可以根据本地区、本学校实际情况灵活安排。教师应将课堂音乐教学变为开放的空间，采用开放式的教学方式，倡导学生自主、合作、探究的学习，给学生创设一个良好、宽松的学习环境。

近年来，在我国中、小学运用较为广泛的音乐教材主要有人民音乐出版社、人民教育出版社、西南师范大学出版社、湖南文艺出版社等出版的《音乐》教科书。这些《音乐》教科书大多采用主题单元这种新的结构形式来编写，因此，音乐教学设计主要是主题单元教学设计和音乐课教案设计（亦称为音乐课课时计划）。以主题单元结构形式进行教学内容安排的音乐教材，首先要求教师对每个主题单元进行整体的音乐教学设计，包括对该主题单元结构进行课的划分（即是将一个主题单元的教学任务划分成1～4课时完成），然后再对每课时进行音乐教学设计。教师应在《音乐课程标准》指导下，运用自己的智慧和才能，发挥自己的优势，使音乐教学设计符合教学条件和学生实际，切实调动和发挥学生学习的积极性和主动性，优化组合音乐教学的众多要素，使师生的教学活动达到相互合作，和谐统一，提高教学效率和质量，不断提高自己音乐教学设计的能力和水平。

二、音乐教学设计的过程

音乐教学设计过程是一个综合性的过程，是运用现代教育理论和现代信息技术，通过对教与学过程的设计，以实现教学优化，其主要包括分析教学内容和教学对象，确定教学目标，制定教学策略，选择教学媒体，进行学习评价，从而完成音乐教学设计的过程。

（一）音乐教学内容和对象的分析

1. 音乐教学内容的分析

采用科学的方法分析教学内容，是音乐教学设计的一个重要环节，以便为准确地确定教学目标奠定基础。分析音乐教学内容，主要是明确教师应该“教什么”，学生应该“学什么”。我国以上4种版本的音乐教材在各主题单元中，通常在内容安排上将感受与鉴赏、表现、创造、音乐与相关文化融为一体，它体现着音乐教学活动的具体范围和实质。因此，教师首先应钻研教材，理清教材体系，掌握教材的各项内容，明确其内在的相互联系，分析教学的重点和难点，全面、正确地理解教材的思想性、艺术性和各项要求。同时，还应广泛地阅读相关教学参考资料，以充实和加深理解教材内容，进一步明确教学的思路，拓宽教学视野，并围绕主题来设计教学，使学生在掌握本单元内容的同时，还能够对音乐内容的学习产生迁移，达到教学目标。

教师在钻研音乐教材，分析教学内容时应该考虑以下几点：

（1）把握主题单元内涵，领会教材编写意图，围绕主题进行相关的教学设计。

（2）揭示音乐教学内容各部分之间的联系，理清教学内容知识要点，分析教学的重点和难点，确定教学内容的广度和深度。

（3）紧扣主题串联各个知识、技能的教学，多层次、多角度展现主题内涵，在合理地组织教学内容时，应将主题作为主线贯穿整个音乐教学。

(4) 在分析音乐教材本身内容的同时，还要研究包括教材以外的能为教学目标服务的各种形式的资料。

2. 教学对象的分析

教学对象即学生，是音乐教学活动的主体。音乐教学的最终目的是为了使学生掌握知识和提高能力，促进学生的发展。要以促进学生的学习与发展进行教学设计，就要分析了解学生，这是教师进行音乐教学设计的工作基础，也是教师安排音乐教学内容，选择教法，以及确定教学目标、教学重点、难点的先决条件。因此，分析教学对象充分了解学生，以学生的知识基础和认知特点作为教学设计的依据，这样，教师在教学中才能体现以学生的发展为本，才能把全体学生的参与，与发展不同个性的因材施教有机结合，才能有针对性地创设适于学生学习的环境，巧妙地调动学生的学习积极性，使音乐教学活动获得成功，使每一个学生的音乐文化素养得以提高，情操得到陶冶。

分析了解学生主要包括以下几个方面：

(1) 学生原有的音乐知识、技能水平；

(2) 学生音乐学习的兴趣爱好以及学习的态度和特点；

(3) 学生的音乐学习能力现状及智力发展程度。

(4) 全班学生的一般情况及个别学生的个体差异。

(5) 分析本册课本、本主题单元学生必须掌握的知识、技能或态度倾向。

具体了解分析学生的方式很多，可以向学生本人调查、问卷、谈话；也可以通过测验、提问；还可以向班主任、学生家长或学生之间进行间接了解。

(二)音乐教学的类型与目标确定

1. 音乐课的类型

音乐课的类型一般分为两大类型：

(1)单一课：是指在一节课内主要完成一项教学任务的课。例如：高中的欣赏课、中师的琴法课等。

(2)综合课：是指在一节课内完成两项或两项以上任务的课。例如：小学或初中的音乐课，常常是将唱歌与器乐或者是将唱歌、欣赏、音乐知识等内容结合在一节课内完成。

在音乐教学中，选择单一课还是综合课，应根据教学的目标和任务、教材的内容、学生的身心发展规律及音乐能力发展水平等因素决定。

2. 音乐教学的目标

音乐教学目标是音乐教学所预期达到的学习结果和标准。它表达了学生通过学习后的一种学习结果，对音乐教学活动具有导向、激励、评价和调控的作用，是音乐教学设计的关键组成部分。根据国内外学者关于教学目标分类理论的研究，结合我国音乐教学实践，可以将音乐教学目标分为以下三类：情感目标，主要包括对音乐学习的态度和音乐所传递的情感；能力目标，主要包括对音乐学科中的表演能力、创造能力和参与音乐实践活动的能力以及学习和获取音乐信息的能力的培养；认知目标，主要包括对音乐知识以及与音乐相关文化的了解和掌握。

《音乐课程标准》把课程目标分为总目标和学段目标，这对教材中每个主题单元具有统领和指导意义，因此，教师在音乐教学设计中应把课程总目标和学段目标渗透到每个主题单元的音乐教学之中，进而制定出符合本堂课的音乐教学目标。

音乐教学目标制定表述应当反映以下几点：

1. 应力求科学、明确，能够直接指导音乐教学活动。

2. 应标明学生音乐行为所达到的具体标准，即要说明学生在学习后应获得怎样的知识和能力，态度会有什么变化。

3. 应表述学生学习的结果，而不是阐明教师的教学行为。

（三）音乐教学策略的制定

音乐教学目标确定后，紧接着就是每位教师要思考的是如何根据教学内容和学生特点来实现教学目标，这就涉及制定教学策略，也是音乐教学设计的重点。

教学策略是指建立在一定理论基础之上，为实现教学目标而制定的教学实施总体方案。包括合理选择和组织各种方法、材料，确定师生行为程序等内容。具体来说，其主要有确定何种教学组织形式，安排什么样的教学活动，选择何种教学方法和教学媒体，选用和设计什么样的教学模式，怎样利用现有的教学资源及挖掘其他教学资源等等，总之，教学策略是主要解决教师“如何教”和学生“如何学”的问题。

音乐教学中，由于每堂课的教学目标、教学内容、教师的意图不同，教学策略也是各不相同的；即使是同一教学内容，如果教学对象不同、条件不同，所采用的教学策略也应不同。

音乐教学策略制定时应主要注意以下几点：

（1）教学策略具有指向性。教学策略是指向具体的音乐教学目标，是为完成音乐教学目标而采取的有针对性的措施，因此，制定的相关教学策略应立足于为教学目标服务。

（2）教学策略具有灵活性。不同的音乐教学目标应采取不同的教学策略，一般不存在对所有情况都适用的教学策略。

（3）教学策略具有多样性。为了满足音乐教学的需要，应提供多样的教学策略，以完成不同教学目标的音乐教学。

教学策略是实现音乐教学目标的重要手段，在制定教学策略所考虑的诸多因素中，可参见本教材第四章与第五章内容所分别介绍的常用的教学方法和教学模式，供老师们制定教学策略时选择。

（四）音乐教学媒体与评价

1. 音乐教学媒体

新世纪里，人们为了提高教学效率和教学质量，普遍注重学习、掌握并运用各类教学媒体。音乐教学媒体通常分为两类：一类是普通教学媒体，主要包括黑板、教科书、图表、实物、模型等；另一类是现代教学媒体，主要包括幻灯片、投影、电影、电视、录音机、VCD、DVD及电脑、多媒体等。以上各种教学媒体有着各自的特点，教师应该根据所选择的教学策略来确定并组合教学媒体，以优化音乐教学设计，从而获得良好的教学效果。

作为21世纪的音乐教师，应重点学习研究如何有效地利用现代教学媒体为音乐教学服务。现代教学媒体的最大特点是色彩逼真，形声并茂，这种音画结合既可以再现场景，也可以创设情境，增强音乐教学的情趣性和生动性；同时，现代教学媒体能够突破空间与时间的限制，既可以展示音乐教学中所涉及的古今中外音乐文化知识，开拓学生音乐文化视野，还可以让学生自主学习，根据教学目标，学生运用现代教学媒体进行音乐的表演、创作等，进而更好地感受和理解音乐，提高学习效率。此外，教师也可以利用录音、录像等现代教学媒体记录音乐教学过程，供课后分析，相互交流、总结教学经验和成果，帮助教师提高业务素养和教学水平，不断提高音乐教学质量。

音乐教学媒体的设计与组合，应从实现教学目标出发，发挥整体的优势，突出音乐学科特点，充分表现音乐教学内容，与教学策略相结合，从教学实际要求出发，从学生需要出发，使所选择教学媒体有利于优化教学结构，从而获取更好的教学功能。切不可为使用教学媒体而搞教学媒体，更不可喧宾夺主。而应遵从讲究实效，富有美感的原则，恰当运用现代教学媒体，让音乐教学媒体给音乐教学以新的活力，为优化教学过程，提高教学质量，促进我国音乐教育的改革和发展发挥积极作用。

2. 音乐教学设计的评价

音乐教学设计的评价主要包括对解决音乐教学问题的预想方案进行评价和修正等内容，它是音乐教学设计成果趋于完善的调控环节，从而引导音乐教学设计工作朝着实现预定的目标迈进。

评价是音乐教学设计的一个组成部分，它可以检验音乐教学设计的合理性与可行性，它能及时提供信息，可以帮助教师和学生正确地认识自己、激励自己，找出教学设计中的闪光点，找出教学设计中需要改进的地方，从而帮助师生进一步把握新的教学理念，促进学生发展，提高学生学习的积极性，促进教师改进教学工作，激励教师进取，使音乐教学活动向既定目标前进。

进行教学评价应旨在促进发展，以教学目标为基准，面向全体学生，评价体系必须科学化，具体可以根据国家教育部颁布的全日制义务教育《音乐课程标准》所倡导的新型的综合评价机制进行，这里不再赘述。

（五）教案编写

教案，又称为课时计划。音乐课的教案，是音乐教学设计的成果，是教师音乐教学的实施方案。

音乐课的教案一般包括以下内容：

1. 授课年级

2. 教学课题

3. 教学目标

教学目标应该包括音乐审美教育、音乐知识、技能教学与思想品德教育等几个方面。如歌曲《中华人民共和国国歌》的学唱，其教学目标可以设计为：

通过《中华人民共和国国歌》的歌唱教学，学生能够较好地运用自然、圆润的声音正确演唱《中华人民共和国国歌》，并初步了解进行曲的特点，同时学生能得到革命传统教育。

4. 教材分析

教材分析是对本课的教材内容的教育性、艺术性以及内容之间的内在联系进行分析，并结合教学对象的情况确定教学的重点和难点。如对歌曲《中华人民共和国国歌》的分析：

(1)《中华人民共和国国歌》又名《义勇军进行曲》，田汉词，由我国近代著名作曲家聂耳谱曲。原为影片《风云儿女》的主题歌，歌曲产生在国家危亡的时代——1935 年。这部由田汉创作故事，夏衍写台本的影片，表现处于深重民族危机下的 30 年代知识分子，从象牙之塔冲出来奔赴抗日前线的主题。这首歌曲是在影片的开头和结束前演唱的。歌曲在影片中一经唱出，很快就传遍了全中国，在中国人民争取解放的革命斗争中起到巨大的鼓舞作用。中华人民共和国成立，《义勇军进行曲》便成为举世闻名的《中华人民共和国国歌》。

(2)《中华人民共和国国歌》采用 2/4 拍子写成，进行曲风格。全曲由六个长短不等的乐句组成自由体乐段。歌曲采用了主导动机贯穿发展的手法，以引子中大三和弦分解的号角式的音调，作为全曲旋律发展的基础，并在最后两句加以变化再现，造成首尾呼应，具有前后一致的昂扬振奋的精神，尤其是当唱到“中华民族到了最危险的时候”时，作者用了突然的休止，造成一种紧迫感，在休止后更突出了“最危险的时候”，而引出人们被迫着发出的吼声：“起来！起来！起来！”在三次层层向上的呼喊之后，号角式的音调再现了，像一声冲锋号，激励着无数战士冒着敌人的炮火前进！结尾时再三强调“前进”二字，音乐上富有动力，表现了中国人民百折不挠，勇往直前的战斗步伐。

(3)重点是歌曲的情感处理；难点是歌曲中有后半拍起唱的小节，如 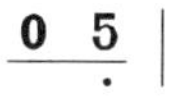 0 5̣ |，和三连音 5̣ 5̣ 5̣（三连音）。

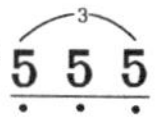

5. 课型

6. 课时

7. 教具

8. 教学过程

教学过程是教案的主体部分，是教师安排音乐教学的程序。这个程序要包括音乐教学内容及相应的教学方法，按照教学设计的程序、时间、步骤进行合理的组合。

编写教案的教学过程可参见本章第二节之二的教案实例。

9. 教学后记

教学后记是教师完成教学之后的记录，教学后记包括对教案完成情况的总结，这是教师积累教学经验、为以后提供教研资料、提高教学质量的有效途径。

教案的编写并无固定的格式，音乐教师可以参考以上九个方面来编写教案，也可以参考以下格式（表 5—7）来编写教案：

表 5—7　教育实习教案

学院________　专业________　实习生姓名________

上课时间____年____月____日____周____节____次课

学院指导教师签字________　实习学校指导教师签字________

实习学校		实习班级		实习学科	
教学课题					
教学目标					
重点难点					
教具					
课的类型					
教学方法					
教学过程	教学内容　　附后（略）				

三、学期音乐教学计划的制定

学期教学计划是教师对全学期音乐教学工作的整体安排。教师制订学期的音乐教学计划要根据音乐课程标准（大纲）和音乐教材所规定的目的任务、教学内容、教学要求，并结合学生的基本情况来制定。

学期教学一般都用表格的方式体现，如下（表 5—8）：

200　~200　**年第　学期音乐教学计划表**

班级　　　　　　　　　　任课教师

<table>
<tr><td>教材名称</td><td></td><td>总课时</td><td></td><td>周课时</td><td></td><td>其他</td><td></td></tr>
<tr><td colspan="8">教学目的、任务及要求</td></tr>
<tr><td colspan="8">学生基本情况</td></tr>
<tr><td colspan="8">教学进度安排</td></tr>
<tr><td>周次</td><td colspan="3">教学内容</td><td colspan="4">主要教学措施</td></tr>
<tr><td></td><td colspan="3"></td><td colspan="4"></td></tr>
<tr><td></td><td colspan="3"></td><td colspan="4"></td></tr>
<tr><td></td><td colspan="3"></td><td colspan="4"></td></tr>
<tr><td></td><td colspan="3"></td><td colspan="4"></td></tr>
<tr><td>教研组意见</td><td></td><td>教务处意见</td><td></td><td colspan="2">校长意见</td><td colspan="2"></td></tr>
</table>

音乐教学计划主要分为四类：学期教学计划、学年教学计划、课时教学计划（即教案）、单元教学计划。音乐教师最常编写的是学期教学计划和课时教学计划。本章也主要介绍的是这两类教学计划的编写和制定。其他两类教学计划的编写可以参照本章已介绍的两类教学计划来编写。

第六章

唱歌教学法

第一节　唱歌教学的地位和作用

唱歌教学是音乐教学中的一项重要内容，属于学校音乐教学中的“表现音乐”领域。唱歌教学是培养和发展学生感悟音乐、表现音乐、创造音乐能力的有效途径，对于实现音乐教育的目标具有十分重要的作用。在音乐教学中，唱歌教学往往是将“音乐与相关文化”等领域的教学有机地结合在一起。我们可以从以下几个方面来理解唱歌教学在音乐教育中的地位和作用：

一、歌唱活动是音乐教育的基础

人类自古以来就常常用歌唱来表达自己的情感。歌唱活动正是顺应了人类的天性，成为音乐教育理想的重要途径。音乐教学的各项内容都离不开歌唱活动，歌唱是学习音乐的基础。教师通过歌唱教学引导学生用歌声正确地表现歌曲，让学生在学习和参与歌唱表现中，激发表演欲望和学习热情，发展学生的表演潜能及创造性潜能，更准确地体验音乐的情感和音乐的美，提高学生的综合音乐素质。

二、歌唱是学生易于接受和参与的音乐活动

歌唱是一种直接表现人的感情的艺术，它是符合广大青少年的心理要求的活动，能够充分表达学生的情感，使学生身心愉悦，是最易普及、最易被青少年接受和参与的音乐表现形式。尤其是音乐课中开展合唱教学，使每个学生都有参与表演的机会，能够满足学生的表现欲望，增强学生的自信心。同时，学生在学习唱歌的过程中，自然地兼带欣赏音乐，学习音乐文化知识，增进对音乐的感受、理解和表现能力，从而获得良好的音乐文化素质。

三、唱歌教学是实现音乐教育目标的重要途径

培养学生有表情地歌唱，并通过唱歌教学实践活动，培养学生热爱音乐的情趣，发展

学生的表现能力。在歌唱教学中，让学生听自己演唱的歌曲是否有美感，在歌唱中直接体验音乐的美妙，既可以培养学生的审美能力，也可以培养学生的表现能力和创造能力，同时，学生在学习演唱歌曲的过程中感受歌曲艺术形象，也有利于培养学生高尚情操，尤其是齐唱合唱形式，更是有利于培养学生的合作精神和集体荣誉感。

第二节　唱歌教学的方法要点

一、激发学生唱歌的兴趣，培养有感情地歌唱

兴趣是学习唱歌的动力。唱歌教学应把激发学生唱歌的兴趣放在首位。可以通过富有激情的语言；或老师富有感染力的歌声；或采取现代教育技术（如计算机动画课件等）创设某种情景等等，点燃学生学习唱歌的热情，让学生在强烈的学唱愿望中，充满感情地进入唱歌教学，在歌唱中，通过对歌曲内容、风格的理解，让学生逐步学会运用自己的歌声去表现歌曲的情感，把歌曲的感情化为自己的心声。

培养学生有感情地歌唱常常采用：

（一）欣赏歌曲，激发感情

学生欣赏歌曲，可以使学生对歌曲有个整体的印象，激发学生情感上的共鸣和歌唱的意愿。欣赏歌曲的方式方法很多，可以运用直观教具，如录像，VCD 等，让学生在欣赏歌曲的同时，也可欣赏优美的画面，使学生触景生情；还可以是教师充满感情的范唱，范唱时老师还可以载歌载舞，老师生动的面部表情和优美的舞姿等，使学生感到亲切、自然、真实，能有效地激发学生感情；此外，也可以让学生听录音等等。

（二）分析歌曲，体验情感

教师应重视和学生共同分析歌曲，使学生逐步掌握歌曲的思想内容及其艺术风格，在边分析边体验歌曲的过程中，理解歌曲的情感。分析歌曲主要包括歌词、歌曲的介绍，以及歌曲的旋律、节奏、力度等音乐要素的特点，让学生在演唱中比较、鉴别，去发现并体验歌曲中蕴含的美，确定如何对歌曲进行艺术处理，从而培养学生情感的整体体验。

（三）演唱歌曲，表现感情

演唱歌曲是学生用歌声表现感情以获得审美体验。演唱歌曲时，教师引导学生不仅仅是学会唱，还要指导学生掌握正确的歌唱要领及一定的歌唱技巧去表现歌曲的情感，使歌声达到一定的艺术水平，做到声情并茂。为了使演唱更富表现性，还可以根据学生年龄特征和生活体验，结合歌词内容，编排一些富有生活气息的表演动作，使演唱更富有表现性。

二、歌唱技能技巧的教学，应立足于为音乐审美体验服务

唱歌教学中，还应注重培养学生良好的歌唱习惯，提高学生的歌唱的表现能力。因此，教师指导学生学习科学的发声方法，进行一些必要的歌唱技能技巧是必不可少的基本条件。但要注意的是，歌唱技能技巧的训练不是唱歌教学的目的，它只是唱歌教学的一个部分。每位教师应明确歌唱技能技巧的教学是为审美体验服务，唱歌教学的技能技巧的训练，应使学生在这一实践活动中享受到美的愉悦，受到情感的陶冶。

在普通学校应该避免那些枯燥的、机械的、专业化的歌唱技能技巧的声音训练。而应尽量把歌唱技能练习结合到歌曲演唱的教学活动中，激励学生学习用科学的发声方法去追求和探索歌声的美感，使歌唱技能训练直接为审美体验服务。

中等师范学校的歌唱教学，由于培养的目标不同，歌唱教学中需要进行必要的歌唱技能技巧训练，但也应注重歌唱技能技巧练习与唱歌教学密切结合，使之更好地为表现音乐服务。

三、唱歌教学应注意指导学生正确表达歌词

歌唱是音乐与语言结合的艺术，准确清晰地表达歌词，继承我国声乐演唱“字正腔圆”的优良传统，是唱歌教学必须注意的。

教师要指导学生了解汉语语言的构成及发音规律。但在普通中学唱歌教学中的咬字、吐字练习，不宜做理论上的阐述和分析，主要是在唱歌教学过程中，通过具体的歌词实例，利用汉语拼音朗诵、教师示范、对比等加以引导即可。

四、关于唱游教学

唱游课是根据小学低年级的生理、心理特征而设置的一门新型的音乐课。唱游课主要是将音乐教学内容和生动有趣的游戏结合起来，即是采取音乐游戏、律动、歌表演、集体舞等综合性音乐艺术手段，以激发小学生学习音乐兴趣为目的，以培养学生的审美情趣为核心。使学生在唱歌和游戏相结合的活动中，积极主动地感受和表现音乐。实施唱游教学，一方面为学生进入中高年级学习音乐打好基础，一方面积淀为具备审美情操的基石，从而成为完善学生素质的一个组成部分。小学低年级的唱游课一般应注意：

（一）唱游课的指导思想

唱游课的指导思想应体现“动中学，玩中学，乐中学”。音乐教师应在各项音乐教学内容的教学过程中贯彻这一指导思想，同时，充分重视各种情感因素，因为音乐教育从其本质而言是情感教育，所以唱游教学中应把认知与情感紧密联系在一起，交融在一起，互相

影响，互相促进，使学生在“动中学，玩中学，乐中学”中饶有兴趣地参与体验，愉悦其心情，发展其认知能力。

（二）唱游课的主要教学手段与方法

1. 创设情景

创设情景就是营造一种氛围，根据音乐作品，创设一个与音乐作品有关系的景，该“景”要体现其“情”，同时，教师应运用形象而富有情感的语言或形象的动作，启发学生的情感，把学生带进音乐的情景之中，让学生在情景中感受音乐，体验音乐，引发想象，开拓思维。

2. 模拟游戏

唱游课常采用模拟游戏，即让学生模拟某种现实，并由学生扮演现实生活中的角色来进行，让学生在扮演游戏的角色中开展唱游活动，使学生在玩中学习音乐。小学低年级唱游的乐曲内容大多富有形象性、游戏性，因此，唱游课中应设计出富有儿童情趣，贴近儿童生活，与唱的内容相吻合的游戏形式为宜，这样既符合儿童的年龄特征，又能很好地表现音乐。

同时，教师还应从唱游形式的需要出发，游戏时做一些必要的道具、服饰、场地的准备，这些准备力求简单，以发挥学生的想象力，使学生进入游戏角色，激发学生参与唱游活动的兴趣。

3. 竞赛表演

“竞争”、“好胜”是儿童的心理特征之一，低年级学生有喜欢表现自己的欲望，他们往往喜欢比一比，赛一赛来表现自己，通过表演竞赛去展示自己的才能，以获得成功的满足。音乐是表演的艺术，唱游很多环节都是通过“动”去体现。无论是歌舞，还是音乐游戏，奏乐等都需要表演，这些表演过程常常就是比赛的过程，这些与学生的表现欲望相吻合。所以，在唱游课中，教师运用表演竞赛这一方法，可以让学生在表演竞赛活动中提高兴趣，获得能力。

4. 归纳总结

由于唱游课是唱与玩、歌与演、音乐与动作等相结合的综合课，内容形式多样，因此，唱游课结束时，教师应进行归纳总结，对教学的重点予以强调，同时，指出成绩和不足，对低年级的学生应以鼓励为主，以激励学生继续学习音乐。

五、关于合唱教学

合唱是具有丰富表现力的音乐艺术形式，是实施音乐审美教育、培养学生音乐审美能力的重要途径。合唱教学在学校音乐教育的唱歌教学中占有的重要位置是毋庸置疑的。前面的相关章节已阐述，这里无须赘述。

学校开展合唱教学初期一般应遵循：

1. 合唱练习首先宜从轮唱开始。
2. 合唱练习应选择局部为合唱的音乐作品。

3. 合唱练习应选择不同节奏的二声部合唱作品。

总之,合唱教学中培养学生对多声部音乐和谐美的感受能力,是合唱教学的重要内容,教师应注重各声部之间的均衡、和谐、配合默契,逐步达到合唱音色统一,帮助学生建立和声感,提高学生音乐表现能力。

六、重视变声期的嗓音保护

重视学生变声期的嗓音保护,是每一位音乐教师的职责。教师对待正处于变声期的学生应给予关爱,并给学生讲解变声期及嗓音保护常识,使他们保持一种健康的心态,顺利渡过变声期。

常见变声期学生嗓音表现情况为:

变声初期,学生的声音仍属童声,但声嘶开始,学生唱高音吃力,发音不能持久,唱歌比较"费劲",这种状况一般出现在小学高年级和初中一年级。变声中期,学生的声音出现童声减少,胸声逐渐出现,嗓音变得沙哑,歌唱中易出怪声,唱高音时易出现"破裂音",严重的甚至失声。这种状况一般出现在初二或初三年级阶段。变声后期,学生嗓音渐趋稳定、成熟,基本上具备成人的音域和音色,这种状况一般出现在初三前后。

第三节　唱歌教案及简评

课例一:

一、教学课题

学唱新歌《我的家乡日喀则》。

二、教学目标

通过学唱歌曲《我的家乡日喀则》,学生能够把握歌曲的情绪,有表情地正确演唱这首歌曲,并了解祖国西藏人文景观和藏族歌曲的风格。

三、教学过程

(一)组织教学(略)

(二)导入新课

1. 欣赏歌曲《青藏高原》(放录音伴奏带,教师随伴奏音乐载歌载舞并带表演地歌唱)

要求学生：

(1)随歌曲拍手。

(2)思考歌曲是我国哪一个民族的歌曲。

2. 简要讨论后小结

这首歌曲是我国的藏族歌曲。

3. 教师请学生演唱自己所了解的藏族歌曲片断

学生①：演唱歌曲《妈妈格桑啦》片断。

学生②：演唱歌曲《珠穆朗玛》片断。

学生③：演唱歌曲《在北京的金山上》片断。

学生④：演唱歌曲《走进西藏》片断。

4. 教师简介我国西藏

请学生观看有关西藏拉萨等地的音乐风光和风俗人情的录像片断：

播放录像时教师富有表情地解说："看，多么美丽的雪山，多么辽阔的高原，多么雄伟壮观的布达拉宫，这就是我们西藏人民居住的地方。藏族，是一个能歌善舞的民族，藏族人民善于用歌舞的形式来表达自己的理想和愿望……(下略)。"

教师：当我们看到西藏，禁不住高歌 5 5 5 - | 3 3 3 - | 1 1 1 - ‖
呀 啦 嗦 呀 啦 嗦 呀 啦 嗦

(三)基本练习

1. 发声练习

例 6—1

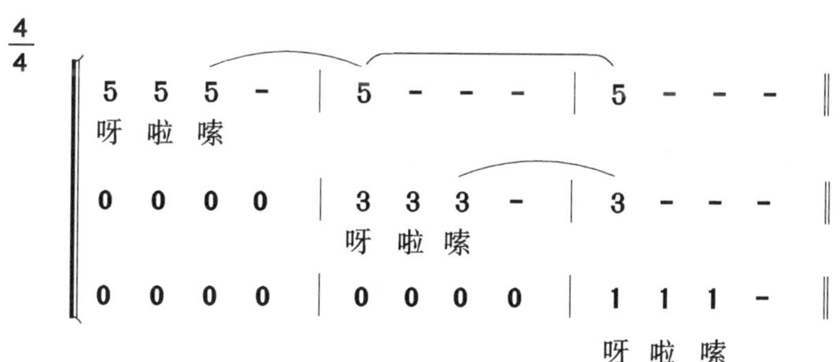

要求：

(1)学生分声部演唱。

(2)声音圆润、连贯。

(3)学生集体从高音区逐级练唱到中音区。

2. 合唱练习

例 6－2

步骤：

(1)练唱高声部。

(2)练唱低声部。

(3)将高、低声部合起来练唱。

注：在练唱过程中，教师不时纠错和提示演唱中强弱等艺术处理。

(四)学唱新歌《我的家乡日喀则》

1. 歌曲简介(略)

2. 教师载歌载舞地随着伴奏录音带范唱表演

3. 出示大歌单

例 6－3

我的家乡日喀则

西藏民歌

我们美丽的家乡，就是日喀 则呀，唉索唉索马里拉，就是 日喀 则呀。
我们欢乐地舞蹈，我们尽情 歌唱，唉索唉索马里拉，我们 尽情 歌唱。
我们举起了酒杯，斟满葡萄 美酒，唉索唉索马里拉，欢庆 大丰 收呀。

我们 美丽的家 乡，就是 日喀 则 呀。
我们 欢乐地舞 蹈，我们 尽情 歌 唱。
我们 举起了酒 杯，斟满 葡萄 美 酒。

4. 学唱曲调

(1)学生分声部自己小声练唱3分钟。

(2)学生高声部集体随琴练唱。

(3)学生低声部集体随琴练唱。

5. 学唱歌词

(1)学生分声部自己小声练唱第一段歌词。

(2)学生分声部自己小声练唱第二段歌词。

(3)学生分声部自己小声练唱第三段歌词。

(4)学生高、低声部合起来随琴练唱歌曲的1～3段。

(5)突破难点,在教师提示下学生分声部练唱。

6. 歌曲的艺术处理

教师提示:在歌曲什么地方加藏族的衬词来表达藏族人民热情奔放的性格和歌曲的风格。

讨论并演唱:

(1)学生甲建议:在歌曲前半段的每一乐句末尾的两拍加上 啦 嗦· 啦 嗦·。

(2)全体学生按此建议演唱第一段,衬词地方让高声部演唱,低声部喊衬词。

(3)学生乙建议:在歌曲前半段的每一乐句末尾的两拍加上|嘿 嘿|

(4)全体学生按此建议演唱第二段(方式同第一段)。

(5)学生丙建议:将一、二段衬词合起来 啦 嗦·嘿 按第一、二段方式演唱第三段。

(6)全体学生按此建议演唱第三段。

(7)学生按以上方式将歌曲1～3段完整演唱。

(8)教师引导学生思考如何为歌曲配伴奏。

①怎样加入拍手、拍腿、跺脚?

②采用什么固定节奏?

(9)有三位学生分别表演自己设计创作的节奏。

(10)学生根据三位学生的表演选一条节奏练习并让创作这条节奏的学生为全班同学示范拍这一节奏型:| 0 X 0 X 0 X X |

(11)全体学生分别用拍手、跺脚、敲自制的战鼓表演该节奏型。(战鼓分别采用饼干盒或蛋糕盒自制而成)

(12)全体学生随着歌曲伴奏带加入节奏表演,将歌曲1～3段连起来练习。第一段采用拍手,第二段采用跺脚,第三段采用敲鼓。

(13)全体学生随歌曲伴奏带,加入以上练习的节奏动作、衬词完整演唱。

(14)教师提示:这首歌曲是属于藏族的踢踏舞歌曲。藏族人民喜欢边唱边跳来表现歌曲。

(15)教师示范踢踏舞步,学生模仿练习。

(16)播放歌曲的伴奏录音带,学生和教师一起随音乐跳踢踏舞步。

(17)请七八位学生上台与教师一起随着音乐跳一段踢踏舞,其余学生伴唱。

(18)再请十来位学生上台随音乐跳一段踢踏舞,其余学生伴唱。

(19)全体学生起立，加节奏表演、衬词、跳一段踢踏舞，与老师共同表演歌曲。

(五)小结，举行下课礼式

(根据王昌平老师教学录像整理)

简评：

王昌平老师这节初中音乐课获得第二届全国中小学音乐课(录像)评比一等奖。

这节音乐课的最大特点就是把唱歌教学与律动表演有机结合起来，极大地激发了学生学习音乐的兴趣，以及积极参与音乐教学活动的热情。在音乐教学中，老师的两次范唱均采用载歌载舞的表演形式，同时，根据藏族歌舞特点，还让学生为老师的范唱表演进行简单的律动伴奏(如拍手)，既让学生感受到藏族歌舞的特点，又让学生在老师的歌声中初步体验律动，使学生在后面的教学中为所唱歌曲编配拍手、踏脚和藏族踢踏舞步的律动活动时能踊跃参与，既培养了学生的创造精神和创造能力，又让学生在歌唱的学习和表演中享受音乐的美感和身体活动的快乐感。

这节课的另一特点是体现了音乐教育是审美教育。老师在教学过程中注重了用不同形式展示藏族歌曲的风格，既有老师极富美感的载歌载舞的表演，也有让学生观看绚丽多姿的西藏拉萨的音乐风光片段；既有让学生演唱自己熟悉的优美的藏族歌曲，也有让学生演唱具有藏族民歌风格的发声练习；既有学生为歌曲编创具有藏族风格的衬词，也有让学生边唱边跳藏族踢踏舞的表演。使整个音乐教学过程，成为师生共同体验、创造、表现和享受音乐美的过程。同时，使学生进一步了解和热爱我国藏族音乐文化，增强了民族意识和爱国主义情操。

课例二：

一、教学课题

学唱《摇篮曲》。

二、教学目标

通过学唱勃拉姆斯的《摇篮曲》，让学生了解《摇篮曲》这种音乐体裁特征，并能够根据《摇篮曲》的音乐特点，运用正确的歌唱方法演唱《摇篮曲》，让学生在音乐中感受慈祥的母亲形象，从而更加热爱母亲、热爱生活。

三、教学过程

(一)导入音乐教学

1. 学生欣赏由多媒体大屏幕播出的勃拉姆斯的《摇篮曲》

2. 简要讨论：这首歌曲给人以什么样的感受

小结：音乐轻柔，给人亲切、温馨感。

3. 请同学们按《摇篮曲》的音乐特点设计发声练习

4. **请学生演唱自己编创的发声练习**

5. **选出一位学生编创的发声练习供全班同学练唱**

例 6—4

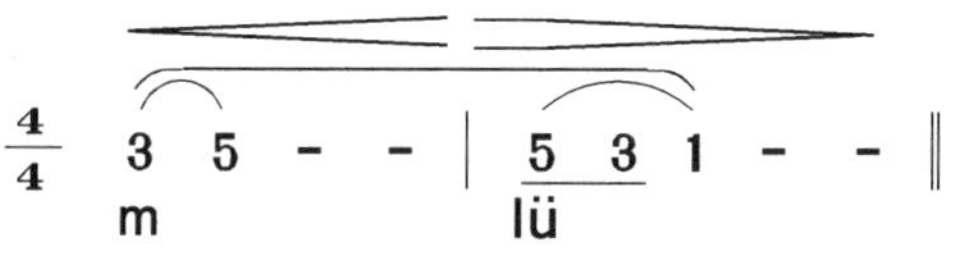

4/4 3 5 - - | 5 3 1 - - ‖
m lü

要求：声音圆润、连贯、流畅、优美。

教师指出：连贯、流畅的声音是歌唱的基本技术，也是声音的审美要求。并提示：

(1)用气息支持发声。

(2)哼唱"m"时闭咀，上下牙略分开，舌尖轻抵上门牙齿背，舌面平放靠近上腭，把声"逼"向鼻腔通道产生共鸣，气从鼻孔出来，并感觉声音的焦点在两个眉头中间部位。

(3)用哼唱"m"的方法接唱"lü"，注意母音过渡要保持声音位置统一。

(二)学唱勃拉姆斯的《摇篮曲》

教师出示歌单：

例 6—5

摇 篮 曲

1 =F 3/4
温柔地

〔德〕勃拉姆斯作曲
尚 家 骧译配

3 3 | 5. 3 3 | 5 0 3 5 | i 7. 6 | 6 5 2 3 |
1. 安 睡 吧， 小 宝 贝， 丁 香 红 玫 瑰 在
2. 安 睡 吧， 小 宝 贝， 天 使 在 保 佑 你，在 你

4 2 2 3 | 4 0 2 4 | 7 6 5 7 | i 0 1 1 |
轻 轻 爬 上 床 陪 你 入 梦 乡； 愿 上
梦 中 出 现 美 丽 的 圣 诞 树； 你 静

i - 6 4 | 5 - 3 1 | 4 5 6 | 5 - 1 1 |
帝 保 护 你， 一 直 睡 到 天 明， 愿 上
静 地安 睡 吧， 愿 你 梦 见 天 堂， 你 静

i - 6 4 | 5 - 3 1 | 4 3 2 | 1 - ‖
帝 保 护 你， 一 直 睡 到 天 明。
静 地安 睡 吧， 愿 你 梦 见 天 堂。

1. 讨论刚才欣赏的勃拉姆斯的《摇篮曲》给你留下了什么印象

学生讨论(略)。

2. 简介歌曲《摇篮曲》

《摇篮曲》是一种唱来安慰小孩入睡的歌曲，所以又叫“催眠曲”。……(略)

3. 学唱歌曲旋律部分

(1)学生随钢琴视唱旋律一遍(提示学生注意倚音的正确唱法)。

(2)学生随钢琴用“lü”音哼唱旋律，提示学生：

①用发声的演唱方法来演唱旋律。

②注意歌声轻柔优美。

③练唱以下难点：

例 6—6

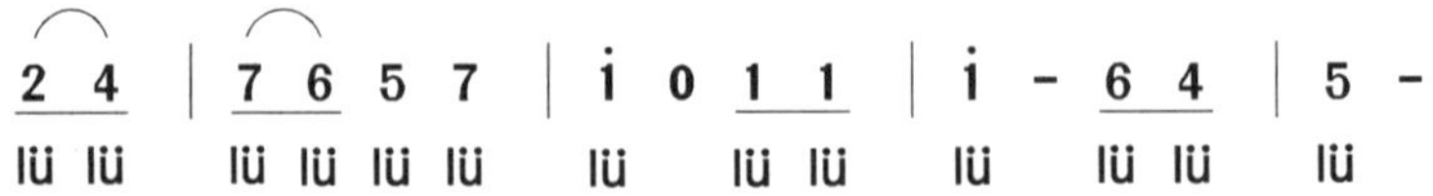

2 4 | 7 6 5 7 | 1̇ 0 1 1 | 1̇ - 6 4 | 5 -

lü lü | lü lü lü lü | lü lü lü | lü lü lü | lü

提示：旋律上行及旋律中的跳进，在歌唱中强调注意音程和呼吸技巧的控制。

4. 分析歌曲节拍

(1)歌曲 3/4 拍强弱规律是：

●○○

强弱弱

(2)教师按照 3/4 拍强弱规律演奏《青年圆舞曲》主题音乐：

例 6—7

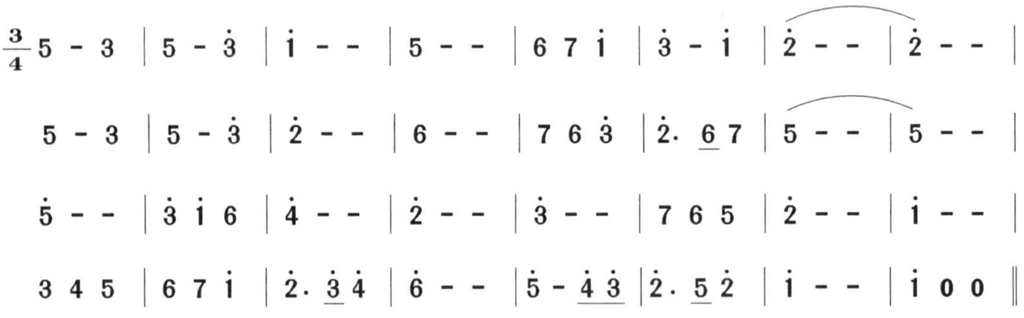

3/4 5 - 3 | 5 - 3̇ | 1̇ - - | 5 - - | 6 7 1̇ | 3̇ - 1̇ | 2̇ - - | 2̇ - - |

5 - 3 | 5 - 3̇ | 2̇ - - | 6 - - | 7 6 3̇ | 2̇· 6 7 | 5 - - | 5 - - |

5̇ - - | 3̇ 1̇ 6 | 4̇ - - | 2̇ - - | 3̇ - - | 7 6 5 | 2̇ - - | 1̇ - - |

3 4 5 | 6 7 1̇ | 2̇· 3̇ 4̇ | 6̇ - - | 5̇ - 4̇ 3̇ | 2̇· 5̇ 2̇ | 1̇ - - | 1̇ 0 0 ‖

(3)讨论：同样都是 3/4 拍的音乐，为什么给人的感受不同？

学生讨论(略)

小结：三拍子在摇篮曲中较为少见，勃拉姆斯的《摇篮曲》由于采用弱起，并且让歌曲的每个乐句结束在小节的第一拍上，根据人们说话语气的习惯，这里使演唱的语气也相对减弱，所以听起来几乎感受不到三拍子圆舞曲的风格。因此，在演唱《摇篮曲》时，要淡化节拍的强弱关系，使歌声连贯流畅而柔美。

5. 分析歌曲旋律

(1)歌曲的调式——大调式。

(2)歌曲旋律特点——优美而抒情。

(3)歌曲的结构——二段体。

(4)教师小结:摇篮曲的音乐特点(大屏幕显示)

摇篮曲的音乐特点:

节奏:平稳、略有动荡。

旋律:优美、抒情。

速度:徐缓。

力度:轻柔。

6. 遵照摇篮曲音乐特点,学生带着感情,再次用"lü"音演唱一遍

7. 学唱歌词部分

(1)学生朗诵歌词。

(2)学生随琴小声演唱第一段词(提示学生用"lü"音的感觉演唱词)。

(3)学生随琴小声演唱第二段词。

(4)纠正歌唱中的咬字、吐字。

例 6—8

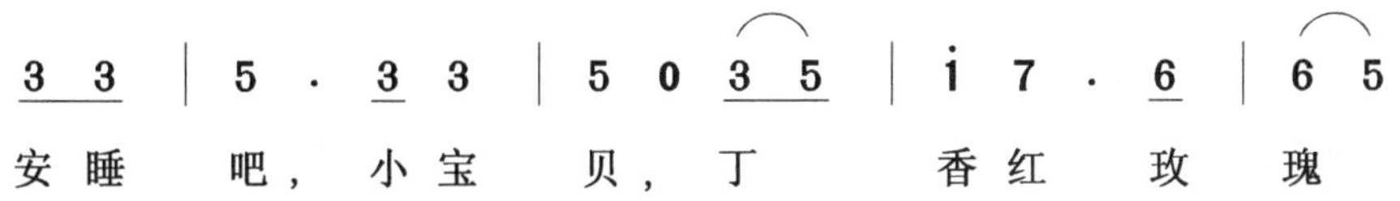

3 3 | 5 · 3 3 | 5 0 3 5 | i 7 · 6 | 6 5

安 睡 吧, 小 宝 贝, 丁 香 红 玫 瑰

每个字的韵母要唱清楚,尤其是"睡"、"贝"字要用好"ei"音,唱时注意抬软腭,注意声音的统一。

例 6—9

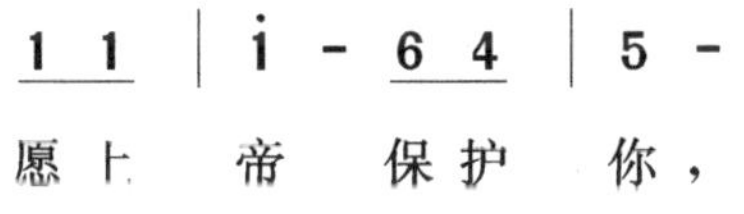

1 1 | i - 6 4 | 5 -

愿 上 帝 保 护 你,

注意"帝"字的呼吸技巧的控制。

教法:边纠正边范唱,注意表现情感。

8. 歌曲艺术处理

讨论用怎样的歌声来表现《摇篮曲》。

学生讨论(略)

小结:

(1)歌声应流畅、连贯、柔美。

(2)每一乐句演唱的力度变化可采用以下形式:$<$ $>$ 更符合歌曲情感。

(3)A、B 两段音乐可以略有侧重:A 段旋律较为平稳,起伏不大,情绪亲切,温柔,以表达母亲爱子的柔情为主。B 段是歌曲的高潮,由上行八度的跳进开始旋律有了明显的起伏,表达母亲对孩子的未来充满了无限希望和祝福,这里整个演唱力度可以加强,但结尾时仍回到较弱的力度,表现孩子在母亲的歌声中幸福入睡的情景。

(4)学生有感情地完整演唱歌曲。

9. 介绍几首《摇篮曲》

(1)由多媒体播放出舒伯特的《摇篮曲》。

(2)少女合唱东北民歌《摇篮曲》(播放本校少女合唱团演唱的录音)。

(3)由学生小结《摇篮曲》音乐特点(略)。

10. 巩固

(1)教师有感情地演唱《摇篮曲》(伴奏带)。

(2)讨论,还可以怎样的形式演唱《摇篮曲》。

学生讨论意见:全班分为两组,各组分别演唱《摇篮曲》的 A 段部分歌曲,B 段部分歌曲由全体同学齐唱。

(3)学生按讨论意见,有感情地演唱《摇篮曲》(用伴奏带,老师指挥)。

(四)小结(略)举行下课礼式

(根据叶萍老师的教案整理)

简评:

这是叶萍老师为重庆职业中学(幼师班)上的一节唱歌课教案。

由于该职业中学幼师班是为幼儿园培养音乐教师,因此,对职中幼师班学生的要求与普通中小学生的要求是有所区别的。尤其对于唱歌教学来说,就要求学生必须具备音乐教学工作中所需要的声乐技巧。在唱歌教学中,如何使歌唱技巧的教学很好地为审美体验服务,是当前唱歌教学的一个值得探讨研究的课题,相信大家看了叶萍老师这份教案对这一点应该是有所启示。

此外,在教学过程中,叶萍老师还注重较好地运用对比方法引导学生对歌曲音乐要素的分析、感受、体验,注重调动学生参与音乐教学活动,使学生不仅仅学习歌唱的基本技巧、学会歌曲,而且还让学生较好地把握《摇篮曲》的情感和音乐风格,提高学生的审美能力。

课例三:

一、教学课题

歌曲《西风的话》。

二、教学目标

(1)学生通过学习用连贯优美的声音,初步能够在富有力度变化中,歌唱秋天的美景,感悟秋天的美景。通过演唱与感悟培养学生热爱自然、热爱生活、珍惜时间等人文素养,使音乐表现与人文素养渗透结合。

(2)通过音乐与生活的紧密结合,与美术、文学的有机整合,让学生在歌曲演唱和欣赏中获得健康的审美情趣和自信愉悦的心情。

三、教学过程

(一)联系生活,创设情境

1. 师生亲切问好

2. 复习歌曲,引导学生走进歌曲,体会西风怎样说话

教师引导:同学们,今天我们接着学习《西风的话》,歌曲中西风是怎样给我们说话的?轻轻地唱一唱,体会体会。

教师出示歌单:

例 6—10

西 风 的 话

廖辅叔 词

黄 自 曲

学生活动:轻轻演唱,重在体会。

3. 引导学生从歌曲中走向生活,体会生活中的风怎样说话

教师引导:歌曲中,西风是这样对我们说话的,在生活中西风又是怎样说话的?(出示课件)

学生活动:

(1)观察图片,聆听风声。

(2)学生自由模仿风声。

(3)把声音训练与风声结合。

(4)集体跟琴练习。

(二)感悟音乐,体验情感

1. 引导学生走进歌曲体会哪些乐句像西风说话

教师引导:现在我们再回到歌曲中来,唱一唱,看哪些地方最像西风在说话。

学生活动:

(1)演唱歌曲。

(2)指出歌曲第一句(根据学生选择进行调整)。

(3)学生演唱第一句。

教学评价。

2. 在感悟中体会"连贯"的演唱与风的形象结合

教师引导:你觉得哪一个字最有"风"的感觉?

学生活动:自由练唱体会,指出是"我"。

教师引导:"我"唱了几个音?

学生回答:四个音。

教师引导:为什么要用四个音?想想和风有什么联系?

学生活动:

(1)齐唱。

(2)谈自己的感受。

(3)用连贯优美的声音表现。

(4)学生完整唱第一句。

3. 在情感激励中,体会渐强的力度,激发学生自信愉悦之情

教师引导:想想歌曲中还有哪儿像风在说话。

学生活动:

(1)指出是第二句。

(2)个别学生演唱,展示自己的个性。

学生活动:齐唱第二句。

教师评价:我很欣赏这个孩子的眼神,从你的眼神中我看见了西风带给你的一种自信心。我很佩服你!

教师引导:同学们,你们就是一缕自信的西风,一起唱起来。

学生活动:集体演唱第二句。

教师引导：大家再想想“变胖又变高”，应该唱得强一点还是弱一点？

学生活动：

(1)唱第二句。

(2)感受应用强一点的力度表现。

(3)用自豪的心情，渐强的感觉演唱第二句。

4. 在秋的意境中启发学生用有控制和富有变化的声音演唱歌曲

教师引导：在西风的眼里，我们变胖又变高。去年，他回去的时候，我们是什么样的？

学生活动：

(1)唱一、二句。

(2)学生结合歌曲谈自己一年的成长和变化。

(3)学生的演唱。

(4)学生谈西风带给大自然的变化。

教师小结：时间真像一个神奇的魔术师，一年四季在不停地轮换，我们也在不断地成长。

教师(出示图片)：看，这就是去年我们在南温泉秋游时见过的荷塘，还记得吗？怎么样？

学生活动：回忆秋游见过的美景。

教师引导：想想最后一句，西风有什么变化？

学生活动：

(1)齐唱三、四句。

(2)结合歌曲想象秋风的变化，越吹越慢，越吹越远。

教师引导：西风吹进了我们的心里，吹醉我们心儿。

学生活动：重点练唱末句，在歌声中感悟，有表情地歌唱。

5. 在观察辨析中，引导学生体会“f”的力度表现

教师范唱二、二、四句。

学生活动：

(1)听范唱观察老师的表情及声音的变化。

(2)学生演唱，体会力度的变化。

(3)学生完整演唱歌曲。

教师评价：在同学们的歌声里，我感觉自己都变成一片枫叶了，听见你们在对我悄悄说话呢。

6. 引导学生用多种方式表现歌曲

教师引导：你们想不想欣赏一下？这边的同学先欣赏，你们可以在歌声中随意想象，这边的同学，我们就是西风，想想我们要用歌声对他们说些什么？

学生活动：

(1)一、二组唱歌曲，三、四组欣赏。

(2)学生互评，欣赏的同学交流自己的感受和体会。

(3)一、二组欣赏，三、四组唱歌曲。

(4)学生互评,学生结合校园秋景和自己的心情交流感受和体会。

(5)个别学生演唱及表现歌曲。

教师评价:谢谢同学们,让我欣赏到这么美妙的歌声。秋天太美了!

(三)音画结合,创造表现

1. 引导学生分组贴画,表现秋天

2. 音画结合、联想想象、综合展示

教师引导:我们用画面表现了美丽的秋天,能不能再用歌声唱出这些画面。体会一下怎样才能把画面唱得更好。

学生活动:集体完整演唱歌曲。

(四)欣赏扩展,评价小结

1. 简介作曲家,欣赏合唱

教师引导:这么美的歌曲是谁写的?

学生回答:黄自。

教师(出示课件)介绍:这就是黄自,他是我国30年代最有影响的作曲家,音乐教育家。他创作的这首《西风的话》深受孩子们的喜爱。

教师引导:我们齐唱了这首歌,我们再来听听合唱,看看给我们带了什么新的感受。

学生活动:欣赏合唱。

2. 学生评价,教师小结

师生评价:唱得真美。我们可以在合唱团的活动中来学习这首歌曲。

教师小结:一首美的歌,它可以用声音表现画面,也可以使美丽的画面永远地留在我们的歌声里,留在我们的记忆中。

(根据谢晓梅老师教案整理)

第七章

音乐欣赏教学法

第一节　音乐欣赏教学的地位和作用

音乐欣赏教学亦是音乐教学中的重要内容，属于学校音乐教学中“感受与鉴赏”领域，尤其是在高中、中师和中专等学校，音乐欣赏教学更是音乐教育的中心内容。在音乐教学中，音乐欣赏往往将“音乐与相关文化”等领域的教学有机融合在一起。我国教育部在2001年7月颁布的全日制义务教育《音乐课程标准》(实验稿)第一部分中首先指出：“音乐课的基本价值在于通过以聆听音乐、表现音乐和音乐创造活动为主的审美活动，使学生充分体验蕴涵于音乐音响形式中的美和丰富的情感……”这里，把“聆听音乐”放在首位，而以聆听音乐为主的音乐欣赏教学活动在音乐教育中的重要地位，应引起我们音乐教师的高度重视。

音乐欣赏教学在音乐教育中的地位和作用可以从以下几个方面来理解：

一、陶冶情操，培养学生高尚的审美情趣

音乐欣赏教学给学生提供了最好的审美实践机会，是培养学生音乐审美能力的重要途径。学生在音乐欣赏教学中得到美的享受并激发他们的兴趣，产生追求音乐美的欲望。学生在感受音乐美的同时，还能够从音乐作品的风格、特点、体裁、结构和题材等方面中理解音乐的内容、哲学的美，尤其是高中阶段的音乐欣赏教学，要求在义务教育阶段偏重的感受、体验、理解的基础上，拓宽音乐视野，提高音乐文化修养，使学生能够用健康向上的审美观点对音乐作品进行鉴赏，能够追求真善美，憎恨假恶丑，逐步培养学生正确的审美观念和高尚的审美情趣。

二、感知音乐，锻炼学生各种音乐能力

音乐欣赏的审美实践方式一般是从音响感知入手，然后进入感情体验，唤起想象与联想，直至通过理解认识来领悟音乐的思想和意境，从而获得美的享受。从以上过程，我们

可以看出，学生感知音乐的过程，也是培养学生对音乐的旋律、节奏、和声、音色等音乐要素（我们也常称为审美因素）感知的过程，学生在感受的基础上进行鉴赏、表现、创造。因此，在音乐欣赏教学中，对学生的音乐音响感知能力、情感体验能力、联想与想象能力、理解认识能力、表现能力和创造能力都是一个极大的锻炼，并促使学生在这些审美过程中褒美贬丑，扬善弃恶，从而发展其音乐审美能力，成为有修养的音乐听众。

三、启迪智慧，开阔学生的艺术视野

音乐欣赏教学具有题材广、容量大、且与其他姊妹艺术联系紧密等特点，在启迪智慧，开阔艺术视野方面可以发挥巨大的作用。首先，古今中外的音乐珍品绚丽多彩，如果仅仅靠学生歌唱或演奏音乐作品，是不能满足学生的需求的。音乐欣赏教学，可以使学生较为全面地了解并学习人类音乐宝库中的珍品。其次，音乐作为人类文化传承的重要载体，它是人类宝贵的文化遗产和智慧结晶。音乐艺术与文学、历史、地理、戏剧、舞蹈、绘画、社会生活等有着千丝万缕的联系。欣赏音乐作品，必然涉及以上相关的知识。尤其是在当前音乐教学改革之中，在弘扬民族音乐文化的基础上，探索音乐教学内容的多元化，广泛研究中、外音乐文化的纵横关系，把我们的音乐欣赏教学放在多元音乐文化的比较之中展开，使学生对中外音乐文化有一个全方位的了解，在学习中，增加多元的思考和多维的视角，识别各种不同风格以及不同文化传统下的音乐特色，认识不同文化背景和文化形态下的音乐异同，体会东、西方音乐文化的区别。凡此等等，无一不使学生能开发智力，启迪智慧，拓宽视野。

第二节　音乐欣赏教学的方法要点

一、引导学生聆听音乐，以探索音乐本质特征为出发点

音乐是声音的艺术，音乐欣赏教学亦应遵循这一特殊特点。教师首先应是引导学生学会聆听音乐，引导学生在聆听音乐过程中去探索、去发现音乐的本质特征，逐步增强对音乐要素的认识，而不是靠教师空洞的说教来解释音乐。因为，无论多丰富的语言也代替不了音乐本身。总之，教师应在音乐欣赏的教学中，用音乐本身的艺术魅力去吸引学生、感染学生、将学生置身在美妙音响世界中，入情、入境、想象、联想、体验音乐、思辨音乐，认识理解音乐的艺术内涵，逐步丰富学生的审美体验。

二、创设多种多样的方法和手段，以帮助学生进入音乐

音乐欣赏活动是一种音乐实践活动，聆听音乐是这种实践活动的主要方式之一，根据中学生的生理和心理特点，教师还应创设多种多样的方法和手段，使学生在聆听音乐的同

时，引导学生将身体的各种感官都充分动起来，“参与”到音乐活动之中，形成一种综合性的生动活泼的音乐欣赏教学。常见的做法是：

（1）创设多种多样的音乐欣赏课型：如既可以是以题材为中心的音乐欣赏课，也可以是以音乐作品的体裁为中心的音乐欣赏课；既可以是以演唱（奏）形式为中心的音乐欣赏课，也可以是以作曲家为中心的音乐欣赏课；既可以是以乐器品种或类别为中心的音乐欣赏课；也可以是以曲式结构为中心的音乐欣赏课等等。

（2）将音乐与姊妹艺术有机结合来开展音乐欣赏教学，如将美术、录像及电影片断用现代化教学手段有机结合于音乐欣赏教学之中，使学生随之可以产生视觉与听觉互通的联想，亦可以获得极好的效果。

（3）引导学生在听音乐的同时，用歌唱、用乐器的演奏等各种方式将身体的动作和表演“参与”到音乐活动之中，也是帮助学生进入音乐的较好的方式。“参与”的动作不一定要多，旨在重在“参与”，如和乐敲击每一乐句的第一拍；或是用母音哼唱音乐主题；或是运用乐器演奏音乐主题；或采用固定音型为音乐主题配伴奏；或是和乐做出相应的动作；或是用笔在纸上随着音乐即兴画画等等。

（4）在音乐欣赏教学过程中，还应当组织学生讨论。引导学生讨论聆听音乐中自己探索、发现的音乐特点、体裁特点及音乐风格等等，这既能使学生之间相互启发，又能更好地帮助学生学会音乐思维，从不同角度深入到音乐的各个方面。通过讨论，使学生获得一种参与音乐欣赏教学活动的主体地位，形成学习音乐的良好氛围以及创造音乐生活的积极态势。

三、音乐欣赏教学应体现以下教学指导思想

整体感知——主题分析——整体感知

音乐欣赏教学的形式和过程是多种多样的，每位教师都可以根据自己学生的特点和教学内容设计不同的教学形式。但一般来看，在教学中，首先让学生对音乐整体感知是必要的，即让学生聆听完整的音乐作品，以便初步把握音乐作品的情绪、意境、风格。教师可以做一些简略提示，或简介相关音乐文化知识，或让学生初步讨论，逐步将音乐欣赏教学引向深入。这时，可以让学生带着一些问题分段欣赏音乐，将教学的重点放在引导学生探索、讨论、分析各段音乐主题。音乐主题是音乐作品的核心，是乐思形成和发展的基础，它一般集中体现了音乐作品的情绪、形象、思想、风格和个性。因此，让学生准确地辨认音乐主题，并把握主题音乐的形象，进而感知音乐要素在音乐中的表现作用，使学生认识音乐作品的风格、体裁等特征，并让学生根据自己对音乐的理解，为音乐主题编配各种活动，如节奏参与或编配伴奏音型等等。最后，再让学生完整地欣赏音乐作品。

还可以让学生在欣赏过程中把自己编创的音乐活动加入进去，使他们从更高的层次上完整地理解音乐。

第三节　音乐欣赏教案及简评

课例一：

一、教学课题

欣赏舞剧《天鹅湖》第一幕终场音乐和第二幕“天鹅之舞”。

二、教学目标

通过欣赏《天鹅湖》的这两段音乐，培养学生音乐想象力和创造性思维，让学生在参与欣赏教学实践活动中成为课堂的主体。通过各种方式让学生自己去感受音乐、体验音乐的内涵，明白不同的音乐要素可塑造出不同的音乐形象。

三、教学过程

（一）组织教学（略）

（二）欣赏舞剧《天鹅湖》的第一幕终场音乐

1. 欣赏作品并请学生思考

(1)作品名称。

(2)作曲家的名字。

欣赏后，教师提问：谁能哼出这段音乐的主题？

一学生用“lu”音哼唱主题。

全体学生用“lu”音哼唱主题。

教师出示音乐的“天鹅主题”（例 7－1），并请学生回答该作品的名称和作曲家的名字。

例 7－1

1 ＝D $\frac{4}{4}$　　天鹅主题

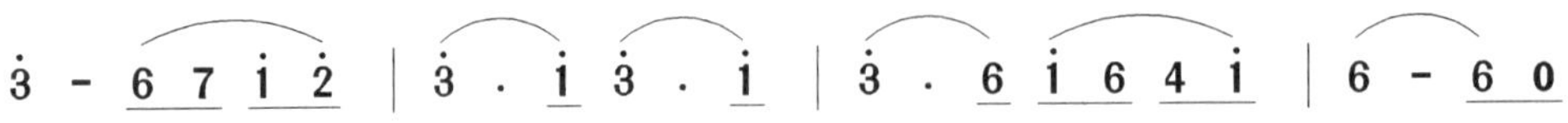

3̇ - 6 7 1̇ 2̇ | 3̇ . 1̇ 3̇ . 1̇ | 3̇ . 6 1̇ 6 4 1̇ | 6 - 6 0

2. 作品简介

(1)播放关于音乐厅管弦乐队演出场面的录像,教师随着播放的画面简介作曲家柴可夫斯基(略)。

(2)教师问学生:有谁知道《天鹅湖》的故事?

(3)两位学生起来互相补充讲述《天鹅湖》的故事。

(4)播放舞剧《天鹅湖》的录像片断,教师同时简介《天鹅湖》。

3. 再欣赏《天鹅湖》的第一幕终场音乐

要求学生:

(1)思考这段音乐分几个部分?

(2)乐曲开始是用什么乐器演奏天鹅主题?伴奏是什么乐器等?

(3)请用自己的方式表达对这段音乐的感受。

①请一位学生上黑板用自己的方式表达对音乐的感受。

该学生一边听音乐,一边用粉笔在黑板上画出如:

图 7—2

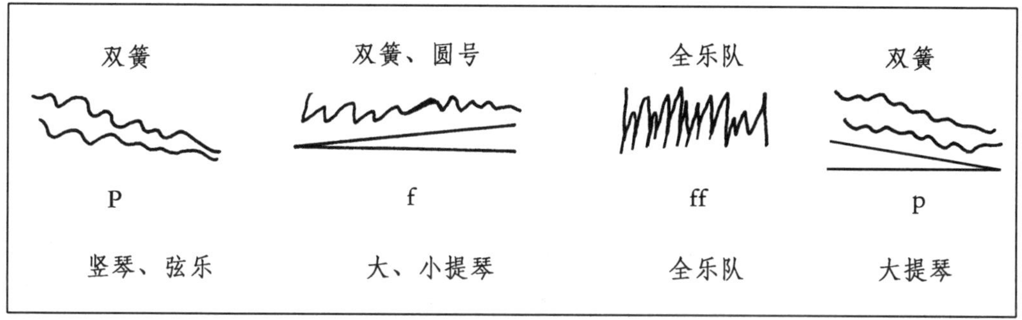

其余同学在自己座位上分别用笔或绘画、或画些线条等。

②欣赏音乐后,请学生讲解自己的"画"所表现的音乐。

③再分别请几位同学展示并讲解自己如何用笔表达音乐的。

④教师简评,充分肯定学生各自的表达方式。

4. 教师简介"舞剧"的概念

5. 分析(例 7—1)音乐特点

(1)学生用"lu"音哼唱"天鹅主题"。

(2)讨论这段音乐特点:

情绪忧伤,调式为小调式

6. 学生用"lu"音哼唱中段音乐

7. 讨论中段音乐特点

情绪逐渐激动,调式为大调式。

8. 继续讨论分析出全曲各部分音乐特点、情绪的变化(略)

9. 请校乐队队员准备演奏这段音乐;同时其余同学讨论怎样为这段音乐编创节奏等

表现方式

学生一建议:开始,唱“lu”,中段唱“啦”,结尾用哼鸣。

学生二建议:开始用双簧管演奏,中段用弦乐演奏,结尾只用大提琴演奏。

10. 综合上述学生的建议,教师弹钢琴伴奏与乐队、全体同学共同表演这段音乐

11. 教师小结,对同学们的表演给予充分肯定和鼓励

(三)欣赏舞剧《天鹅湖》的第二幕《天鹅之舞》

1. 欣赏作品并请学生思考

这段音乐与刚才欣赏的音乐情绪有什么不同?

2. 讨论得出:音乐欢快——表现了四小天鹅活泼游戏的形象

教师进一步引导得出使音乐情绪变化的主要因素是节奏。

3. 学生哼唱二小节音乐主题

例 7—3

0 1 1 1 1· · 7 1 2 1 | 7 2 2 2 2 · 1 2 3 2 |

4. 分组讨论:如何为这段音乐主题编配节奏(约 3 分钟)

5. 小组交流自己小组所编配的节奏

一小组学生采用拍手:X X X X X X

二小组学生采用跺脚:X X X X

三小组学生建议用大提琴、钢琴等合乐演奏节奏音型。

四小组学生建议用大提琴、钢琴演奏 6 3 6 3

6. 合奏

全体学生分别练习一、二小组编配的节奏,再逐步加进乐队演奏三、四小组的编配音型,形成以下形式:

例 7—4

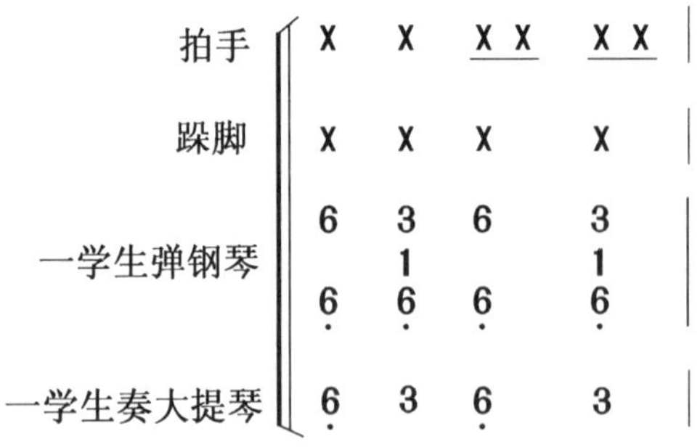

拍手	X	X	X X	X X
跺脚	X	X	X	X
一学生弹钢琴	6 6	3 1 6	6 6	3 1 6
一学生奏大提琴	6	3	6	3

7. 再欣赏《天鹅之舞》

要求:当音乐主题出现时,全体同学合乐按上谱例表演。

（四）比较欣赏

1. 欣赏《天鹅之舞》舞剧录像，但播放的却是《狮王进行曲》的音乐

2. 学生思考讨论

音乐与图像情节是否相符？找出其不相符合的原因。

因为图像情节表现轻盈欢快，而音乐却沉重。

教师小结：舞剧音乐在舞剧中的作用、地位（略）。

3. 再欣赏舞剧《天鹅湖》片段，但却不播放其音乐

4. 讨论

（1）给人以什么样的感受？

（2）舞剧音乐的特点及其作用。

5. 教师总结舞剧音乐特点

（1）舞剧音乐能塑造人物形象。

（2）舞剧音乐表现人物性格。

（3）舞剧音乐表现不同的思想感情和思想内容。

（4）舞剧音乐能烘托气氛。

（5）舞剧音乐和舞剧是不可分割的。

“舞剧是看得见的音乐，音乐是听得见的舞蹈”。

（根据张熙老师教学录像整理）

简评：

张熙老师的这节高中音乐课获得第二届全国中小学音乐课（录像）评比一等奖。

这节音乐欣赏课的主要特点是，在欣赏音乐的教学过程中，教师注重引导学生采用各种方式参与音乐审美实践活动，如或让学生为主题音乐编创伴奏节奏型，或让学生用母音“lu”或“啦”演唱主题音乐，或让学生运用双簧管、小提琴、大提琴等乐器演奏主题音乐或为主题音乐配奏等等，让学生在音乐审美实践中感觉、体验音乐要素及音乐情感。音乐课中既有让学生在静中用心灵体验音乐，也有让学生在动中去创造性地欣赏音乐，并通过不断地讨论启发、对比欣赏提高学生对音乐理性的认识。使学生在音乐审美实践活动中发现音乐审美的乐趣，进而培养学生的音乐兴趣，提高学生音乐审美能力。

在这节音乐课中，教师还注重了将音乐欣赏教学与学生创造能力的培养有机地结合起来，既有让学生创编节奏和伴奏音型，也有让学生按自己的方式表述音乐（如画图画、画线条），这些方法都有效地引起学生对所欣赏音乐作品的关注和联想，也有利于进一步引导学生对音乐要素和风格的深入认识。这样的欣赏教学，不仅使学生在欣赏音乐的过程中获得审美体验、陶冶情操，还可以使学生获得创造能力，从而达到素质教育的目的。

课例二:

一、试教课题

欣赏《玩具兵进行曲》。

二、教学目标

(1)培养学生对音乐的兴趣,引导学生感受、体会和表现乐曲雄壮有力而又愉快活泼的情绪特点,了解进行曲的风格特点。

(2)面向全体学生,激活学生的表现欲望和创造冲动,鼓励学生在主动的参与中展现个性和创造才能,充分发挥学生的想象力和创造性思维。

三、教学过程

(一)组织教学(略)

(二)故事导入欣赏教学

同学们,老师先请大家听一个故事:(录音片段)……耶塞尔渐渐地进入了梦乡,他做了非常有趣的梦,你们想知道吗?让我们静静地听音乐,音乐会告诉我们,耶塞尔做了个怎样的美梦。

初听全曲,感受乐曲音乐特点。

(三)重点欣赏

引子和尾声:聆听片段,启发想象,调动情感,激活创造,展现个性。

1. 导入

刚才我们听到的进行曲是德国作曲家耶塞尔创作的《玩具兵进行曲》。耶塞尔用这首乐曲,讲述了他小时候做的那个有趣的梦:那天晚上,耶塞尔刚刚睡着,那些顽皮可爱的玩具兵偷偷地爬出玩具箱,他们一会儿列队操练,一会儿嬉戏玩耍,天刚蒙蒙亮时,他们发现小主人快醒了,就惊慌地逃回箱子去。耶塞尔起床,打开箱子一看,玩具兵东倒西歪一动不动地躺在里面。哦,原来是一场美梦!

2. 提出要求

现在,让我们一起来听一听,乐曲中的两个片段,一边听一边想,哪个片段表现玩具兵从箱子里出来?哪个片段表现玩具兵逃回箱子里去?

3. 听赏引子和尾声

学生发言后,小结出:第一首是表现玩具兵逃回箱子里去?第二首是表现玩具兵从箱子里出来？

4. 听“引子”

玩具兵是怎样走出箱子的？

(1)听。你能学一学在音乐中想象的玩具兵吗？怎样的表情，怎样的动作？

(2)学生模仿表演(一组请几位同学)，然后这几个同学随音乐节奏同时表演，音乐停止时保持姿势不动(鼓励，发奖：表演真好，送小口哨)。

5. 听“尾声”

玩具兵发现小主人快醒了，是怎样逃回箱子里去的？

(1)听。玩具兵的表情怎样？(惊慌)动作怎样？(快)

(2)最后的结束音是很弱还是很强？(强)使你想到了什么？这时玩具兵还能动吗？(一动不动、姿态各一)

(3)请你想象一个玩具兵的姿势，老师数“一二三”，数完后，请你一动不动模仿玩具兵的动作、表情，我希望看到姿态各不相同的可爱的玩具兵。

(4)老师带来一些玩具兵，想看吗？(实物投影)

(5)现在让我们随音乐节奏模仿玩具兵原地踏步，发现主人醒了，加快步伐逃回到箱子里，结束音时，做一个最特别的玩具兵动作一动不动。我想，你们独特的姿态一定比它们(投影)更可爱！

6. 评价

老师和同学们一起随音乐表演这个情景后，再开展自评、互评、师评相结合的课堂评价(大家评出表演好的同学，老师奖给一只小口哨)。

(四)打击乐合奏，让学生主动参与，培养合作意识

1. 导入

(课件图片)请大家看看，这些士兵在做什么？对，他们在奏乐呢！让我们和他们一起玩好不好？

2. 探索式学习

(1)老师这里有三种打击乐器，请小朋友来试试，可以怎么玩。

(2)请同学们把打击乐器拿在手上，试着玩一玩，看看有哪些玩法。

(3)分组(碰钟、圆舞板、铃鼓)请学生分组展示本组乐器的玩法，其他同学补充。

(4)请同学们轻轻放下乐器。

(5)小结：同学们真能干，想出了那么多玩法。

3. 声音与图形的结合练习

现在我们来看图做基本练习

(1)请看卡片，哪一种图形表现铃鼓的声音？指导学生用模仿动作和声音练习。

(2)对比选择：听听碰种和圆舞板的声音，有什么不同，用什么图形表示？指导学生用模仿动作和声音练习。

(3)出示图形谱(见图示如下):

，，～～～～～～～～ ●●●

，，～～～～～～～～ ●●

①学生分乐器组练习演奏。

②学生随老师指挥演奏图形谱(模仿动作、声音练习)。

③用打击乐器随老师指挥进行演奏。

④用打击乐器随学生指挥进行演奏。

4. 运用打击乐器为主题音乐配奏

教师:现在让我们和玩具兵一起演奏。

(1)随主题音乐,教师按图形谱指挥演奏。

(2)随主题音乐,学生按图形谱指挥演奏。

(3)一边完整地听赏音乐,一边随教师指挥进行演奏。

5. 综合表演

让音乐带着我们到耶塞尔的梦中去扮演可爱自信的玩具兵。(师生共同组成玩具兵的行列,随音乐去演奏,去操练,去玩耍,中间看指挥官的手势加入口哨的吹奏,结束时敲响最后一个音,并做一个玩具兵的姿势定格不动)

完整欣赏乐曲,随指挥在乐曲的主题音乐出现时,加入综合演奏。

(五)课堂小结

今天,耶塞尔用音乐给我们讲了一个有趣的梦,可那活泼而有力的《玩具兵进行曲》将时常回荡在我们的耳旁,给我们留下愉快而有趣的美好回忆。

(1)有兴趣的小朋友可以用自己喜欢的方式,比如绘画呀,用橡皮泥呀,把今天音乐带给我们的美好感受表现出来。

(2)请看,这是二班同学的作品(展示:多漂亮、多可爱呀!)。

(3)鼓励:相信我们四班的孩子能做出更多更好的、自己心爱的作品。

结束语:

我们也可以像耶塞尔那样,用音乐把自己的感受表达出来。

下课。

(根据雷燕老师教案整理)

第八章

器乐教学法

第一节　器乐教学的地位和作用

器乐教学是学校音乐教育内容的有机组成部分之一，属于学校音乐教学中的“表现音乐”领域。器乐教学在我国中师、幼师和职业中学主要是钢(风)琴的教学，而普通中小学则主要是竖笛、口琴等小型乐器的教学，它是一种易为学生所接受并喜爱的音乐艺术教育形式。器乐教学的作用及要求从以下几个方面来理解：

一、器乐教学能够激发学生学习音乐的兴趣

音乐分为声乐和器乐两大类。因此，器乐和歌唱都是音乐的重要表现形式，都具有培养学生审美素质的作用。当学生学会用乐器表现音乐时，他们的音乐学习兴趣会不断提高，自我表现欲望会得到满足，有效地发挥音乐教学的审美教育功能。尤其是中学阶段，学生逐步进入变声期，他们的歌唱能力在一定程度上暂时弱化的情况下，这时开展器乐教学可以说是一种有效的补偿，从而调动学生学习音乐的积极性。再者，器乐教学还可以丰富音乐教学内容，调节课堂气氛，增强音乐课对学生的吸引力。

二、器乐教学可为学生另辟领略音乐的途径

音乐教师的职责之一就是帮助学生走进音乐，进而感知音乐和表现音乐。乐器丰富多彩的音色和独特而多样化的表现技能，为学生另辟了领略音乐的途径。当演奏竖笛、牧童笛等乐器时，可使学生体验到其轻巧明快的声音；当演奏口琴、电子琴时，那优美和谐的声音使学生获得愉悦；当演奏各种打击乐器为歌曲简单伴奏时，更是可以让学生轻松地进入音乐，使学生在器乐演奏活动中享受到美的愉悦，受到情感的陶冶。此外，器乐的题材、体裁、风格的多样性，使音乐教学的内容更加丰富，这样能扩大学生接触音乐的范围，进一步促进学生感知音乐、体验音乐，理解音乐。

三、器乐教学有利于培养学生各方面的能力

在器乐教学活动的过程中，通过学习演奏乐器和合奏训练，使学生能够较好地获得节奏感、音高感、和声感等音乐能力，发展学生对音乐的感受、理解、表现以及创造音乐的能力。在器乐演奏过程中，学生通过目光视谱、大脑思音、手奏乐器、耳闻音响等多种器官的协作活动，有利于促进学生器官的协调发展，激发学生的音乐思维及其他思维，使学生的观察力、理解力、记忆力、想象力及操作能力等得到综合发展，提高学生理论联系实际、集体合作的能力。此外，学生在器乐练习或参与齐奏、合奏时，往往会遇到各种各样的困难。这些困难不仅反映在音乐艺术的表现上或演奏技术上，也反映在学生的意志品质上。因此，通过音乐教学帮助学生克服困难，既增强学生克服困难的勇气，也培养学生坚强的意志品质。同时，器乐合奏的练习，还可以潜移默化地陶冶学生集体主义的精神和团结协作的精神。

第二节　一般小型器乐的教学方法要点

一、器乐教学应把激发学生学习器乐的兴趣放在首位

兴趣是学生学习音乐的动力。器乐教学同样应体现这一基本理念。教师可以通过自己富有感染力的范奏；也可以让学生欣赏优质乐器演奏的音乐录音或录像；也可以在教学中恰当地进行竞赛或奖励等多种练习方式；也可以给学生展示乐器实物或图片；也可以与歌唱、欣赏、创作教学等相结合，如器乐的练习曲应选择学生熟悉的歌曲、乐曲片段来引入；采用课内、外相结合等等方法。这些方法均有利于学生器乐学习兴趣的持久保持。

二、坚持器乐教学为音乐审美体验服务的教学指导思想

学校音乐教育是审美教育，器乐教学应为音乐审美体验服务的教学指导思想必须确立。

普通中学的器乐教学主要不是培养演奏家，而是通过器乐教学使学生更加喜爱音乐，培养学生对音乐艺术的感情及感知音乐、表现音乐、创造音乐的能力。每位音乐教师要摆正器乐教学的立足点及位置。虽然器乐教学要涉及其技能技巧训练问题，但应是在音乐表演的实际经验中顺带地操纵它们，而不是机械地、枯燥地、大量地重复操练。器乐教学中，教师应引导学生在演奏乐器过程中注意自己演奏乐器声音是否具有美感；另外，可以采用分散难点等方法，引导学生在乐器的练习中对自己演奏的音乐作技术和情感处理，始

终使学生在乐器的演奏中体验到乐趣，表达音乐的美感。

三、器乐教学的过程中要注重对学生音乐能力的培养

在器乐教学过程中，教师应注重对学生音乐能力的培养，学生在乐器演奏和表现音乐、创造音乐的同时，也是学生音乐水平和音乐能力提高的过程，更是培养学生感知音乐、体验音乐能力的过程，逐步培养、发展学生的音乐审美能力，提高学生的音乐文化素质。

四、器乐教学要循序渐进

器乐教学要求教师应有一个长远计划，根据班级学生的情况来循序渐进，稳步前进。任何过急、过高的要求都容易使部分学生由于学习吃力而失去兴趣，挫伤学生的信心。在教学中要注意由浅入深、由易到难，不要跨越太大。如在新课的器乐教学中，先让学生读谱视唱，熟悉自己所演奏的曲调（或声部），让学生在探讨如何演奏的思考基础上，教师再进行重点讲解和示范乐曲的演奏要领，可以收到理想的效果。

五、器乐教学要注意控制音量

器乐教学的过程中，尤其当运用打击乐器时，教师要引导学生学会控制音量。打击乐器一则经济，设备便宜；二则学生操作简单易行，容易入门，人人都可以学会，容易激发学生兴趣。但打击乐器音量较大，尤其是练习时，容易形成噪音。教师在引导学生学会控制音量时，可以采用一些措施，如可以让学生分组练习，还可以在锣鼓等打击乐器上贴上胶布或绒布，使它们音量变小等等。

第三节　钢(风)琴的教学方法要点

我国音乐教育体制改革正值深入发展时期，就目前这一过渡时期来看，钢（风）琴教学是现在中师、幼师和职业中学音乐教学中的一项重要内容，是培养合格的小学、幼儿园音乐教师的一门基础课。从学生今后胜任小学和幼儿园音乐教师工作基点出发，钢（风）琴的教学主要是培养学生自弹自唱、为歌曲即兴伴奏和演奏能力。钢（风）琴的教学方法要点可以从以下几个方面来理解：

一、突出师范性，注重学生能力培养

中等师范的钢（风）琴的教学，应把突出师范性，注重学生能力培养放在首位。当代音

乐教育发展要求师范生必须具备音乐教育能力和综合音乐能力。在钢(风)琴的教学过程中,应一切从学生需要出发、从基础音乐教育需要出发来进行教学工作。因此,教师既要培养学生掌握演奏钢(风)琴的基本方法,同时,更要加强对中、小学及幼儿园教材上的歌曲进行编配和自弹自唱能力的训练,并使之能较好地运用于音乐教学,为学生从事小学和幼儿园的音乐教学工作打下良好的基础。

二、既注重技能技巧的学习,更注重音乐的审美体验

作为小学、幼儿园音乐教师的职业要求,钢(风)琴的教学需要对学生进行技能技巧的教学,在教学中应避免脱离实践的纯理论讲解,而应精讲多练;与此同时,在技能技巧的教学中,更要注重引导学生对音乐的审美体验。教师应在准确并富有表情地对乐曲进行范奏的基础上,既要指导学生对乐曲本身的练习,还要指导学生学会查阅研究与此相关的资料,如作曲家的生平、简历、创作动机、背景以及作品的风格、流派等等,引导学生把握作品的音乐文化内涵。学生在演奏音乐作品的同时,他们既是弹奏者,又是欣赏者,教师还应要求学生学会用耳审美地倾听音乐,用脑去充分地想象音乐,用心深刻地感悟音乐,让音乐演奏技术很好地为音乐的审美体验服务,并使音乐演奏技术得以更进一步完善与提高,进而启发学生学会正确地进行演奏处理和创造性地表现音乐。

三、课堂集体教学与课外分别辅导相结合的教学形式

我国中等师范学校长期的教学实践证明,中师的钢(风)琴教学宜采用把课堂集体教学与课外分别辅导相结合的教学形式。课堂集体教学是指教师采用大班集体课形式,集中讲授演奏要领和方法,使学生初步了解弹奏要领,以便学生课后练习。在进行集体教学时,教师可以和学生共同对音乐作品进行分析、观察,教师还应进行富有表现力的范奏,并引导学生思考应该采用何种演奏方法来表现音乐,对作品的重点、难点教师还可以让学生在自制的键盘图上进行指法和音位练习。课外分别辅导是教师在学生练琴的时间进行巡视、辅导。通过分别辅导,及时发现问题、纠正错误,进一步传授正确的练习方法,帮助学生掌握弹奏技术,以提高教学质量。

四、采用多种多样方式激发学生的进取精神

在钢(风)琴的教学中,教师应结合中等学校学生的心理,教书育人,因势利导,采用各种方式来激发学生的进取精神。例如,在学生刚开始学习钢(风)琴时,往往会感到好奇,产生渴望学习的心理。这时,教师要引导学生将好奇心理转化为学习的热情;在课堂教学中,可以采用竞赛、表演等方式,给学生充分表现的机会,激励学生积极主动学习;也可以请几位学生演奏自己处理的作品,而后根据同学弹奏情况及出现的问题展开讨论;还可以

定期举行小型的学生汇报演奏会，汇报演奏会应包括独奏、即兴伴奏和自弹自唱等内容。总之，通过各种形式来满足学生的表现欲望，增强信心，进而充分调动学生积极主动地学习。

第四节　器乐教案及简评

课例一：

一、教学课题

歌曲《吹草哨儿》的学唱及口风琴演奏教学。

二、教学目标

通过学唱歌曲《吹草哨儿》，并与口风琴演奏相结合的过程，学生在演唱歌曲中感受音乐的美和春光的美，同时继续学习口风琴的吹奏方法，并运用口风琴演奏歌曲和为歌曲即兴编创伴奏音型，在唱、奏活动中提高学生的兴趣，并体会唱、奏表现歌曲的快乐。

三、教学过程

（一）教学引入

学生随音乐节奏拍手进入课堂，到座位坐下后，继续随音乐节奏自由组合声势练习。

（二）基础训练

1. 练唱

（1）学生哼鸣“标准音 a”。

（2）教师用柯尔文手势指挥演唱以下几组练习：

例 8—1

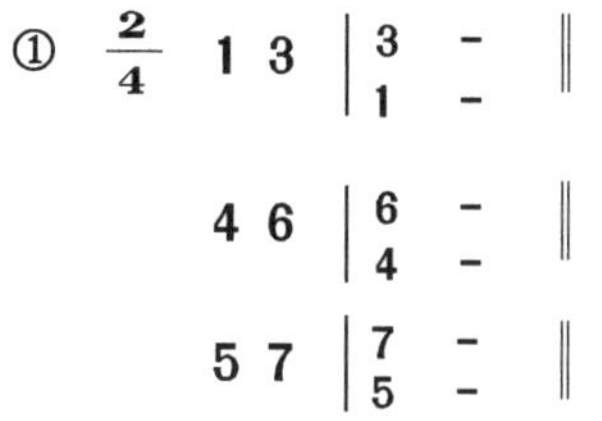

① $\frac{2}{4}$ 1 3 | $\begin{matrix}3\\1\end{matrix}$ $\begin{matrix}-\\-\end{matrix}$ ‖

4 6 | $\begin{matrix}6\\4\end{matrix}$ $\begin{matrix}-\\-\end{matrix}$ ‖

5 7 | $\begin{matrix}7\\5\end{matrix}$ $\begin{matrix}-\\-\end{matrix}$ ‖

② 2/4
1 3 | 5 6 | $\dot{1}$ 6 | 5 3 | 1 - ‖
1 - | 3 - | 5 - | 3 - | 1 - ‖

2. 口风琴练习

(1)音阶吹奏练习。

(2)教师用柯尔文手势指挥演奏以下几组练习：

例 8—2

① 2/4 1 3 | 3/1 - ‖

4 6 | 6/4 - ‖

② 2/4
1 2 | 1 3 | 1 4 | 1 5 | 6 5 | 3 1 ‖
1 - | 3 - | 1 - | 5 - | 3 - | 1 - ‖

(3)复习：

①学生集体演奏上次课的练习“小乐曲”。

②请几位学生分别演奏表演。

③师生共同对几位同学的演奏简评。

④教师指出不足，再次范奏“小乐曲”的第二乐句。

⑤学生演奏“小乐曲”的第二乐句。

3. 视唱和视奏的练习

例 8—3

步骤：

(1)教师出示小黑板的曲谱见(例 8—3)。

(2)学生分声部自由视唱几分钟。

(3)学生分声部独立用口风琴视奏三分钟。

(4)教师出示用大硬纸板做的口风琴的键盘示意图，指导学生练习吹奏以下几组音，并提示演奏方法。

1 6；1 4；5 #4 5

(5)高声部完整演奏。

(6)低声部完整演奏。

(7)学生分声部合奏。

(三)学唱新歌《吹草哨儿》

1. 出示歌单(见例 8—4)，并放歌曲录音

例 8—4

吹草哨儿

风趣地

金 旭 词
朴相俊 曲
紫 荆译词

多好听，云雀惊，展翅飞入云。
多好听，鲤鱼惊，结队水面行。
多好听，蓓蕾惊，窗旁传花信。
低头看，拖拉机，忙耕耘，忙耕耘。
水库宽，清粼粼，好风景，好风景。
金达莱，最先开，笑冰凌，笑冰凌。
春光一刻值千金，莫耽误节令。
天高水阔凭鱼跃，满眼是银鳞。
春天一到雪融尽，原野花似锦。
哔哩哩哔哩哩哔哩哩
万紫千红春天又来临。
1.2.
摘草叶，口中吹，哨音像银铃。

2. 学生朗诵歌词并讨论歌曲情绪后，教师介绍歌曲(略)

3. 学生分声部自己独立视唱曲谱

4. 学生分声部视奏曲谱(先高声部，后低声部)

5. 学生分声部合奏曲谱

6. 学生分声部跟琴唱词

7. 讨论如何为该歌曲配奏及艺术处理

(1)发给学生打击乐器并讨论出打击乐器的伴奏音型。

(2)讨论出口风琴的几种伴奏音型(注:均采用固定音型)。

8. 唱奏结合

全班一半同学演唱、另一半同学伴奏，进行唱奏结合的表演，之后交换进行唱奏结合表演。

简评:

这篇教案是根据观摩音乐教学内容相同的公开课整理。

中、小学音乐课大多是采用综合课的形式，这篇教案就是将音乐的歌唱教学与器乐教学有机结合，既适合小学生的年龄特征，又增加了音乐教学的情趣，还培养了学生表现音乐的能力。虽然时间相隔已久，这两次观摩课的时间、地点已记不清了，但是同学们兴高采烈积极参与唱、奏表演的动人情景却给人留下不可磨灭的印象。采撷整理出这篇教案，奉献给从事和即将从事音乐教育的师生们，相信一定有所收获。

这篇教案的教学设计周密，层层递进，具有较强的内在联系，其歌唱教学与器乐教学有机结合，并且相互促进，使学生既学会演唱歌曲，又学会演奏歌曲，尤其是全班同学最后对歌曲唱、奏结合的表演，对学生情绪鼓舞很大，既使学生分享音乐艺术的美感，又让学生体验唱、奏表演成功的喜悦。

课例二:

一、教学课题

(1)分析歌曲《送别》并给它配伴奏。

(2)学习给歌曲伴奏的基本步骤。

二、教学目标

(1)通过对歌曲《送别》的学习，学生对歌曲的综合分析能力得到提高，并在学唱和弹奏中，激励学生热爱今天的幸福生活，团结友爱，珍惜今天的同学、师生情谊。

(2)学习掌握歌曲伴奏的基本步骤。

三、教学过程

(一)组织教学(略)

(二)复习讨论

(1)和弦选择的基本方法?

学生讨论(略)。

(2)常见的音型及其特点?

学生讨论(略)。

(三)小结旧课导入新课

教师:从同学们的讨论可以看出，上一次课同学们学习的和弦选择的方法，常见的音型及特点，同学们对这些基本知识掌握得较好。这为我们今天学习给歌曲配伴奏打下了坚实的基础。下面我们以《送别》为例学习给歌曲配伴奏。

(四)欣赏歌曲《送别》

例 8—5

送　别

李叔同词　奥德威曲

教师提问：这首歌曲的音乐形象是什么？

学生回答，教师归纳板书：悲愤、伤感、无奈。

（五）视唱曲谱，分析旋律及歌词

1. 看幻灯，跟琴视唱，老师板书乐谱

教师提问：(1)乐曲的调式？(2)乐曲可以分为几句？(3)乐句间的关系？

学生讨论，教师归纳总结：这首歌曲是一首大调歌曲，一共分为四个乐句。这首歌曲乐句间是一种起承转合的关系。第一句、第二句、第四句的构成基本相同，第二、四句则完全相同，只是第三句有了较大的变化。整首乐曲的旋律起伏不大，节奏舒展。

2. 分析歌词

歌词前面采用静动结合的描写方法。首先是静态描写："长亭外，古道边，芳草碧连天"。交代时间、地点，接着是动态描写："晚风拂柳笛声残，夕阳山外山"。把友人置于一种特定的环境之中，给人一种"未见其人，先闻其声"的感觉，为后面歌词直接抒发感情作了很好的铺垫。歌词后两句:“天之涯,地之角,知交半零落”,是作者抒发自己的感情,表现离别的惆怅、伤感和无奈之情,也是对时事的一种控诉。“一瓢浊酒尽余欢,今宵别梦寒”。作者用非常普通的行为描写及祝福之语,把主人送友的心情表达得淋漓尽致。

3. 给乐曲确定音型(难点的解决)

学生讨论,老师归纳:通过对歌曲词曲的分析,第一、二、四句可以选用较平稳的、舒展的分解式伴奏音型(用带旋律的弹法),而第三句是乐曲的高潮所在部分,为了把作者的那种对时事的控诉之情表达得更明显,我们可以选用音量较强的双音或三音来弹奏。

例 8—6

4. 为乐曲选择和弦

由学生讨论,教师归纳(见例 8—5)。

5. 把所选择的和弦及基本节奏写成伴奏音型(见例 8—5)

学生讨论,教师归纳。

6. 请学生弹奏这首乐曲,并逐步进行修改填充

7. 教师弹奏修改后的伴奏音型,并请一同学演唱,检查配弹效果

(六)请同学们讨论,归纳总结歌曲配弹伴奏的基本步骤

(1)学唱乐谱,确定调式。

(2)给歌曲分段和分句。

(3)给歌曲选择和弦。

(4)根据歌曲的特点选择音型。

(5)把所选的和弦及音型写成伴奏音型。

(6)修改定稿。

(七)检查教学效果

请学生按编配好的乐谱弹奏(注意情感处理)。

四、课堂小结,布置作业

(1)弹奏《送别》。

(2)给《国歌》配弹伴奏。

板书设计

歌曲配弹的基本步骤——《送别》

(1)《送别》这首歌曲的音乐形象:悲愤、伤感、无奈的。

(2)乐曲的特点及音型选择:

第一、二、四乐句,可选用较平稳的、舒展的分解式音型。

例 8—7

第三乐句,右手可选用双音或三音的伴奏音型,以表达作者的感情。

例 8—8

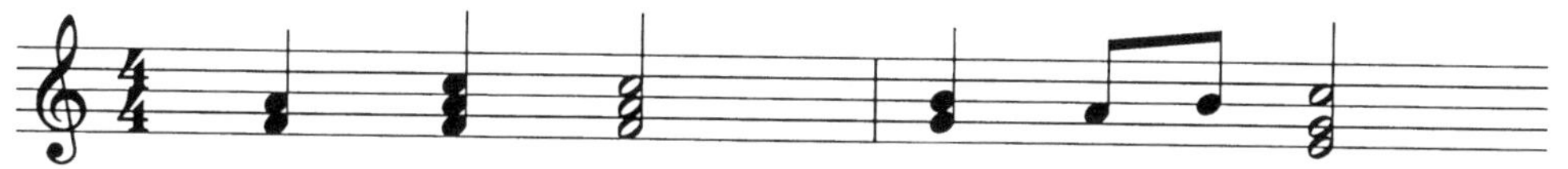

(3)歌曲配伴奏的基本步骤:

①学唱乐谱,确定调式。

②给歌曲分段和分句。

③给歌曲选择和弦。

④根据歌曲的特点选择音型。

⑤把所选的和弦及音型写成伴奏音型。

⑥修改定稿。

(根据刘兴元老师的教案整理)

教案简评

这篇教案是刘兴元老师为艺术师范学校学生上课的一个课例。中师、艺术师范学校、职业中学的幼师班的钢(风)琴的配奏课,是钢(风)琴教学的一项重要内容。由于中师这类学校是培养小学、幼儿园的音乐教师,因此,在钢(风)琴的教学中,既要要求学生掌握演奏钢(风)琴的基本技能技巧,同时,还要求学生能够运用所学的乐理、和声等音乐知识,来为儿童歌曲进行配奏,因此,钢(风)琴的配奏教学,是一项综合音乐知识与技能技巧的音乐课。

刘兴元老师的这份教案,重点突出,教学层次分明。首先,注意了引导学生从分析歌曲《送别》的音乐形象、情绪、调式、结构等音乐要素入手,然后,在师生共同讨论的基础上,引导学生运用所掌握的音乐知识选择适合歌曲的和弦及其伴奏音型,最后再讨论归纳出为歌曲配奏的基本步骤。这节音乐课不仅教给学生演奏这几种音型的方法，而且还使学生了解了如何为歌曲配奏的方法和基本步骤，这对于即将从事小学、幼儿园音乐教学的中师、艺术师范学校、职中幼师班的学生来讲，是非常重要的。

课例三：

一、试教课题

学弹《练习曲》、《识谱歌》。

二、教学目标

(1)通过教学，学生能够正确、流畅地弹奏音阶和左手的两个声部。

(2)学会正确的和弦触键法，并且能做到边弹边唱。

三、教学过程

(一)组织教学(略)

(二)进行新课一：《练习曲》

例 8—9

练习曲

马休斯　曲

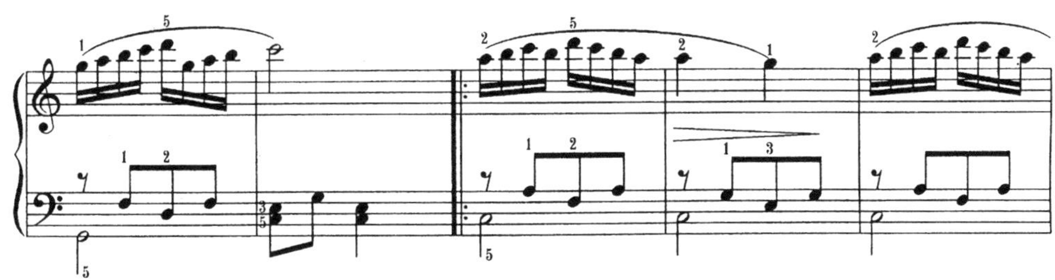

1. 简介作品

(1)右手第一小节是音阶的进行,双数小节有两个四分音符,每两小节为一个乐句。

(2)左手是分解和弦,低音保持两拍。

2. 范奏

3. 分析右手旋律(结合范奏)

(1)音阶流畅、均匀。

(2)双数小节的强拍稍强调些,弱拍上的四分音符用手腕带起,稍弱些。

(3)每两小节为一个乐句,抬手换气。

(4)乐句的进行,由强渐弱。

(5)学生练习,教师指导。

4. 分析左手声部(结合范奏)

(1)分解和弦的低音保持两拍。

(2)中声部手指独立,力度要轻。

(3)第一段落结束时的柱式和弦为一拍。

(4)学生练习,教师指导。

（三）进行新课二：《识谱歌》

例 8—10

识　谱　歌

高天康编曲

1. 师生共同讨论分析作品(略)

小结:

(1)开始句和结束句是上行至下行的音阶。

(2)歌曲采用不带旋律的伴奏形式,左右手交替弹奏柱式和弦音型。

(3)在练习时,必须边弹边唱。

2. 范奏

3. 分析上行和下行的音阶及弹奏要领(结合范奏)

(1)音阶进行的节奏、强弱对比(弱—强—弱)。

(2)学生练习弹奏乐曲开始的1~4小节,教师指导。

4. 分析左右手交替的柱式和弦音型及弹奏要领(结合范奏)

(1)和弦的触键要整齐,速度统一。

(2)第二行谱的最后一小节为一拍,不能延长。

(3)学生练习,弹奏乐曲第二行谱的最后三个小节,教师指导。

5. 指出要求:练习时边弹边唱

(四)布置作业

作业《练习曲》、《识谱歌》

(五)举行下课礼式

(根据实习生黄小琼的教案整理)

第九章

音乐知识教学法

第一节　音乐知识教学的地位和作用

一、音乐知识教学是音乐学习的重要内容

音乐知识教学属于学校音乐教学“表现”领域中“识读乐谱”等相关教学内容。在音乐教学中，音乐知识亦往往将“音乐与相关文化”领域的教学有机融合在一起。音乐知识教学在中小学主要包括乐理知识、音乐审美要素、音乐体裁、音乐简史、音乐的类别以及与音乐相关的文化等内容；中师、幼师及职业中学的音乐知识教学是在普通中学教学内容的基础上，还进一步要求学生对上述知识系统、全面地掌握和运用，同时要求更高，内容更广泛，如还要掌握音程、和弦及其转位，各种调式的记法与识别、歌曲的分析常识及指挥常识等，通过音乐知识的学习，培养学生自身的音乐素养，为给学生未来的发展打下必要的基础。

二、音乐知识教学是让学生获得音乐语言的基础

音乐艺术有本身的特点，有自己独特的语言，有自己独特的艺术表现手段。在中小学的音乐教学中，学生不论是唱歌或是演奏音乐作品，都需要了解音乐的基本乐理知识，以便准确地演唱、演奏音乐作品，从而更好地感知音乐、表现音乐、创造音乐。同样，学生欣赏音乐作品，也需要从了解、分析音乐的基本要素等，来认识音乐的特点和风格，进而感知音乐、理解音乐。因此，让学生具备一定的音乐知识，获得音乐语言，是为学生更好地领悟音乐，从而使学生按音乐语言的规律去感知音乐、理解音乐、表现音乐和创造音乐创造条件。

三、音乐知识教学应与其他音乐教学内容相结合

普通中小学的音乐知识教学通常是与其他音乐教学内容有机结合来进行的，并将音乐知识的教学寓于音乐实践活动之中，让学生将理性知识的学习活动与音乐实践的感性

活动相统一，使音乐知识教学发挥为学生的音乐审美体验服务的功能。而种种片面强调音乐知识的“系统性”的教学，以及那些“从概念到概念”的抽象讲解都应当避免。因为这种“纯知识性”的音乐教学，既不符合音乐教学的规律，也不符合中小学生的身心特点。中师的音乐知识教学的要求虽然高于普通中小学，但也应立足于结合音乐实践活动，发展学生能力的基础上来开展教学。

第二节　音乐知识教学的方法及要点

一、音乐知识的教学是为音乐审美教育服务

音乐教育是以审美教育为核心，音乐知识教学是学校实施音乐审美教育的手段，教师必须以这样的指导思想指导我们的音乐知识教学。在普通中学的音乐知识教学与中师和职中的音乐知识教学是有着显著的差别。中师和职中由于培养的对象是幼儿园和小学的音乐师资，因此，在突出音乐知识教学的审美性的同时，还要求学生掌握概念及其运用，而普通中小学则不宜做类似的要求，其音乐知识教学常常具有与其他音乐科目紧密结合进行的特点，而且音乐知识教学在一节音乐课中，所占时间和内容的比重也较少。学生通过音乐知识的学习，使学生更好地进入音乐世界，从而提高学生的音乐审美能力。

二、音乐知识教学应结合音乐进行

音乐知识理论性较强，具有一定的概念性和抽象性。为了使中小学生易于接受，使音乐知识的教学更符合音乐教学的规律，音乐教师在音乐知识的教学中应结合音乐来开展音乐知识的教学。音乐知识教学结合音乐一方面是指在音乐常识的教学中或结合具体的音乐作品，或结合音乐的某些音响。教师可以通过谱例分析、范唱或范奏，播放录音录像等，使学生在丰富的感性的基础上来理解音乐知识的概念。那种脱离音乐的纯理论的讲解，会使音乐知识的教学失去生动的“音乐”，失去音乐艺术课的魅力。音乐知识教学结合音乐另一方面是指在音乐教学中增加与音乐相关的文化内容，这是为了增加音乐的文化价值，增强音乐学科的综合化，加强各学科间的横向联系。因此，教师在教学中应紧紧围绕音乐来展开与音乐相关文化的文化知识进行教学，使音乐教育的内涵得到扩展和升华。

三、音乐知识教学应在参与音乐活动之中展开

从音乐教育心理学的角度讲，发挥学生的主动性，增强趣味性，调动学生所有的感觉器官参与音乐活动，才能获得较好的音乐学习效果。无论哪一个音乐教学领域，都应注重

学生的参与过程。因此，音乐知识的教学同样也应注重让学生在参与音乐活动中来展开。音乐教师将音乐知识寓于各种音乐活动，使学生始终在参与音乐的过程中学习，并把这种亲身参与音乐活动作为获得音乐知识以及美感体验、形成音乐审美能力的主要手段，通过参与音乐活动，激发学生的学习兴趣，将对音乐的感性认识逐步上升到理性认识，不断巩固所学的音乐知识。

第三节　音乐知识教案及简评

课例一：

一、试教课题

学习乐理知识——小调式。

二、教学目标

通过学习乐理知识小调式，学生能够掌握小调式的基本知识，能正确分析和识别乐曲的调性及其调式色彩，有助于学生按音乐语言的规律去感受、理解、表现音乐。

三、教学过程

（一）组织教学（略）

（二）复习旧课

(1)讲评作业，引导学生复习大调式的有关知识。

(2)出示谱例《保卫黄河》。

例 9—1

保　卫　黄　河

光未然　词

冼星海　曲

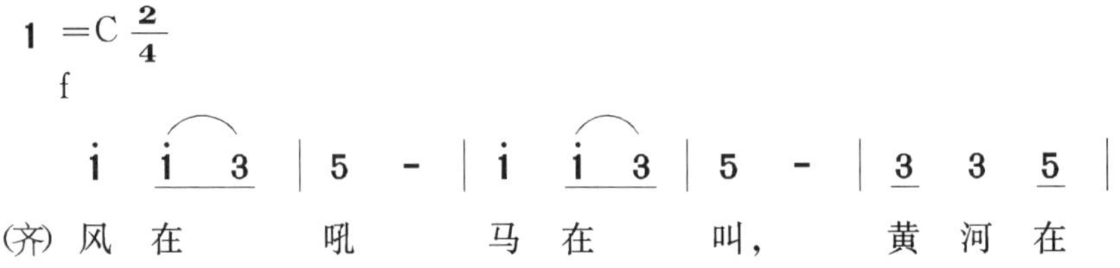

1 =C $\frac{2}{4}$

f

i i 3 | 5 - | i i 3 | 5 - | 3 3 5 |

(齐) 风 在 吼 马 在 叫，黄 河 在

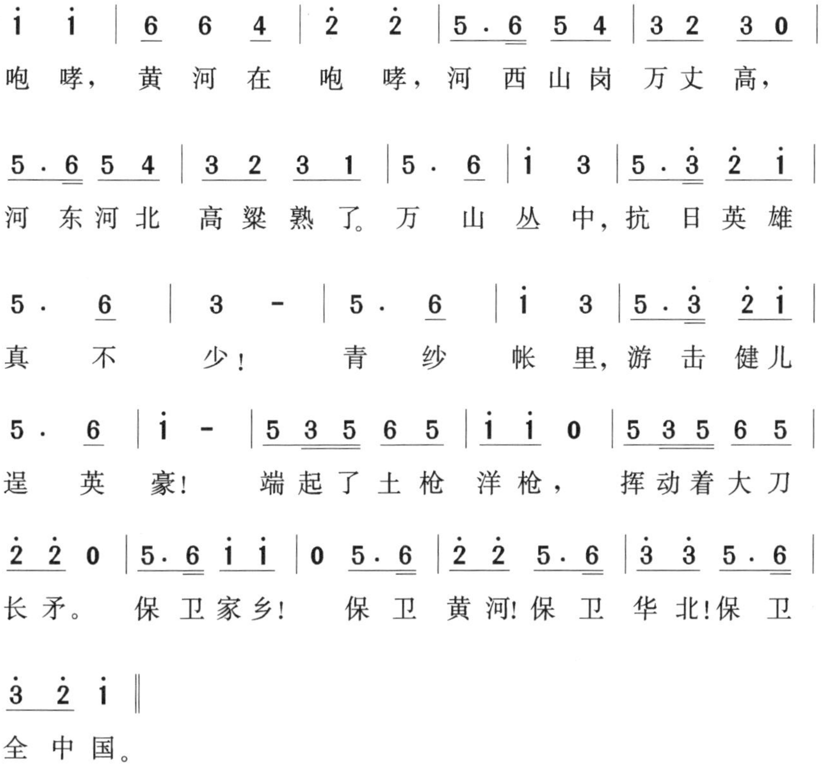

i̇ i̇ | 6 6 4 | 2̇ 2̇ | 5·6 5 4 | 3 2 3 0 |
咆 哮，黄 河 在 咆 哮，河 西 山 岗 万 丈 高，

5·6 5 4 | 3 2 3 1 | 5· 6 | i̇ 3 | 5·3̇ 2̇ i̇ |
河 东 河 北 高 粱 熟 了。万 山 丛 中，抗 日 英 雄

5· 6 | 3 - | 5· 6 | i̇ 3 | 5·3̇ 2̇ i̇ |
真 不 少！ 青 纱 帐 里，游 击 健 儿

5· 6 | i̇ - | 5 3 5 6 5 | i̇ i̇ 0 | 5 3 5 6 5 |
逞 英 豪！ 端 起 了 土 枪 洋 枪， 挥 动 着 大 刀

2̇ 2̇ 0 | 5·6 i̇ i̇ | 0 5·6 | 2̇ 2̇ 5·6 | 3̇ 3̇ 5·6 |
长 矛。 保 卫 家 乡！ 保 卫 黄 河！保 卫 华 北！保 卫

3̇ 2̇ i̇ ‖
全 中 国。

①让学生跟琴哼唱歌曲旋律，并说出它的色彩感觉。

②讨论：教师和学生一起分析歌曲旋律，找出旋律的中心音 do，并排出该旋律的调式音阶，找出其主音和上方三度音构成的大三度关系，其稳定音构成 1—3—5 大三和弦。

③教师进行评讲，并小结上节课大调式的基本要点。

(三)进行新课

1. 分析谱例

出示乌克兰民歌

例 9—2

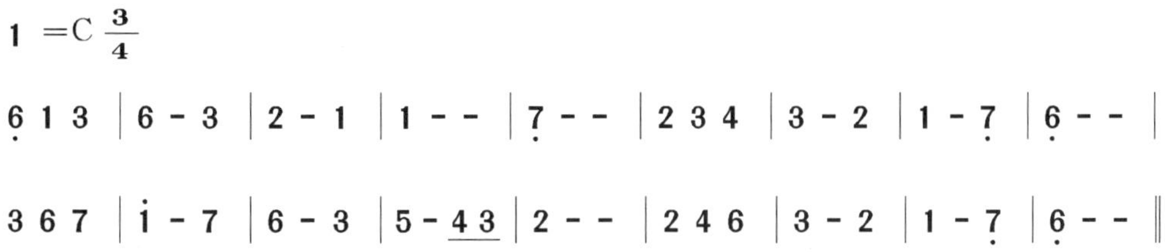

1 =C $\frac{3}{4}$

6̣ 1 3 | 6 - 3 | 2 - 1 | 1 - - | 7̣ - - | 2 3 4 | 3 - 2 | 1 - 7̣ | 6̣ - - |

3 6 7 | i̇ - 7 | 6 - 3 | 5 - 4 3 | 2 - - | 2 4 6 | 3 - 2 | 1 - 7̣ | 6̣ - - ‖

(1)请同学们用上节课的方法去找出中心音。

(2)谈谈对这首乐曲在色彩上的感觉。

(3)教师总结：此曲色彩柔和。

(4)请同学们思考，此曲与《保卫黄河》有何区别？

2. 引出小调式定义

(1)教师讲解小调式定义：由七个音构成的调式，音阶结构全半全全半全全，其稳定音级Ⅰ、Ⅲ、Ⅴ级合起来成为一个小三和弦，而主音上方的这个小三度最具小调式柔和的色彩。

(2)举例分析：

①出示谱例罗马尼亚民歌《照镜子》(例9－6)并在琴上弹奏。

例 9－3

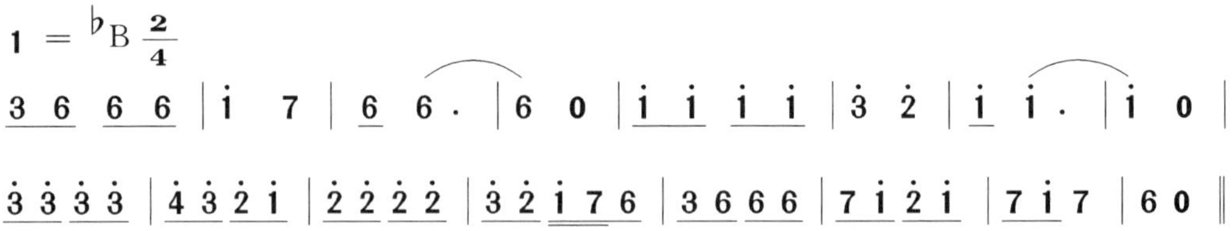

1 ＝ ♭B $\frac{2}{4}$

3 6 6 6 | i 7 | 6 6· | 6 0 | i i i i | 3 2 | i i· | i 0 |

3 3 3 3 | 4 3 2 i | 2 2 2 2 | 3 2 i 7 6 | 3 6 6 6 | 7 i 2 i | 7 i 7 | 6 0 ‖

②师生共同讨论找出中心音，并将乐曲中的音按音阶顺序排列出其音阶。

③分别找出主音上方的Ⅲ、Ⅴ级，指出主音与上方第Ⅲ级构成小三度，与Ⅲ、Ⅴ级构成小三和弦，体现了小调暗淡柔和的色彩。

3. 复习巩固

(1)请两个同学分别视唱《保卫黄河》与乌克兰民歌。

(2)师生共同讨论两首歌曲的区别。

(3)教师总结讲解。

小调式结束音在la音上，中心音 6、1、3 构成小三和弦，具有柔和暗淡的色彩；大调式结束音在do音上，中心音1、3、5构成大三和弦，具有光辉明朗的色彩。

4. 教师出示和声小调的旋律谱例

例 9－4

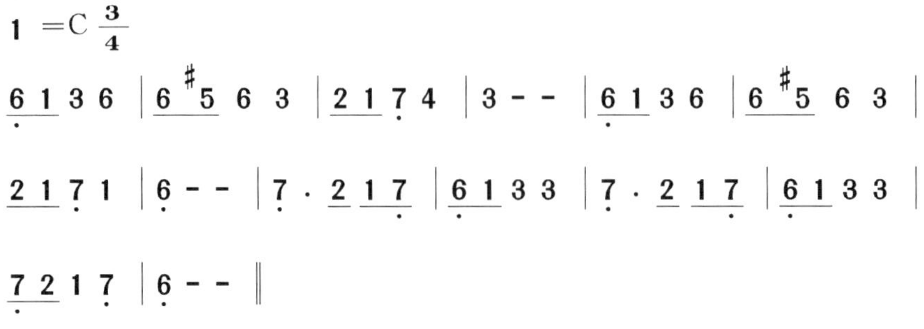

1 ＝C $\frac{3}{4}$

6 1 3 6 | 6 #5 6 3 | 2 1 7 4 | 3 － － | 6 1 3 6 | 6 #5 6 3 |

2 1 7 1 | 6 － － | 7 · 2 1 7 | 6 1 3 3 | 7 · 2 1 7 | 6 1 3 3 |

7 2 1 7 | 6 － － ‖

(1)让学生自己先找出其调式主音，并排出调式音阶，与自然小调式音阶进行比较，找出异同。

(2)教师归纳：和声小调就是将自然小调的Ⅶ级音升高半音，叫"和声小调"，其音阶结构是：

例 9—5

$\underset{\cdot}{6}$ $\underset{\cdot}{7}$ 1 2 3 4 #5 6

5. 教师给出旋律小调的定义

将自然小调的Ⅵ、Ⅶ级音都升高半音，叫“旋律小调”。其音阶结构是：

例 9—6

$\underset{\cdot}{6}$ $\underset{\cdot}{7}$ 1 2 3 #4 #5 6

教师给出谱例，并引导学生分析、验证：

例 9—7

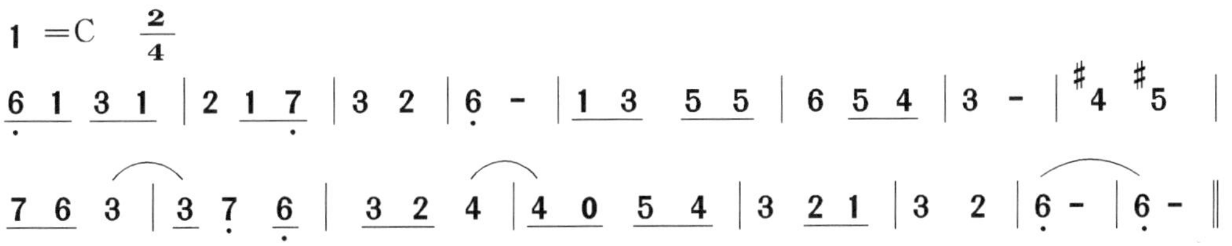

1 =C $\frac{2}{4}$

$\underset{\cdot}{6}$ 1 3 1 | 2 1 $\underset{\cdot}{7}$ | 3 2 | $\underset{\cdot}{6}$ - | 1 3 5 5 | 6 5 4 | 3 - | #4 #5 |

7 6 3 | 3 $\underset{\cdot}{7}$ $\underset{\cdot}{6}$ | 3 2 4 | 4 0 5 4 | 3 2 1 | 3 2 | $\underset{\cdot}{6}$ - | $\underset{\cdot}{6}$ - ‖

6. 让学生跟琴视唱三个谱例(略)，并抽问学生视唱后对小调式的调式色彩的感受

7. 教师简评后，师生共同讨论归纳小调式的色彩

由于小调式具有主音上方小三度关系音程的特点，所以较大调式而言，小调式没有明朗的色彩，较暗淡。但和声小调中由于Ⅶ级音的升高，旋律小调中Ⅵ、Ⅶ级音的升高，所以二者的色彩在自然小调的基础上增添了新的色彩，更具表现力。

8. **教师弹奏三段旋律(包括小调式三种类型的乐段各一段)，让学生听辨**

第一段旋律：乌克兰民歌《德聂泊尔》。

第二段旋律：柴可夫斯基《四季》中“六月船歌”第一部分主题音乐。

第三段旋律：巴西民歌《在路旁》。

(四)教师总结

1. 小结

本课主要学习了小调式的概念、类型、基本结构、调式色彩等有关知识，希望同学们课后要对其进行巩固、复习。

2. 作业

自己找小调式三种类型的乐段或歌曲各一首进行分析。

3. 举行下课礼式

(根据实习生许艳燕、王蕾的教案整理)

简评：

这份教案是实习生在中师教育实习时上的一节乐理知识课。

在音乐教学中，乐理知识课容易使学生感到枯燥，但在这节课里，由于乐理知识教学过程的始终都注重了理论联系实际，引导学生从音乐实际的感知中分析其特点，找出其规律，逐渐深入得出结论。使这节乐理知识课自始至终有很浓的音乐气氛，而不是脱离音乐实际、枯燥无味的纯理论讲解。

同时，这堂课运用对比法，让学生自己总结出大、小调式各自的主要特点。这样，增强了学生的参与意识，使学生对所学习音乐知识的教学内容有认同感和满足感，有利于调动学生主动学习和认识音乐的兴趣，同时也有利于学生掌握和区分所学的乐理知识概念。

课例二：

一、试教课题

学习音乐知识$\frac{2}{4}$拍、$\frac{3}{4}$拍。

二、教学目标

(1)通过教学，学生能了解$\frac{2}{4}$拍、$\frac{3}{4}$拍的含义及其强弱规律。

(2)培养学生的音乐节奏感，并能辨别$\frac{2}{4}$拍、$\frac{3}{4}$拍音乐，同时，在演唱歌曲时，能根据$\frac{2}{4}$拍、$\frac{3}{4}$拍的强弱规律表现歌曲。

三、教学过程

(一)组织教学(略)

(二)进行新课

(1)首先，请同学们听辨两首歌曲，并随音乐拍手，体会其重音，辨别它们是什么拍子，放歌曲录音。

①《友谊地久天长》

②《跑马溜溜的山上》

(2)讨论：

①同学们分别说出这两首歌曲是什么拍子？

②两首歌曲的重音分别落在哪一拍上？

(3)小结$\frac{2}{4}$拍、$\frac{3}{4}$拍的含义;并板书$\frac{2}{4}$拍、$\frac{3}{4}$拍的拍号及图示:

图 9—8

$\frac{2}{4}$ 拍　　　　$\frac{3}{4}$ 拍

提问:同学们,$\frac{2}{4}$拍、$\frac{3}{4}$拍歌曲的强弱规律是怎样的?

(4)请同学们用手分别拍出$\frac{2}{4}$拍、$\frac{3}{4}$拍的强弱规律,重拍击掌、弱拍用右手指点左手掌。

$\frac{2}{4}$ 拍: ● ○
强 弱

$\frac{3}{4}$ 拍: ● ○ ○
强 弱 弱

(5)出示练声曲:

例 9—9

1 =F $\frac{2}{4}$

3 4 5 5 | 5 - | 3 4 5 5 | 5 - | 5 6 5 4 | 3 4 5 | 3 4 3 2 | 1 - ‖
月亮爬上　来,　月亮爬上　来,　月亮月亮　爬上来,月亮爬上　来。

提问:这条练声曲要用什么样的强弱规律来唱?
学生:用"强弱"规律来唱。
(6)现在,请全班同学一起来唱这首练声曲。
(7)教师用电子琴将练声曲改变拍号弹奏一遍,请同学们仔细听辨是什么拍子?

例 9—10

1 =F $\frac{3}{4}$

3 - 4 | 5 - 5 | 5 - - | 3 - 4 | 5 - 5 | 5 - - | 5 - 6 | 5 - 4 | 3 - 4 | 5 - - |
月 亮 爬 上 来,　月 亮 爬 上 来,　月 亮 月 亮 爬 上 来,

3 - 4 | 3 - 2 | 1 - - ‖
月 亮 爬 上 来。

提问:教师刚才弹的是什么拍子? 强弱变化有什么规律?

学生:是$\frac{3}{4}$拍,强弱变化的规律是"强弱弱"。

(8)请同学们用$\frac{2}{4}$拍和$\frac{3}{4}$拍来唱以上两条练声曲。

(9)通过刚才两条不同节拍的练声曲的演唱,使我们知道要辨别$\frac{2}{4}$,$\frac{3}{4}$拍的歌曲和乐

曲，首先应找出什么规律。

同学们先讨论一下。（注：学生讨论略）

（10）小结：今后辨听$\frac{2}{4}$，$\frac{3}{4}$拍以及二拍子和三拍子的歌曲和乐曲时，首先要听它们的强弱规律。“强弱”是$\frac{2}{4}$拍的规律，“强弱弱”是$\frac{3}{4}$拍的规律。

（11）现在，教师用电子琴弹两首曲子，请同学们用学到的知识来辨听一下，它们是几拍子？

弹奏歌曲：

①《洁白的羽毛寄深情》

②《牧羊歌》

（12）讨论：

学生：第一首是$\frac{3}{4}$拍，第二首是$\frac{2}{4}$拍。

教师：对，我们除了听歌曲和乐曲的强弱规律来区分$\frac{2}{4}$，$\frac{3}{4}$拍外，还有什么其他方法？

学生①：我们听电子琴演奏的音乐时，听到$\frac{2}{4}$拍时是“蓬嚓”，“蓬嚓”的，$\frac{3}{4}$拍的乐曲是“蓬嚓嚓”，可以从这两个强弱规律中去区分。

教师：对！有时一首乐曲的强奏，在伴奏部分可以很明显地听出来，现在放由电子琴演奏的《春之声》圆舞曲，同学们用“学生①”提供的方法听辨一下。（放乐曲）

（13）刚才我们学会了从伴奏的强弱规律中，来区别是几拍子，大家想想，还可以用什么方法？

学生②：用手划图示，如果听音乐时，用手划图示，符合$\frac{2}{4}$的就是$\frac{2}{4}$拍，符合$\frac{3}{4}$的就是$\frac{3}{4}$拍。

教师：对，现在我再放两首乐曲的片断，大家辨别一下。

播放乐曲：

①《玩具兵进行曲》片断——$\frac{2}{4}$

②《溜冰圆舞曲》片断——$\frac{3}{4}$

（14）小结：今天，我们学了多种方法来听辨$\frac{2}{4}$拍和$\frac{3}{4}$拍，今后，当我们听到一首歌曲或乐曲时就可以用这些方法来辨别。另外，在演唱歌曲时，也要有意识地把强弱规律唱出来，更好地表现出歌曲的节奏感。

（15）举行下课礼式。

（根据实习生裴丽的教案整理）

第十章

视唱练耳教学法

第一节　视唱练耳教学的作用及要求

一、视唱练耳教学的作用

视唱练耳教学属于学校音乐教学“表现”领域中“识读乐谱”等相关教学内容。在音乐教学中视唱练耳往往是与其他音乐教学领域有机融合在一起进行。音乐是声音的艺术，由于这一特性，在音乐审美教育中，要让学生在演唱音乐和聆听音乐时，能敏锐地感知音乐要素在不同风格的音乐中的各具特色的美。这就使得培养学生具有一定的音乐听辨、听记能力和视唱能力显得特别重要。因此，视唱练耳教学是学生参与音乐的桥梁，是实施音乐审美教育的手段。学生通过视唱练耳教学活动，不断积累音乐经验，巩固知识，以便运用这些音乐知识和经验为学生音乐审美的需求服务。

二、视唱练耳教学的要求

视唱，简言之就是看谱即唱，是让学生独立自主地将乐谱转化为有声的歌唱。练耳，主要是指对音乐听觉的训练。中小学的视唱练耳教学，主要是让学生听辨或视唱音乐的旋律、节奏片段；可以是听辨一些音乐作品来分析其音乐要素；也可以是听写音乐短句或节奏片段；中师还可以让学生听辨或视唱调式、音程、和弦等等。视唱练耳二者关系密切，相互补充，相互促进，在音乐教学中常常合二为一。

中小学的视唱练耳教学，主要是培养学生学习音乐的基本能力，常常与其他音乐教学领域结合进行，如让学生在演唱、演奏或欣赏音乐等教学活动中穿插视唱练耳的训练，使学生既获得各种音乐能力，同时也从音乐教学活动中获得音乐的审美感受。中师的视唱练耳教学的要求要高于普通中学，教师在教学中，在注意培养学生能力的同时，还应注意要循序渐进，注意教学内容的实用性，要注意让学生在学习中掌握一定的方法，为学生毕业后从事的音乐教学工作打下一定的基础。

中小学音乐教材通常采用五线谱和简谱两种形式，音乐教师应当根据学校的实际情况，选择其中一种或两种并行的音乐教材进行视唱练耳教学。

第二节 视唱练耳教学方法及要点

一、视唱练耳教学应注重发展学生审美情感

发展学生审美情感，为学生感受音乐、表现音乐创造条件，是视唱练耳教学的目标。教师在视唱练耳教学中重视情感因素的作用，引导学生把情感贯穿在听辨音乐的过程之中，使自己的音乐审美情感得到深化。

视唱练耳与审美体验并不是矛盾的，视唱练耳本身应该是渗透着审美体验的，一些人把视唱练耳与“枯燥”等同起来，与音乐教育的审美价值对立起来的观点，是形而上学的观点。枯燥不枯燥，对立不对立，关键是教材和教法问题，音乐教师应在音乐教学中引导学生充分体会其“美感”，在音乐教学中发展学生的审美情感。

二、视唱练耳教学应采用灵活多样的教学方法

灵活多样的教学方法能使视唱练耳教学活动富于情趣性，这是培养学生学习兴趣，吸引学生参与视唱练耳教学活动的有效途径。教师要避免枯燥的、单一的重复训练，避免因教法单一引起疲倦感等等。具体的做法建议如下：

(1)视唱练耳教学宜与其他音乐教学内容有机结合，进行综合性的教学。如在唱歌教学中，让学生听辨歌曲的旋律、节奏片段；合奏、合唱时，让学生听辨不同的音色以及其和谐感等；音乐欣赏教学时，让学生视唱或听辨音乐作品的主题音乐，分析音乐作品的旋律、节奏、调式、音色、曲式结构等音乐要素特点；在音乐创作教学中，让学生即兴编创并演唱或演奏节奏短句、旋律短句等等，使视唱练耳教学有机地融入音乐的各个教学领域之中，为学生感受音乐、表现音乐打下良好的基础。

(2)视唱练耳教学过程中可以适当结合游戏、或者开展竞赛等音乐活动，引导学生在参与音乐实践活动中进行，要避免或尽量减少一些为技术而进行的“技术”练习。

(3)视唱练耳教学可以适当转换教学方式。如大声唱与轻声唱转换；小组唱与个别唱转换；唱名唱与母音唱转换；有伴奏唱与无伴奏唱转换；完整唱与“接龙式”唱的转换；听唱与视唱转换；视唱与听记转换等等。

(4)常见的视唱练耳教学方式有：

①旋律短句的听唱听辨；

②音程及和弦的听唱听辨；

③听辨音乐的旋律，而只记其节奏；
④听记旋律节奏可以从旋律节奏的填空、改错等过渡；
⑤乐器的音色和多声部作品的听辨。
⑥节奏的练习可以结合语言、动作和打击乐器等。

第三节　教案及简评

课例一：

一、试教课题

听音、节奏及视唱的练习。

二、教学目标

通过教学，学生能够掌握并巩固X X X；X X X；X X X X节奏，让学生在音乐活动中，激发学生学习及参与音乐活动的兴趣，培养学生的即兴创编能力，以及良好的听辨能力和视唱能力。

三、教学过程

（一）组织教学（略）

（二）进行新课

新课内容一：听音练习

(1)出示已写好旋律的五线谱小黑板：

例 10－1

由教师弹琴，让学生跟琴唱。

(2)教师弹奏以下单音，让学生用"a"模唱：

例 10－2

对学生模唱给予积极的评价。

3. 教师弹奏以下两组单音，先让学生模唱，在几个音都模唱准确之后，再全部记出。

例 10－3

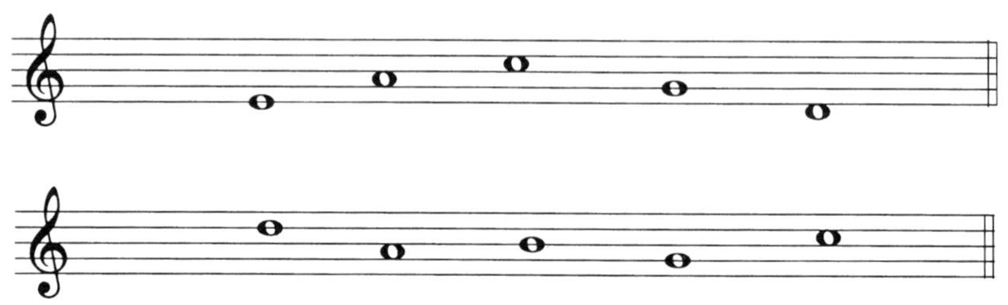

教师在弹奏时，先给出标准音，让学生听完每组的五个音之后，一起用“a”模唱出来，在模唱正确之后，再凭记忆写在纸上，这是一种良好的记忆音乐的方法。听完之后，应检查学生的听记情况，并给予评价。

新课内容二：节奏练习

(1)教师在钢琴上弹奏以下几组节奏(例 10－4)。

①让学生听辨它们是否相同：

例 10－4

2/4 X X X X |

2/4 X X X X |

2/4 X X X X X |

②教师将以下节奏出示在黑板上，并讲解击拍要领，作示范。

例 10－5

X X X ； X X X ； X X X X

③学生自己练习两分钟，再一起集体练习节奏。

(2)学生把以上三条节奏自由组合练习。

(3)老师任选一条学生自由组合的节奏(例 10－6)，让全班同学练习。

例 10－6

2/4 X X X X X X | X X X X X ‖

(4)学生为这条节奏练习即兴创作“声势”，并让学生分别表演，教师及时给予鼓励。

新课内容三：听记练习

(1)旋律填空

例 10—7

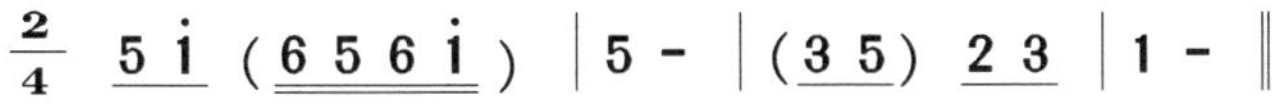

$\frac{2}{4}$ 5 1̇ (6 5 6 1̇) | 5 - | (3 5) 2 3 | 1 - ‖

步骤：

①教师先给速度，给主音、拍号。

②教师完整弹奏 1～2 遍，要学生击拍掌握速度节奏，然后记出来。

③让学生将记下来的曲谱击拍唱一遍。

(2)听记旋律

例 10—8

$\frac{2}{4}$ 5 5 1̇ 6 5 6 1̇ | 5 - | 3 3 5 5 2 1 2 | 1 - ‖

步骤：

①教师先给速度，给主音、拍号。

②教师完整弹奏 1～2 遍，要学生击拍掌握速度节奏，然后记出来。

③让学生将记下来的曲谱击拍唱一遍。

④指定 1～2 名学生将谱抄写在黑板上，教师再弹一遍，同学们小声唱，对照检查是否准确，教师注意及时提示矫正。

⑤课堂讨论：

a. 学生找出以上两条曲谱节奏不同的地方。

b. 简要分析两条曲谱的情绪变化。

⑥小结：节奏在音乐中的作用。(略)

新课内容四：视唱练习

(1)视唱练习曲第 40 条

步骤：

① 教师与学生共同分析这条练习曲的节奏特点，分析 $\frac{2}{4}$ X X X X X X | X X X X X X X X | X X X X X | X X X X X X X X | X X X X X | 这些节奏的击拍要领。

例 10—9

$\frac{2}{4}$ X X X X X X | X X X X X X X X | X X X X X |

②练习(例 10—9)节奏，并加上旋律练唱这 3 小节。

③小声、慢速练唱全曲，注意 3～5 小节的连接。

④全班用稍快的速度击拍小声演唱全曲一遍，教师注意矫正。

⑤全班有表情地视唱全曲。

⑥学生分组为这条视唱曲即兴创作“声势”练习 3 分钟。

⑦学生结合创作的“声势”分组表演。

(2)视唱练习曲第 41 条

①节奏练习：

例 10—10

步骤：

a. 师生共同分析节奏特点。

b. 练习第 3 小节的节奏。

c. 完整练习这条节奏。

(2)击拍视唱练习曲第 41 条，注意视唱曲中的第 5 小节的 5565 连贯和换气的准确。

(3)学生独立离琴练唱 3 分钟，然后分别请几位学生独立视唱。

(4)师生共同分析以上同学的演唱情况，分别指出他们的优缺点。

(5)全班有感情地跟琴完整视唱。

(三)课堂小结

我们已经学完了十六分音符等节奏内容，大多数同学基本上掌握了这些节奏的视唱，同学们下去以后还应加强这些节奏型的训练。

(四)举行下课礼式

(根据实习生王艺瑾、高德香教案整理)

简评：

这是一节中师的视唱练耳课，虽然视唱练耳课的教学内容较为单一，但由于在教学过程中注重了音乐教学活动的动静结合，注重了让学生参与音乐实践，从而较好地调动学生学习的积极性和主动性。

在听记旋律中，老师可先让学生练习旋律填空的听记，再让学生完整听记第二条旋律，这种由浅入深的方式，有利于帮助学生克服初听记旋律时的畏难和紧张情绪，有利于增强学生学习的自信心。在听记完后，又让学生对比分析两条旋律的不同节奏，进一步体验认识音乐要素在音乐中的作用，使视唱练耳教学在提高学生视唱、听辨和听记能力的同时，又增强学生感知音乐要素的能力。

课例二：

一、教学内容

视唱与简单歌曲创作的教学。

二、教学目标

通过视唱练习，培养学生视唱能力，增强学生感知音乐要素在不同音乐中的美。同时，让学生运用知识进行简单的歌曲创作练习。

三、教学过程

（一）组织教学（略）

（二）复习旧课

（1）复习音乐知识：五声调式（略）。
（2）教师运用柯尔文手势引导学生练唱五声调式音阶（略）。

（三）进行新课

1. 进行第一条视唱教学

例 10－11

《跑马溜溜的山上》四川民歌

（1）练唱其音阶、音程（学生随老师手指向的音符演唱）。

(2)将视唱中难点节奏提出来进行节奏练习。

(3)请一位学生视唱。

(4)请学生为刚才同学的视唱纠错,并正确演唱示范。

(5)全体同学离琴轻声击拍视唱。

(6)师生共同分析视唱曲的调式、结构。

(7)以"接龙"方式让学生分组视唱。

(8)分析旋律特色,让学生根据讨论的艺术处理演唱(优美、抒情)。

(9)采用拍手、拍腿综合练习结合于视唱的曲调之中。

2. 进行第二条视唱教学

例 10—12

渤海民歌

将该视唱中的难点两小节提出,让学生听音改错。

(以下步骤同第一条视唱教学步骤)。

3. 进行第三条视唱教学

例 10—13

陕北民歌

(1)学生自学默唱两分钟。
(2)请一排男同学离琴视唱。
(3)全体同学跟琴轻声击拍视唱。
(4)练唱有装饰音和临时升记号的小节。
(5)师生共同分析视唱曲的调式、结构。
(6)分析旋律特色,让学生根据对曲调的艺术处理演唱(优美、抒情)。
(7)运用部分民族打击乐器为视唱曲编配伴奏(采用固定音型)。

(四)歌曲编创活动

(1)老师出示四句歌词

春风吹我到山坡,
坡上树多鸟也多,
叽叽喳喳欢声唱,
要和我来对山歌。

(2)学生选用以上三条视唱的某一种五声调式进行民歌创作。
(3)学生分别演唱自己创作的歌曲。
(4)教师和学生简评同学的创作。

(五)小结,举行下课礼式

第十一章

音乐创作教学法

音乐课堂内、外开展音乐创作教学，是在当今世界教育的“创作性教学”潮流中，在我国深化音乐教育改革的情况下诞生的一种新的教学形式，属于学校音乐教学中的“创造”领域。

目前，有些人把音乐创作教学看得很神秘，以为是从事音乐专业创作人员的事，这是一种狭隘的理解。其实，音乐创作教学已经进入了我们的音乐教学活动之中。比如，你不是让学生编一段节奏谱吗？你不是让学生编排音乐节目吗？还有在音乐活动中，不是常见同学们“摆弄”乐器时即兴奏一段旋律吗？……这些都是属于音乐创作的范畴。

音乐创作教学包括两层含义：一是指作曲教学；二是指各种进行发展性、创造性音乐活动内容的教学。中小学音乐课堂开展创作教学，其主要目的旨在激发学生的创造意识，发掘学生的创造性潜能，培养学生创新精神与创造能力。

第一节　音乐创作教学的地位和作用

一、音乐创作教学是音乐课程价值的体现

音乐创作教学是创造性教育的一个重要分支。创造是音乐艺术乃至社会发展的根本动力，是音乐艺术教育功能和价值的重要体现。音乐创作教学活动成为音乐教育的基本内容，这是培养创造型人才和实现音乐课程价值的需要。

音乐创作教学活动，能够为学生提供有效的创造环境、条件和创作方法，以及鼓励求新求异的学习氛围和激励机制，有利于激发学生热爱生活、观察生活和表现生活的积极性，有利于培养学生的创新意识和胆识，而这些正是社会主义建设需要的创造型人才必备的心理素质。

音乐课堂开展音乐创作教学活动，能够激活学生的表现欲望和创作冲动，并让学生在享受成功中得到乐趣。学生通过参与音乐创作实践，使每个学生获得自我表现的机会，进一步展现他们的个性和创造才能，使他们看到自己的成绩和进步，进而对自己的音乐创作能力产生信心，提高兴趣，使学生在尝试创作的成功中得到乐趣，学生的想象力和创造性

思维能力也会因此得到开发、培养和提高。这些，既是素质教育的要求，也是音乐课程价值的体现。

二、音乐创作教学能够深化学生对音乐知识技能的理解和运用

进行音乐创作，学生必须运用已学知识和技能，这无疑对巩固已学知识和技能，运用知识进行迁移是大有益处的。与此同时，学生在解决实际问题的过程中，往往会发现自己在知识、技能上存在的不足，因而，又会促使学生进一步学习音乐。再者，运用知识进行音乐创作活动，还可以逐步使学生养成多向思维的习惯，为形成创新能力奠定基础。尤其是高中的音乐“创作”教学，不但要注意发展学生的兴趣爱好和特长，让学生在创作教学过程中享受到音乐创造的乐趣，还要注意引导学生学习音乐创作必需的基础理论和知识，这些都为那些具有创作愿望，将来立志于从事专业音乐工作的学生提供了发展和锻炼自己才能的机会。

总之，音乐创作教学不但有利于培养学生对各种音乐要素的掌握和运用能力，而且还有利于全面提高学生的音乐素质。

第二节　音乐创作教学的方法及要点

学校的音乐创作教学主要可以从以下几个方面来考虑：

一、即兴性的音乐创作教学

所谓即兴性的音乐创作，就是指学生对眼前景物、事物有所感触，运用知识，临时发生兴致而创作。它包括：

(1)探索音响的音乐活动，这类活动主要是引导学生选择适当的人声、乐器声及非常规音源声，即兴表现某种场景、角色、情绪或某种气氛等等。开展这类活动教师首先要引导学生联系自然界或生活中的声音现象，聆听或用人声、乐器以及非常规音源即兴模仿风声、雷声、流水声、鸟鸣声、马的奔跑声、汽车的喇叭声等等。亦可以引导学生创设一个有情节的情景，并运用人声、乐器声等即兴表现。

(2)即兴性的节奏创作，就是即兴拍出或敲出一段节奏。这种教学活动的方法很多，可以让学生随音乐即兴编配节奏；也可以采用“问答”的方式，如一人先拍(或敲节奏乐器)几拍的节奏作为提问。另一个即兴创作相应拍数的各种节奏作为回答。

(3)即兴性的“体态律动”创作，就是让学生有效地利用听觉和身体的动作，把所感受到的音乐的情绪、速度、力度等，即兴地、无拘无束地用各种幅度、力度的动作表现出来。常见的方法是让学生根据老师即兴演奏琴声的变化来作出身体的相应反应；也可以是教

师预先把不同节拍、不同速度的音乐选编录制好，再让学生随着录好的音乐进行即兴体态律动创作。

(4)即兴性的旋律创作，就是让学生即兴创作一段曲调。常见的方法是，可以让学生用某件乐器即兴演奏；学生也可以在活动中即兴唱述某故事情节；或让学生即兴写几小节旋律等等。

二、指令性的音乐创作

所谓指令性的音乐创作，就是让学生根据教师指定的某些音乐要素(如音符或节奏等)、运用所掌握的知识来进行发展性的音乐创作，它包括：

(1)根据指定的节奏创作节奏谱并进行练习。常见的方法如：

①供选用的节奏，就是教师出示几种节奏让学生自由组合进行创作。

例一：教师出示的节奏。

例 11－1

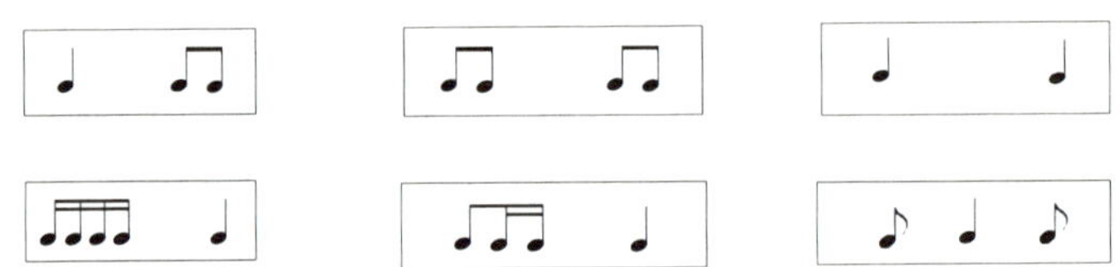

学生的组合创作如：

例 11－2

②供发展的节奏，就是教师出示几小节的节奏谱，让学生来继续完成后面几小节节奏谱的创作。

例二。教师出示如下：

例 11－3

这条节奏练习的后面四小节由学生自己创作。

(2)根据指定的节奏谱、音符来创作曲调。常见的方法是教师出示一条节奏谱和几个音符，让学生根据节奏谱自由选用这些音符来创作曲调。

例三：教师出示如下。

节奏谱：

例 11—4

音符：

例 11—5

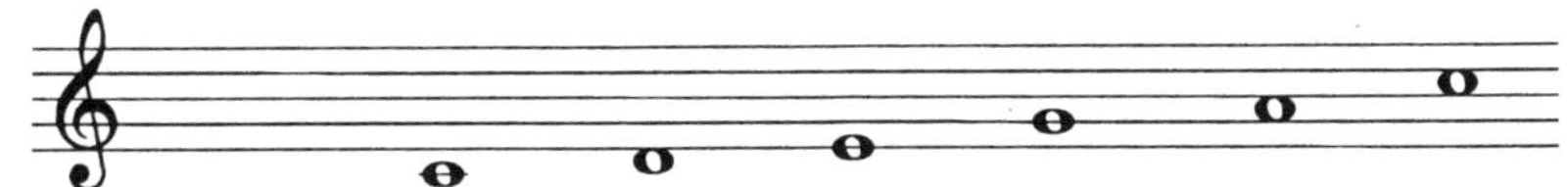

学生由此创作出：

例(1)

例 11—6

例(2)

例 11—7

(3)根据指定的某一旋律动机，将其进行变奏，或将其发展成乐句、乐段的创作。

例四：教师出示如下：

例 11—8

学生由此创作如下：

①进行变奏创作

例 11—9

②进行发展为乐句的创作

例 11－10

(4)根据指定的歌曲或乐曲，进行编配多声部织体的创作。常见的方法如：

①将单声部歌曲编配成多声部的合唱。

②为单声部歌曲或乐曲编配多声部的伴奏。

(5)根据指定的题目作歌、作曲。常见的方法如：

①让学生按指定的歌词创作歌曲。

②让学生按指定的旋律编配歌词。

③学生按指定的标题(或某种意境)来作曲。

(6)为歌曲选编前奏或间奏。常见的教学程序是：

①让学生了解前奏、间奏的基本常识。

②结合一些具体的音乐作品让学生了解前奏、间奏的创作知识。

③让学生在指定的歌曲及创作要求的基础上进行前奏、间奏的选编。

(7)有条件的学校可以让学生尝试用电脑创编音乐。尤其是在高中的音乐教学中，应让学生结合多媒体技术的学习和运用，将电脑多媒体技术应用于简单的音乐创作实践。

第三节　音乐创作教案及简评

课例一：

一、教学课题

欣赏《草原》片段，在此基础上进行编创活动。

二、教学目标

通过复习旧课和欣赏歌曲片段，让学生感知音乐要素对表达歌曲情感的不同作用，并让学生运用这些音乐知识为歌曲《草原》进行创作和表演，全面培养学生的能力，提高学生的音乐素质。

三、教学过程

(一)组织教学

教师敲击队鼓,学生随鼓声节奏吹奏竖笛进入音乐教室。

(二)复习旧课

(1)复习演唱歌曲《如今家乡山连山》。
(2)复习演奏歌曲《我们多么幸福》。
(注:让学生选择加入适当的打击乐器进行伴奏)
(3)讨论:所复习演唱、演奏的两首歌曲的情绪、拍子。
学生讨论(略)
教师简单小结,并进一步提问:
还有什么音乐要素可以表现歌曲的这种情绪?
学生答:节奏因素。

(三)欣赏歌曲《我的祖国》第一段

(1)讨论:歌曲分成几个部分?各表达什么情绪?
学生讨论(略)
小结:歌曲分成两个部分,前半部分抒情,后半部分雄壮。
教师进一步问:歌曲为什么会有这种情绪?
教师出示小黑板的版书

旋律	速度	力度

(2)再欣赏《我的祖国》,让学生分成几个小组,各组在小黑板上写出歌曲两个部分的音乐特点。

(3)各小组学生展示自己小组对歌曲音乐要素的感受。

(四)欣赏蒙古民歌《草原》

例 11—11

6 6 2 3 | 1 2 3 5 3 - | 2 3 1 6 | 2 3 5 5 6 - ‖

(1)讨论这首民歌的以下音乐特点：

情绪、旋律、速度、力度、节奏。

(2)学生视唱曲谱。

(3)学生用竖笛视奏曲谱。

(4)教师用钢琴范奏《草原》旋律(1)(见例 11－11)。

学生思考：音乐使你想到什么？

(5)讨论：根据琴声联想到的草原等情景。

(6)教师改变曲谱的节奏演奏《草原》旋律(2)。

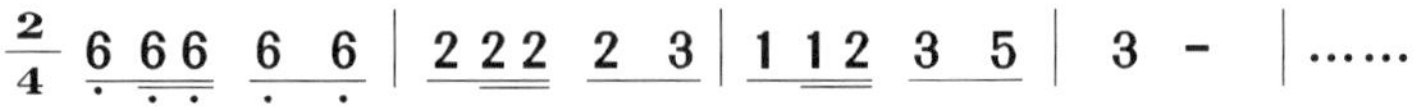

2/4 6 66 6 6 | 2 22 2 3 | 1 12 3 5 | 3 - |……

让学生比较音乐什么相同？什么不同？

(7)讨论得出：曲调大致相同，节奏不同。

(8)教师再改变曲谱演奏《草原》旋律(3)。

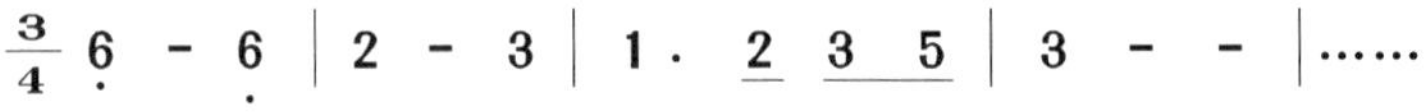

3/4 6 - 6 | 2 - 3 | 1. 2 3 5 | 3 - - |……

让学生思考有哪些不同？

(9)讨论得出：节奏、旋律都与原来不相同。

(10)学生练习改编后曲谱的节奏。

(11)学生视奏改编后的曲谱。

(12)学生视唱改编后的曲谱。

(13)学生分组讨论，在老师改编曲谱的后面接着改编创作。

(注：学生分为四个小组讨论并开展即兴创作旋律的活动，这时教师到各组巡视，不时加以引导启发)

(14)学生分组汇报演唱或演奏自己小组改编的旋律。

(15)选出学生改编的旋律，让学生分组创编一段故事。

(16)学生分组汇报表演：

一组：一学生先朗诵一段自编的朗诵词，然后指挥小组成员用竖笛演奏。

二组：采用一边集体演唱，同时加配乐诗朗诵。

三组：采用舞蹈的形式表演音乐。

(17)全体同学用竖笛吹奏舞蹈小组表演的音乐。

(18)教师将各小组创编的音乐和教师改编的音乐连起来组合成一部完整的音乐作品。

(五)学生用竖笛演奏创编的音乐愉快地离开教室

附：音乐教室的布局图

图 11—12

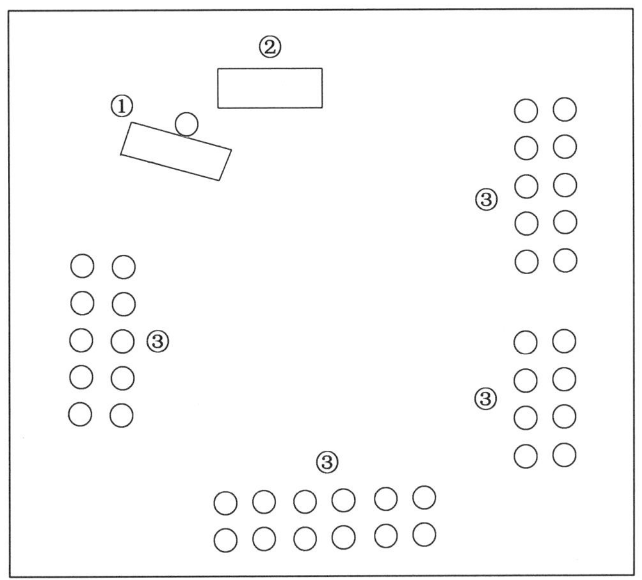

注:①钢琴②讲台、黑板③学生座位

（根据席恒老师教学录像整理）

简评:

席恒老师的《草原》课例获第二届全国中小学音乐课(录像)评比一等奖。

这节小学音乐课的主要特点是将学生的个体创作和群体创作相结合,形成合作与竞争并存的愉快氛围,突出学生全体参与音乐活动,学生把自己当成小主人,积极主动地投入到音乐创作教学的活动之中,学生自己即是创作者,同时又是表演者和欣赏者,使每一位学生都有机会分享创作、体验、表现音乐的快乐,发挥了学生的想象力和创造力,学生成了创造音乐、表现音乐的主人。我们还欣喜地看到,这节课的教学改变了以往老师居高临下的姿态,呈现出老师成为学生一分子的新型的师生关系。首先,音乐教室里学生座位改变了过去的"秧田式"的布局(见图 11—12);其次,采用小组合作的学习方式,使学生能在自己的小组里畅所欲言,形成小组内的合作与组与组之间又形成竞争并存的融洽氛围;再次,从老师协助学生表演时"我是你们的一分子"的表述等,体现了老师是作为指导者、合作伙伴出现,这些都给学生积极参与音乐创作活动一个宽松而和谐的氛围,老师尊重学生的个人兴趣、爱好及差异,并不强调学生采用某种方式整齐地表现音乐,被动地完成老师的教学任务,而是让学生根据自己的特长和爱好选择表现音乐的方式、品尝成功的喜悦,学生主体作用得到了发挥。

课例二：

一、试教课题

节奏与旋律的编创教学。

二、教学目标

音乐教学过程中，通过利用视觉图像识别、卡片组合、即兴创作等多种手段，培养学生的创新思维，激发学生的学习兴趣，让学生更好地参与音乐教学，培养学生运用音乐知识和即兴创作的能力。

三、教学过程

（一）课前准备

播放节奏欢快的音乐（选用高胡独奏《迎宾曲》），让同学们愉快地进入课堂，做好课前准备。

（二）导入课题

当上课铃响，学生起立后，教师宣布：同学们不要坐下，跟着老师拍击同一节奏型：X X | X X X |，速度由慢到快，最后成为 X X X X X X X X | 结束，再宣布坐下。

教师：今天，我们的音乐活动是以比赛形式进行。教师将同学分为红、绿两队，由教师做裁判（亮出记分牌），今天的比赛分为以下几个单项进行，首先请看大屏幕。

（三）组一组、练一练、编一编、唱一唱、奏一奏音乐活动

1. 组一组

（1）教师展示节奏卡片：X X X

要求：根据提供的节奏卡片进行四分音符为一拍的组合。

（2）教师提供以上节奏卡片若干个，由两个参赛队在自己的小黑板上组合。

（3）各队展示答案（正确一个加 5 分）。

答案：（例 11－13）

X	X X	X X X	X X X	X X X	X X X X
①	②	③	④	⑤	⑥

2. 练一练

（1）小组练习：先全班练习（例如：②①、④③），巩固所组合的节奏。然后以⑤②、③②

等小组合抽查红、绿队，拍击节奏准确加 5 分。

(2)节奏练习：

①有节奏地朗诵这句儿歌

早　上 | 空气 好 | 鸟儿喳喳 | 叫　－ | 朝霞迎我 | 去锻炼 | 锻炼身体 | 好　－ ‖

②学生即兴编创固定节奏型为儿歌伴奏。

③分别练习各位学生所编创的固定节奏型。

④同学推选几种所编创的固定节奏型为儿歌配奏练习。

例 11—14

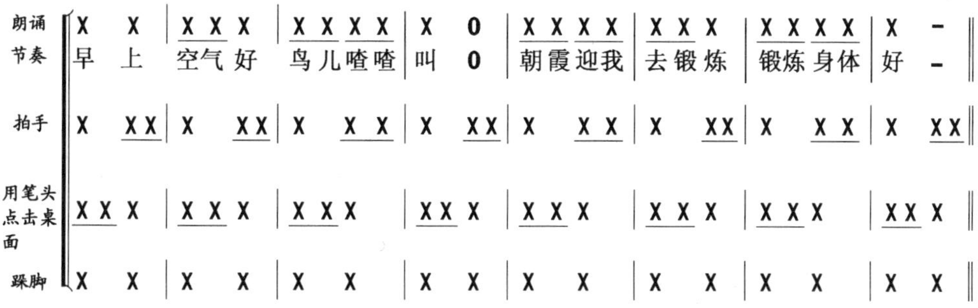

朗诵节奏	X　X	X X X	X X X X	X　0	X X X X	X X X	X X X X	X　－ ‖
	早　上	空气 好	鸟儿喳喳	叫　0	朝霞迎我	去锻炼	锻炼身体	好　－ ‖
拍手	X　X X	X　X X	X　X X	X　X X	X　X X	X　X X	X　X X	X　X X ‖
用笔头点击桌面	X X X	X X X	X X X	X X X	X X X	X X X	X X X	X X X ‖
跺脚	X　X	X　X	X　X	X　X	X　X	X　X	X　X	X　X ‖

3. 编一编、唱一唱

(1)老师出示供学生选用的音符如下：

例 11—15

5̣　1　2　3　5　6　i̇

(2)学生按上述儿歌朗诵的节奏用(例 11—15)的音符即兴编创旋律。

(3)学生分别演唱自己编创的旋律。

学生表演完后简评，在学生互评基础上教师充分肯定同学们编创和演唱的旋律。

(4)任选一条学生即兴编创的旋律，全体同学练唱(见例 11—16)并注重学生体会旋律的情绪，选择适当的演唱速度。

例 11—16

2/4　5̣ 1 | 3 5 5 | 6 5 3 6 | 5 0 | 6 6 5 3 | 2 3 5 | 2 5 3 2 | 1 － ‖

4. 唱一唱、奏一奏

编创旋律的唱、奏练习

(1)学生为(例 11—16)的旋律编配声势。

(2)讨论：编配什么样的伴奏音型？

老师提示：同学们还可选用打击乐器为这条旋律配奏

学生一：采用木鱼或双响筒演奏 X X X|

学生二：采用三角铁或碰铃演奏 X — |

学生三：采用鼓演奏 X 0 |

……

(3)全体学生分组按照以上同学的建议，运用打击乐器或声势进行唱奏结合的表演。

5. 尝试创作回旋曲

教师引导：早晨，我们锻炼身体要进行各种体育活动，请同学们为表现某种体育活动即兴编创一段插部音乐。

(1)学生分成红、绿两组，编创插部音乐。

(2)学生分成红、绿两组，分别表演所编创的插部音乐：

红队：采用打击乐器等表演拔河的比赛过程。

绿队：一学生弹奏钢琴，其余学生用声势表演队列踏步—小跑步—快跑—慢跑—踏步的过程。

(3)学生表演自己创作的回旋曲。

以(例 11—16)作为主部音乐 A 与红、绿两队编创的插部音乐 B、C 组成回旋曲：

A	B	A	C	A
	(红队)		(绿队)	

第一遍由教师指挥全体学生唱、奏表演回旋曲。

第二、三遍由学生指挥全体学生唱、奏表演回旋曲。

(四)课堂小结

由学生分别计算出红、绿队的总分，教师表扬各队的优点、特点，指出努力方向。最后小结教学内容及效果。

(根据曹旭康老师教案整理)

第十二章

音乐课堂教学艺术与音乐教师

第一节　音乐课堂教学艺术

音乐教育是以审美教育为核心，以音乐艺术的独特形式来实现美育。音乐课堂教学是学校音乐教育的基本组织形式。因此，研究音乐课堂教学艺术，让学生在领略音乐作品的艺术内涵中获得审美享受，这是音乐课堂教学艺术的一个重要课题。每一位音乐教师都应重视音乐教学的艺术性，遵循音乐艺术自身的规律，同时以教育学、心理学的原理来指导我们的音乐课堂教学。

一、组织教学的艺术

组织教学是维护课堂秩序的一种手段，并且贯穿于音乐教学的每个环节之中.教师应根据音乐学科的特点，采取灵活有趣、富于美感的组织教学形式，诱发学生学习音乐的热情与愿望，使学生产生相应的积极情感、形成积极参与的课堂气氛。

组织教学艺术首先是体现在良好的教学环境的保持。音乐课堂教学环境主要是指物理环境和心理环境。从物理环境(指音乐教室的设备、设施和座位设置形式以及教具形式等)的要求讲，应是尽可能地将音乐教室装饰美化，为学生提供一个优美的音乐学习环境；从心理环境(指音乐教学中的师生关系、课堂气氛等)的要求讲，应创设和谐、愉快的音乐学习气氛，使教学活动产生相应的积极情感。

组织教学艺术还体现在方法、形式的多种多样：开门见山，将新课题直截了当地告诉学生，可以给学生留下较为鲜明的印象；采取师生自由讨论的方法，巧妙而自然地引出课题，有利于启发学生的思维；设置悬念，让学生开动脑筋，锻炼学生的能力；妙趣横生的小故事引入，容易激发学生的学习兴趣；多种多样的音乐活动的展开，引导学生成为欣赏者、表演者，使学生自然地、充满乐趣地进入音乐世界的各个领域。

组织教学艺术同样也存在于教学过程的细节之中。例如，当学生拿出口琴、牧童笛等乐器时不免急于发出声音，怎么处理？如果对学生进行严厉的呵斥，不但容易产生“对抗情绪”，而且良好的教学环境也被破坏。面对这类情况，有经验的教师往往采取的方式是：

"看，哪位同学的口琴不听话了？如果你管不好你的乐器，就让老师替你管吧！"这时，学生会意地笑了，教室安静下来，而音乐气氛丝毫也没有破坏。音乐教师作为课堂教学的组织者、引导者，教师的情感状态，将直接影响学生，使当堂音乐课产生与其相应的气氛。

此外，组织教学艺术还体现在增加教学情感性、竞技性与表演性，以及教学过程中的起伏现象，"动""静"结合，这些都是有效的组织教学艺术的手段。

二、音乐教学的艺术

音乐教学的艺术，就是要求我们艺术地进行音乐教学，通过音乐艺术对学生进行审美教育。作为音乐教师应该重视和研究音乐教学的艺术。

从音乐课堂的结构来看，主要是导入新课、学习新课、巩固新课三个环节。教师应该根据这三个不同环节的特点来探寻教学的艺术。

1. 教学导入艺术

艺术的导入方式。能很快激发学生的学习兴趣，为整节音乐课获得一个良好的开端。下面以歌唱教学的导入为例。教学步骤：

(1)老师出示一个绒布包，问道"绒布包的是什么呢？"

(2)分别请几位学生来用手摸摸绒布包(但不让学生当时说出来)。

(3)请这几位学生一起回答绒布包里装的是什么。(学生高兴而自豪地答出——皮球)

(4)老师拍拍皮球，要求学生注意听辨皮球落地的声音特点。

(5)小结学生回答：其声音特点是短促、跳跃、富有弹性。

(6)学生模仿皮球落地的声音发声。

(7)结合顿音练声曲进行发声练习：

例 12－1

$\frac{2}{4}$	▾5	▾6	| ▾5	▾3	| ▾5	▾3	| ▾1	0 ‖
	呼	呼	呼	呼	呼	呼	呼	呼
	啦	啦	啦	啦	啦	啦	啦	啦

要求：声音短促、跳跃、富有弹性。

(8)用顿音唱法演唱歌曲《我们多么幸福》的副歌部分。

(9)讨论：为什么用顿音唱法演唱这部分歌曲？(结合歌曲的内容揭示歌曲情绪)

……

从上例我们看到，这种导入方式一开始就吸引了学生的注意，并不断激发学生的兴趣，巧妙地、逐渐地将学生引入对顿音唱法的认识并掌握演唱要领，从审美能力的培养角度，让学生懂得顿音唱法在歌曲艺术表现中的作用。

音乐教育导入的方式很多，随着教学内容的不同而采取不同的"导入"，每位教师都应研究教学导入的艺术。

2. 新课教学的艺术

音乐学习的一般模式是：(1)音乐的体验；(2)音乐的研究；(3)音乐的再体验。[①] 音乐教学重要的是帮助学生逐步增强对音乐要素的认识。因此，教师在教学中，要在引导学生认识音乐作品的艺术内涵基础上，逐渐丰富学生的审美体验。下面以音乐欣赏教学《保卫黄河》为例。

教学步骤：

(1)讨论：学生回顾自己见过的江水或河水波涛滚滚的情景。

(2)老师简介“黄河”。

(3)完整欣赏《保卫黄河》录音，让学生思考歌曲的情绪，讨论后老师作小结。

(4)学生学唱(可随音带)《保卫黄河》的齐唱部分曲谱。

(5)欣赏《保卫黄河》齐唱部分音乐。

(6)讨论、分析音乐的特点。包括：旋律特点、节奏特点、结构特点、歌词特点、歌曲体裁特点。

(7)老师小结并介绍作品时代背景及作曲家。

(8)根据歌曲特点，讨论设计《保卫黄河》齐唱部分音乐的乐器伴奏音型，并进行唱、奏结合的练习。

(9)欣赏《保卫黄河》轮唱部分音乐。

(10)讨论、分析其演唱形式及其作用，以及其民族风格特点等。

(11)小结《保卫黄河》音乐特点、情绪及其意境和意义，完整欣赏《保卫黄河》。

上例欣赏教学自始至终把学生的注意力集中到对音乐作品的分析研究上，对《保卫黄河》的音乐要素进行了艺术价值的分析与探讨，最后又回到音乐作品中去实践、体验、印证、升华。这样的教学活动，是通过音乐作品的艺术感染力.使课堂教学形成一种艺术气氛；学生则以主动参与的积极态度，在感知音乐作品的艺术形象中接受潜移默化的艺术感染和熏陶，从中获得审美享受。

当然，音乐教学艺术还包括广泛的内容。如教学中的教态美、语言美、板书艺术的展示等等，这些音乐教学行为无一不是教学艺术的创造。

3. 巩固教学的艺术

巩固教学既包括对基础理论知识的强化，也包括对基本技能技巧的练习。在音乐课堂教学中，不管是复习知识的教学，还是对技能技巧的练习；不管是运用知识的活动.还是进行音乐表演，同样应该是艺术性的展示。在巩固知识环节中，常常采取的形式是：课堂表演、口头问答、书面作业等等，以激发学生的求知欲，保持课堂气氛，始终将学生置身于音乐艺术的环境中。下面以学习大、小调式后的巩固教学为例，其教学步骤如下：

(1)出示两段曲调进行视唱：《小松树》、《啊，朋友》。

---

① [美]贝尼特·雷默著，熊蕾译：《音乐教育的哲学》。

(2)分析、比较两首歌曲的开始音、结束音、音阶结构；找出其主音与上方三度音的音程关系；判断其调式。

(3)课堂讨论(老师及时给予鼓励性的评价)。

(4)老师有感情地范唱这两首歌曲。

(5)分析、讨论其调式色彩及其对情感的影响。

(6)学生回顾自己熟悉的大、小调式歌曲。

(7)学生分组演唱所熟悉的大、小调式歌曲。

从上面巩固乐理知识的教学步骤可以看到，老师注重从感性入手，层层深入，让学生自己找规律并得出结论。在教学中，注意了理论联系实际，让学生从音乐作品中去分析和巩固，在巩固知识的教学中享受学习成功的欢乐，在充满情感的气氛中加深对音乐艺术的理解，加强对音乐的审美感受。

第二节　音乐教师

音乐教师是实施学校音乐教育的人类灵魂工程师，是社会主义人才的培养和造就者，是我国音乐教育事业的建设者，在人类社会发展和我国社会主义现代化建设中起着重要的作用。国家教育部颁布的《全国学校艺术教育总体规划(1989 年～2000 年)》中对各级各类学校的艺术教师，提出了明确的要求："各级各类学校的艺术教师，必须坚持四项基本原则，热爱艺术教育事业，为人师表，具有较为全面的本学科的基本理论、基础知识和基本技能，具备较高的道德和文化素质，掌握艺术教育的特点和规律，具有从事课堂艺术教学和组织、辅导课外艺术教育的能力。"因此，音乐教师的基本素质包括以下几个方面：

一、正确的政治方向，高尚的职业道德

列宁指出："在任何学校里，最重要的是课程的思想政治方向。这个方向由什么来决定呢？完全只能由教学人员来决定。"[①]这就告诉我们，教师的思想政治观点，对学校的课程和教学有很大的影响。因此，音乐教师必须坚持正确的政治方向。具体讲，就是要坚持四项基本原则，具有共产主义的坚定信念，热爱音乐教育教学工作，忠诚教育事业，献身教育事业，并对教师工作有强烈的自豪感、光荣感和责任感，做到为人师表、教书育人。

教育事业是社会主义事业的一个重要组成部分。热爱教育工作，忠诚教育事业，是音乐教师具有社会主义觉悟，具有正确的政治方向的具体体现，尤其是在社会主义市场经济的条件下，要求音乐教师热爱教育工作，认真履行教师职责，敬业于音乐教育教学工作，培养社会主义合格人才，具有重要的现实意义。同时，热爱学生是热爱教育事业的具体体

① 列宁．列宁论教育．北京：人民教育出版社，1979．52 页

现，也是音乐教师应具备的美德，它要求音乐教师要以满腔的热忱，高度的责任感，既对学生严格要求，又要关心学生、尊重学生、信任学生，以平等的态度对待学生，建立良好的师生关系，引导和鼓励学生不断进步，并满足学生理解和求知的需要。同时在教育教学过程中，教师的思想言行，品德和作风时时刻刻都在教育和影响着学生，教师出现在学生面前时，应该仪容整洁、精神振作、举止大方，要有坦荡的胸怀和实事求是的态度。因此，音乐教师要不断加强思想品德修养，不断提高自己的思想道德素质，使自己的言行举止成为学生的表率。

二、坚实的专业知识和技能，良好的心理素质

音乐教师要搞好中小学的音乐教育教学工作，必须具有坚实的专业知识和技能以及良好的心理素质。

中小学的音乐教育都是基础音乐教育，具有全面综合的性质，其课堂教学内容丰富，课外音乐活动涉及的音乐领域宽广，这些都要求音乐教育的执行者——音乐教师，对音乐学科的理论知识和技能技巧的掌握必须全面，并且还能结合音乐教学内容谈今论古，开阔学生的音乐文化视野，能介绍音乐学科发展的新成果，且具有较高的教学艺术和教育机制。只有具备这些条件才能胜任工作。与此同时，在教育教学工作中，良好健全的心理素质，是音乐教师做好工作的重要条件。音乐教师课堂音乐教学和课外音乐活动等工作任务繁杂，面临的矛盾和问题很多，加强心理修养，使自己对所从事的教育事业始终保持浓厚的兴趣和深厚的感情，在音乐教育教学活动中，保持充沛的精力和坚韧不拔的毅力，热爱生活、热爱工作、不断进取，不断完善，才能卓有成效地搞好音乐教育教学工作。

三、广博的科学文化知识，懂得教育教学规律

中小学音乐教育需要科学文化知识渊博，才华横溢，懂得教育规律，敢于开拓，勇于创新的音乐教师。任何知识，任何艺术都不是互不相关的孤立的独立体，而是相互联系互为补充的多面体结构。根据各门学科知识彼此联系，互相渗透的特点，当今的音乐教育提倡学科综合，在 2001 年我国教育部颁布的全日制义务教育《音乐课程标准（实验稿）》中就明确指出："音乐教学的综合包括音乐教学不同领域之间的综合；音乐与舞蹈、戏剧、影视、美术等姊妹艺术的综合；音乐与艺术之外的其他学科的综合。"由此可见，加强音乐学科的人文内涵，强调各学科之间的相互渗透，使我们的音乐教学在多元文化的背景之中展开，这些都要求音乐教师知识广博。同时，新时期的音乐教育要求音乐教师既要懂得教育规律、艺术规律，是音乐教育教学的研究者和设计者，也要研究教学方法，运用教育学、心理学等教育科学知识，当好课程的建设者和开发者；老师既是学生学习的引领者和促进者，更是学生学习的合作者和交流者。在新课程实施中，以音乐为教学主线，有机地融进相关科学文化知识，创造性地开展音乐教学活动。

四、较强的教学能力与科研能力

21 世纪的新时代，对音乐教育及对音乐教育的执行者（音乐教师）都提出了高标准、高要求，那就是将音乐教师教学能力与科研能力提到同等重要的地位，这也是对音乐教师素质和能力的全面要求。教学能力通常是指：掌握和运用教材的能力；音乐教学设计能力；语言等各种表达能力；教学组织能力；教学应变能力；开发学生智力和启迪学生思维的能力。科研能力通常是指：编写论文的能力；开展对音乐教育或教学的某项专题性科研课题实验并将实验结果写成书面报告的能力；撰写学术专著的能力等等。

教学与科研，主要是教师个人的主体行为，二者是相互依存，相互促进的辩证关系。音乐教育既有艺术的属性，又有科学的内涵。因此，音乐教育教学活动一方面要以充分的教学实践来实现自身的存在价值，完成以审美为核心的教育任务，但另一方面，又需要不断地对音乐教育教学中的诸多理论和实践问题进行研究和思考，并通过一定的科研形式使之成果化，以便更好地指导和推动音乐教育向着更完善的目标发展。因此，教学和科研是两项密不可分的基本任务。只有二者相辅相成，协同作用，也就是音乐教师既可以通过教学实践为科研提供经验和素材，又可以通过科研来促进音乐教育观念的更新和教学内容和方法的改革，从而不断提高教育教学质量，为社会主义祖国造就一代全面发展的高素质人才。由此，音乐教师应结合自己的音乐教育教学实践或音乐艺术实践进行科研，将在实践中的感性体验上升到理性分析的层面上进行思考，如能提出有学术价值的新论点、新课题，并付之以完整的表述形式，那将是很好的科研成果。

第十三章

课外音乐活动

第一节　课外音乐活动的意义

学校的课外音乐活动，通常是指音乐课堂教学以外的音乐教育活动，它是学校音乐课程资源的重要组成部分。课外音乐活动的意义可以从以下几个方面来体现：

一、满足学生的音乐要求，丰富学生的课余文化生活

丰富多彩的课外音乐活动，为每一个学生提供了选择自己喜爱和特长的课外音乐活动项目的机会，满足学生的进一步学习音乐的要求，发展学生的音乐兴趣，促进学生的身心健康，激励学生积极向上，使学生的课余文化生活充实，从而使学生自觉抵制社会文化生活中消极的不良倾向。

二、提高学生的音乐素质，培养学生的各种能力

多种多样的课外音乐活动，扩大了学生的知识领域，既能深化课堂教学中所学的相关知识和技能，又能让学生接触课堂教学以外的各种音乐活动。学生参与这些音乐活动的过程，也是丰富学生音乐经验和提高学生音乐素质的过程，同时，也是培养学生感知音乐的能力，理解音乐的能力，以及表现音乐能力和创造音乐的能力的过程，更是培养学生的组织能力和独立工作能力的过程。

三、陶冶学生的审美情操，培养学生的集体主义观念

伟大的音乐家贝多芬曾说："音乐当使人类精神爆出火花"。音乐教育的审美特质是诉诸心灵的、感情的、形象的、思想的，它潜移默化地提高学生的思想道德，陶冶高尚的审美情操，这对于加强社会主义精神文明建设具有重要意义。尤其是课外音乐活动常常是集体活动，学生会自觉不自觉地感受到集体协作的力量，这都有利于培养学生团结友爱、遵守纪律的良好品质和集体主义观念，使学生在德、智、体、美诸方面得到全面的发展。

第二节　课外音乐活动的基本原则

一、寓教于乐原则

学校的音乐教育，不管是课堂音乐教学，还是课外音乐活动，都应遵循寓教于乐原则，这一原则在第五章已有阐述，这里不再赘述。

二、自愿参加原则

课外音乐活动主要是发展和满足学生对音乐的兴趣和爱好，使他们身心健康发展。因此，教师组织课外音乐活动，应尊重学生的意愿，坚持学生自愿参加原则，以学生为主体，调动学生的主观能动性，鼓励学生发挥各自的特长，使学生积极主动地投入到课外音乐活动之中。

三、计划开展原则

教师开展课外音乐活动应有明确的目的，每学年、学期应了解本地区和学校的主要工作情况，根据学生的实际，拟定切实可行的计划，合理安排课外音乐活动的内容及活动时间。保证课外音乐活动的有序进行。

四、形式多样原则

教师组织课外音乐活动，应坚持形式多样原则，以吸引广大学生参加，进一步激发学生学习音乐的兴趣，使学生主动投入到各自喜爱的音乐活动之中，必要时，还可以聘请校外教师协助指导，以满足学生的学习要求。

第三节　课外音乐活动的组织

常见的课外音乐活动的组织形式主要有：

一、普及性的课外音乐活动

普及性课外音乐活动，常常是配合学校教育工作来组织学生参与进行的全校性的音乐活动。这类活动学生参与面广，涉及学校有关部门较多。如：德育处、教导处、共青团组织、学生会、班主任等等。音乐教师这时既要调动学生积极参加活动，抓好学生骨干配合工作，还要协同学校上述有关部门共同来落实各项组织。

普及性的课外音乐活动主要组织形式有：

（一）各类音乐比赛

学校音乐比赛活动往往是结合节日、纪念日，并以班级为单位来组织。常见的形式有：

1. **歌咏比赛**
2. **文艺会演**
3. **音乐知识竞赛**

（二）音乐专题讲座

学校举办音乐专题讲座常常是结合某一纪念日，或是结合重大节日，或是配合学校的某项重要活动等举行。音乐专题讲座既可由音乐教师讲演，也可以邀请校外著名的音乐工作者来校讲演。

（三）举办艺术节、联欢会及文艺会演

（四）创办音乐专题的墙报、专栏等

二、专业性的课外音乐活动

专业性的课外音乐活动，主要是根据学生对音乐某方面的兴趣和特长来分别组织学生进行比较系统的音乐专业教育。其主要组织形式有：

（一）音乐兴趣小组

常见的音乐兴趣小组有：

1. **声乐小组**
2. **各种器乐小组**

如：手风琴小组，二胡小组，电子琴小组等。

3. **创作小组**
4. **指挥小组**
5. **舞蹈小组**

（二）合唱团

学校的合唱团主要有两种类型：

1. 同声合唱团

如:童声合唱团、女声合唱团、男声合唱团。

2. 混声合唱团

合唱团的人数在30～80人之间较为适宜,音乐教师可以根据不同的需要确定人选。一般来说,学生只要音质、音色、音量、音域大致相近,即可吸收为合唱团成员。

(三)各种类型的乐队

学校乐队的类型主要有以下几种:

1. 民族乐队

民族乐队是由我国民族乐器组成。按我国传统习惯分为:

吹管乐器:笛子、唢呐、笙。

拉弦乐器:二胡、板胡、高胡、革胡。

弹拨乐器:扬琴、柳琴、琵琶、阮、三弦。

打击乐器:鼓、锣、钹、木鱼、碰铃。

2. 西洋管弦乐队

西洋管弦乐队是由各种西洋乐器组成,一般分为:

弦乐器:小提琴、中提琴、大提琴、低音提琴。

木管乐器:长笛、短笛、双簧管、单簧管、大管。

铜管乐器:小号、圆号、长号、大号。

打击乐器:定音鼓、大鼓、小鼓、三角铁、吊钹等。

3. 混合乐队

混合乐队是将中国民族乐器和西洋管弦乐器混合组成的乐队,这是在一般学校最常见的,是学校根据自己的实际情况而混合组建的。

4. 电声乐队

电声乐队主要指通过电子技术获得各种音源的乐器,常见的有电子琴、电吉他、电贝司以及架子鼓等。

第十四章

音乐课堂教学评价

第一节　音乐课堂教学评价概述

一、音乐课堂教学评价概念

音乐课堂教学评价是现代教育研究的重要课题之一，是学校音乐教学工作的一个不可缺少的基本环节，是我国基础教育音乐课程改革的重要组成部分。

我国基础教育在20世纪80年代中期以来就开始了评价改革的尝试，直到21世纪初颁布的《音乐课程标准》(以下简称《课标》)，才明确指出要建立综合评价机制。综合评价机制的提出，使科学意义上的音乐教学评价诞生。教学评价是在搜集信息的基础上依据一定的标准对教学系统进行价值判断的活动。根据《课标》精神，音乐课堂教学评价应以音乐教育的价值观为标准，以达到音乐教学目标的程度来衡量音乐课堂教学成绩和效果，它要求对音乐教学和音乐学习作知、情、意全方位的考查。总之，音乐课堂教学评价是依据《课标》的价值、理念、目标，运用科学的方法和手段，对音乐课堂教学目标、内容、方法、过程和效果等进行一系列价值判断的活动。

我国普通学校在班级授课制中，音乐课堂教学形式是音乐教学的基本组织形式，在目前条件下，它是实施素质教育的主渠道，在整个音乐教学活动中居于中心环节的地位。因此，搞好音乐课堂教学评价是至关重要的。音乐课堂教学评价应重在其教育、激励与改善的功能。对学生而言，通过音乐课堂教学评价，提高学生学习的积极性，促进学生在音乐学习方面不断发展，同时，巩固和加深所学的知识与技能，提高学习效率；对教师而言，通过音乐课堂教学评价，促进音乐教师改进教学工作，激励教师进取，不断提高音乐教学水平和教学质量。总之，它给教师和学生提供科学的反馈信息，帮助教师和学生正确地认识自己、激励自己，从而帮助师生进一步把握新的教学理念，使音乐教学过程实现自我调节和良性循环，进一步激发和强化师生的动力，为师生开展音乐教育教学研究活动明确改进的方向。此外，通过音乐课堂教学评价，对于学校和有关教育领导而言，能更好地检查音乐课程实施和音乐教学工作，促进学校音乐课程的管理和建设，达到音乐教学价值提升，推动音乐课程的建设与发展。总之，它是音乐课堂教学过程中不可缺少的反馈环节，对学校的音乐教学活动起着十分重要的导向作用，并引导着音乐教学工作朝着实现预定的目标迈进。

二、音乐课堂教学评价原则

《音乐课程标准》指出，音乐课程的评价应坚持以下四项原则：

1. 导向性原则

导向性原则即是指，音乐课堂教学评价应引导教学向着正确的方向发展。通过评价，应该为学生的音乐学习和发展、为教师的音乐教学工作、为学校对音乐教学的领导工作，以及为音乐学科课程的进一步建设和发展指明前进的方向。

音乐课堂教学评价，应该有利于学生了解自己在音乐学习上的进步，发现和发展自己的音乐潜能，建立自信，促进音乐感知、表现和创造等能力的发展；同时，应该有利于引导教师全面贯彻教育方针，研究音乐教育教学规律，总结教学经验，转变教学观念，改进教学方法，促进音乐教学改革，提高音乐教学水平与教学质量；对于学校和有关教育领导来说，还应该有利于加强和改进对学校音乐教学工作领导和指导，更好地贯彻执行《课标》，进一步促进课程的发展。

2. 科学性原则

科学性原则，就是音乐课堂教学评价必须符合音乐教育教学规律，符合青少年身心发展特点，并能体现音乐学科的特点，体现中小学音乐课程标准的性质和价值。《课标》所确立的课程价值观、课程基本理念和各项目标，应该成为建立评价体系和实施评价的依据和基准。

科学性的评价要求评价达到准确、客观、公正。评价指标应具有准确的科学含义和相对独立的内容，科学地确定各项评价项目及其权重，力求全面、客观、准确地评价音乐课堂教学质量。

3. 整体性原则

整体性原则就是要求音乐课堂教学评价必须从整体出发，全面、全过程地进行评价，无论是评价学生的学习、教师的教学，还是评价学校音乐教育教学工作，都必须从整体着眼，涵盖音乐学习的各个层面和教学的各个领域。

对学生的音乐学习评价应注意用发展的眼光，从不同阶段的回顾和对比当中，把握学生的进步和发展，使评价能够发挥激励和促进的作用。对教师教学效果的评价，也应坚持整体、全面的评价原则。

4. 可操作性原则

音乐课堂教学评价的可操作性原则是指评价的指标和方法要简便、明晰，易于操作和推广。根据音乐课堂教学特点，应将各种评价方式与方法相结合，把评价融进音乐教学的全过程，使音乐课堂形成生动活泼的良好评价氛围。特别是对于学生音乐学习的评价，教师要面对多个年级、众多学生，评价的实际操作如果十分繁杂就难以实施，这就要求评价必须坚持简便易行。

可操作性原则与以上三条原则是相辅相成的，如果只是注重正确导向，全面而科学，不考虑评价是否可行,这样的评价方案是无效的。反之,如果只图操作简便,不管评价的导向性、科学性和整体性,更是不可取的。在音乐课堂教学评价中,这四条原则都必须认真贯彻,这样才能保证教学评价顺利进行,并使评价发挥其积极的作用。

三、音乐课堂教学评价内容

1. 学生音乐学习评价

对学生的音乐学习评价,应该以《课标》规定的各学段、各年级的课程目标(包括情感态度与价值观、过程与方法、知识与技能三个层面)和教学领域(感受与鉴赏、表现、创造、音乐与相关文化四个领域)为基准进行。

其中,需要特别注意的是,对学生音乐学习的评价,除了应该关注情感态度与价值观和知识与技能方面的情况之外,还应注意考察学习过程与方法的有效性。如:对音乐的兴趣爱好与情感反应,音乐实践活动中的参与态度、参与程度、合作愿望与协调能力,音乐的体验与模仿能力、表现能力,探究音乐的态度与创编能力,对音乐与相关文化的理解以及审美感情的形成等。

按照现行学校教学管理体制,各个年级在每个学年、每个学期都要对每个学生进行阶段性的音乐学习评价。在音乐教学中也应进行经常性音乐学习评价。

2. 音乐教师教学评价

对音乐教师的评价主要是教育思想、业务素质、教学态度、教学方法和效果、教学业绩(含课外音乐活动)等的评价。教师在师生的交往与沟通中是否爱护和尊重学生等是教育思想的具体体现,在对教师的评价中应该给予注意。音乐课堂教学评价常常是评价教师教学工作的重要方式,也是音乐教学评价最常用的方式。

3. 课程管理与课程发展评价

对管理者和课程自身的评价主要有:学校领导对音乐教育功能的认识和重视程度、学校的艺术氛围、音乐课的开设、音乐教师和音乐教学设施的配备、课外音乐活动的开展等。对《课标》执行情况和出现的问题进行阶段性的评价和分析,通过对音乐教学实际情况的调查研究,及时加以总结,发现存在的问题,使之不断调整和完善,促进课程的建设和发展。

第二节　音乐课堂教学评价的设计与方法

音乐课堂教学评价首先应是建立评价指标体系。评价指标体系是评价标准的载体和具体化,是开展评价活动的重要准备工作。评价指标体系的建立在遵循导向性原则、科学性原则、整体性原则和可操作性原则基础上,根据音乐课堂教学评价内容,还应遵循音乐课堂教学的规律,要体现音乐学科的教育价值与教学理念,体现我国的《课标》要求。鉴于音乐课堂教学的目标,依据评价的内容与原则,现以初中音乐课堂教学为例,制定以下评价指标体系,以供借鉴。

一、教师音乐课堂教学评价的方案设计

教师音乐课堂教学评价表

评价项目	评价指标	权重100%	评价结果			
			优	良	合格	不合格
教学设计与教学目标	1. 教学设计周密,并有利于学生发展,教案渗透《课标》理念,且表述清楚,详略得当 2. 目标明确,切实可行,并贯穿教学始终 3. 符合音乐学科特点,课前准备充分	15%				
教学内容	1. 教材分析正确、综合性拓展得当 2. 内容分量和安排适当,重点突出 3. 切合学生实际,寓艺术性、思想性于教学之中	15%				
教学过程	1. 体现全体学生的体验、参与等音乐学科特点 2. 突出探究、创造、合作、综合等学习方式,并在教学过程中注重学生能力培养 3. 教学节奏张弛有序,教学环节连接自然 4. 教学过程中,老师能随时关注全体学生,且氛围良好	15%				
教学方法与手段	1. 教学方法灵活多样,并针对性强,符合音乐教学特点 2. 激发学生学习兴趣,调动学生学习积极性 3. 课堂教学调控得力,师生互动 4. 现代教学手段综合运用恰当	20%				
老师素质	1. 教态自然,语言准确、生动,板书规范 2. 示范准确,富有感染力 3. 熟练掌握并运用相关技能较好 4. 组织教学能力和应变能力强	15%				
教学效果	1. 学生审美体验入情入境,音乐兴趣和能力得到培养 2. 学生能较好地掌握所学知识与技能 3. 开放性学习效果好,体现创新精神 4. 师生合作愉悦、和谐	15%				
教学特色	教学有独创性,体现创新精神	5%				
总分						
等级						

二、学生音乐课堂学习评价的方案设计

初中学生音乐课堂学习评价表

评价项目		评价指标	权重100%	评价纪录			
				优	良	合格	不合格
情感态度与价值观		1. 积极参与各项音乐活动并能主动学习音乐 2. 能在音乐实践活动中的感受、体验、表现与创造音乐 3. 能运用音乐形式表达情感，表现出良好的审美情趣 4. 能与同学、师生相互合作交流，感情融洽	20%				
过程方法与知识技能	感受与鉴赏	1. 能感知音乐情感变化，并能简单表述或表现 2. 能判断所听音乐曲名、主题及作者 3. 能感知音乐要素变化，并能评价其在音乐表现中的作用 4. 能简单分析所听音乐的特点与风格、体裁与形式	20%				
	表现	1. 能自信、有表情地独唱(奏)或参与综合性艺术表演活动 2. 能选择适当的表演方式表现音乐，并对自己、他人的表演进行评价 3. 能随琴视唱简单乐谱，并对指挥的基本动作做出正确反应	20%				
	创造	1. 能运用人声、乐器声或其他音源材料表现一定的情景 2. 能依据音乐基本内容及情绪进行即兴创编活动 3. 能独立或与他人合作创作短曲	20%				
	音乐与相关文化	1. 能关注生活中的音乐，并简述音乐在社会生活中的作用 2. 能了解音乐代表作品及相关人文背景 3. 能运用综合艺术表现手段，参与班级文艺活动的创意与设计	20%				
总分							
等级							

三、学生音乐学习成绩评价的方案设计

学生音乐学习成绩评价表[①]

测量内容	测量要点与权重	评价等级			
		A	B	C	D
情绪情感体验	表情(0.1)	9.5	8	6.5	5
	速度(0.1)	9.5	8	6.5	5
	力度(0.1)	9.5	8	6.5	5
演唱(奏)技能	音准(0.1)	9.5	8	6.5	5
	节奏(0.1)	9.5	8	6.5	5
	姿势(0.05)	4.75	4	3.25	2.5
	音质(发声、音色,咬字、吐字)(0.15)	14.25	12	9.75	7.5
音乐表现	完整(0.1)	9.5	8	6.5	5
	流畅(0.1)	9.5	8	6.5	5
	风格(0.1)	9.5	8	6.5	5

注:各级指导A(优秀,95分)各项指标完成很好,达到要求。

B(优良,80分)各项指标完成较好,略显不足。

C(及格,65分)各项指标基本完成,明显不足。

D(不及格,50分)各项指标不能完成。

具体评价时,教师可在评价等级(A、B、C、D)中任选一项,画"√",并将其赋值相加得出总分。

音乐学习测验成绩评价,应采取定量与定性相结合的综合性评价的方法。除了给出评价的等级评分外,应根据平时观察积累的资料,进行分析归纳,定出有针对性的总结性评语,使学生明确前进的目标。

① 引自曹理等著《音乐学科教育学》。

四、学校音乐教学管理评价

音乐教学管理评价表

序号	评价指标	权重 100%	评价结果			
			优	良	合格	不合格
1	校领导对音乐教育的认识和重视	10%				
2	学校《音乐课程标准》实施情况	10%				
3	音乐课的开设	20%				
4	音乐师资设置	20%				
5	师生音乐教材的配套	10%				
6	学校的艺术氛围	10%				
7	音乐教学设施的配置	10%				
8	课外音乐活动的开展	10%				
总分						
等级						

五、音乐课堂教学评价的方式与方法

《中小学评价与考试制度改革的基本框架(讨论稿)》指出:"评价与考试的改革必须体现新的教育评价观念,要注重对学生综合素质的考查,强调评价指标的多元化,促进学生全面发展;评价要保护学生自尊心和自信心,体现尊重与爱护,关注个体的处境与需要;评价应突出发展、变化的过程,关注学生的主观能动性,激发积极主动的态度;要将评价贯穿于日常的教育教学活动中,发挥评价的教育功能。"音乐课堂教学评价应遵循这一教育评价的指导思想,在体现素质教育目标的前提下,以音乐课程价值和基本目标的实现为评价的出发点来建立一种包括对学生、对教师和对课程管理三个层次,包括自评、互评和他评结合的综合评价机制。通过评价,使学生能真正地了解自己的学习状况和水平,激发学习的热情和积极性;使教师进一步了解自己的教学过程,不断地调整自己的教学;使课程管理者充分了解现有状况,避免不必要的决策,使音乐课堂教学评价真正成为促进学生发展和教师教学的有力工具。

根据音乐学科的特点,音乐课堂教学评价的方式与方法主要有:

(一)形成性评价与终结性评价相结合

形成性评价是一种检验学生阶段性学习效果的评价方式,以便于了解和检验学生一定阶段的学习效果,把握音乐教师阶段性教学的进展情况,从而更好地改进音乐课堂教学。对于学生音乐学习的评价,可采用观察、谈话、提问、讨论、抽唱(奏)等方式进行。由于中、小学的每位音乐教师都要面对数量众多的学生,因此,音乐课堂教学可以使用多种观察手段,还可以采用建立"资料档案册"或"成长记录袋"等方法,对学生经常的形成性评价加以记载,尽可能地对所有的学生(至少是大部分学生)实施日常的形成性评价。

终结性评价是指音乐课程在学期和学年结束时的结业检测,其检测的内容为整个学期或学年内的全部学习内容。每个学期或学年的阶段性终结性评价,学生和家长、社会都比较关注,对学生总结、回顾阶段音乐学习发挥重要作用,应该予以重视。

音乐课堂教学评价应是充分关注音乐教学的实践过程,要把平时经常性的评价和阶段性的终结性评价相互结合起来。

(二)定性评价与定量评价相结合

定性评价与定量评价在音乐教学评价中各有其价值和作用。定性评价的优点是显而易见的,如对学生的音乐学习评价,在音乐课堂教学活动中,对学生的兴趣爱好、情感反应、参与态度、交流合作、知识与技能的掌握情况等,用较为准确、形象的文字简要加以描述,这就是定性述评。但是,定性述评的缺点是工作量大,实际操作起来比较困难,在学生班级人数不太多的情况下可以实行。在对音乐教师和学校音乐教学工作的评价上,则应该多采用定性的述评。

定量评价具有比较准确、便于实施等优点,如根据需要和可能,进行学生音乐能力测验或音乐学习水平测量，进行定量测评，以获得每个学生的音乐学习的等级或分值。对于音乐课堂评价，同样可以采用定量的方法，采用课堂评价方案，按照分项的权重进行分值的计算，以获得各个评价项目的数据，并评出相应的等级或分值。

音乐教师在实际操作中，为了使评价更加科学、准确，应该尽可能地把定性评价与定量评价结合起来。

（三）自评、互评和他评相结合

自评、互评和他评三种评价方式相结合，是实施综合性评价的重要方面。倡导学生自我评价，一方面是使评价客观公正，另一方面是因为自我评价本身就是学习活动的组成部分，音乐学习评价只有内化为学生自己的认识，才能起到提高音乐学习效率和水平的作用。因此，对学生音乐学习评价的自我评价应给予充分的重视，要根据不同学段和年级，广泛地、灵活地加以运用。一般来说，学生自我评价主要有两种形式：一种是即时自评，另一种是学段学期自评。即时自评是在音乐学习的过程中随时进行，学段学期自评则带有总结性的特点。学生的自我评价应以描述性评价为主，可以通过生动活泼的形式，让学生对自己的音乐学习进行总结、回顾和比较。学生自我评价应该注意调动学生的积极性，注意学生音乐学习的个体差异。为此，学生评价的重点应该放在自我发展的纵向比较上面。学生之间的相互评价也是值得提倡的一种音乐学习评价方式。要根据不同年级学生的实际能力，采用简便、可行的方式方法，开展阶段性或经常性的学生自我评价和相互评价活动。通过各种形式的自评或互评活动，充分发挥学生的积极性，以达到相互交流和激励，发展学生各种能力的目的。

对教师的音乐课堂教学评价，同样要充分重视教师的自我评价，坚持描述性的评价和鼓励性的评价为主，使音乐教师有一个踊跃参与评价、主动面对评价的积极心态，避免不必要的紧张和消极心理。为了使教师和音乐课堂教学的评价能够更加真实，要注意选择评价的方式、方法，尽量采用多元决策的评价方式，即采用教师本人和同行教师、学生、领导等方面参与评价的方式。其中，要注意调动学生参与评价的积极性，因为学生是教学的直接参与者，平时与教师接触比较多，对教学、教师的情况比较了解，应该说他们最有发言权。

学生和教师的自评、师生之间的和教师之间的互评、学校和上级主管部门对教师的评价、家长对教师的评价以及师生和家长对学校音乐教学工作和音乐课程的评价，这些都是音乐课堂教学评价的重要组成部分。在音乐课堂教学中，教师尤其应注意给学生提供评价的机会，在尊重学生评价的同时，教师还应充分发挥导评作用，对学生的评价，应既是一种赏识和启发，又是一种帮助和激励；既关注和赏识学生对知识的掌握和能力的提高，又关注和赏识学生在学习过程与动作方法的优良行为，更关注和赏识学生在情感、态度、价值观等方面的积极表现。

总之，通过各种形式的评价，我们可以从多种渠道获取改善音乐课堂教学评价的信息，及时调整和改善教学，提高音乐教学质量。在评价活动中，要注意讲求实效，尽量简化评价过程和方法，评价不宜过多、过滥，防止流于形式。

第十五章

音乐教学设备与现代教育技术

第一节　音乐教学设备

音乐教学设备是音乐教学的必备用具，是实施音乐教学的必要手段，是保证音乐教学取得良好效果的重要条件。

为了促进音乐教育事业的发展和音乐教学质量的提高，学校和音乐教师应该有计划地改善和充实音乐教学器材设施，逐步完善音乐教育设备的配置。

一、音乐教学常用设备

教育部在2001年颁布的九年义务教育《音乐课程标准(实验稿)》中指出："音乐教学设施是实现课程目标的保证。学校应配置音乐专用教室和专用设备，如钢琴、风琴、手风琴、电子琴、音像器材、多媒体教学设备以及常用的打击乐器、民族乐器及西洋乐器等。"

(一)专用音乐教室的一般设置

专用音乐教室，是进行音乐教学和开展音乐活动的主要场所。学校设置专用音乐教室，有利于音乐教师妥善保管好音乐教学的专用设备与用具；有利于音乐教师根据学生声音特点划分声部编排座次；有利于音乐教师开展课内、外的各项音乐活动；有利于音乐教师美化教学环境，创造良好的音乐学习、活动氛围。

音乐教室的布置应注意整洁舒适、色彩鲜明。教室里应挂有音乐家头像、音乐家名言、乐器挂图，使学生有一个良好的音乐学习环境。教室中的课桌、椅最好采用移动式或折叠式，以便于课内、外音乐活动的展开。

下面介绍几种常见的音乐教室设置。

图 15—1　　　　图 15—2

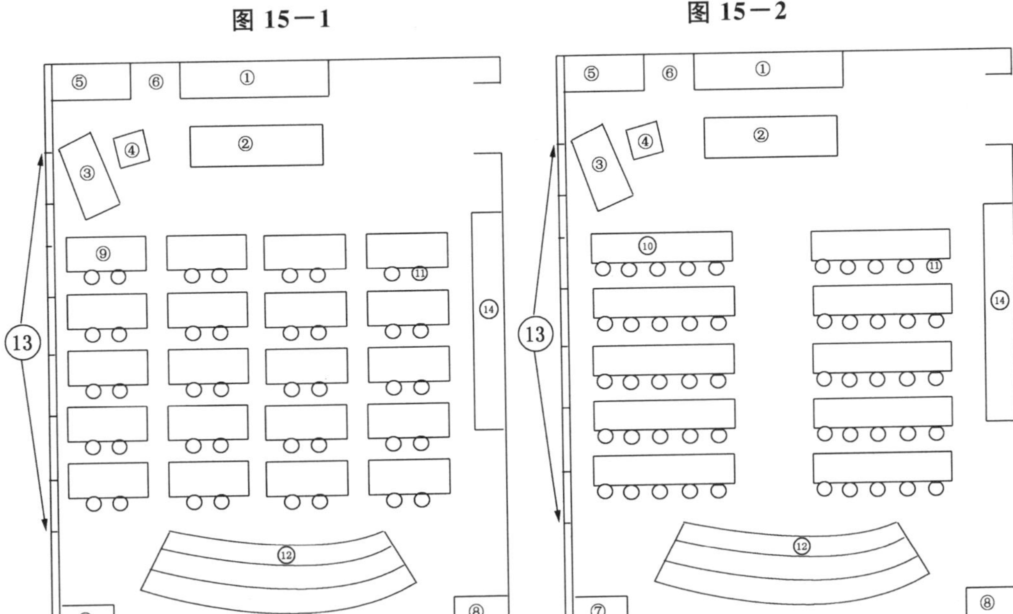

①五线谱黑板②台③钢（风）琴④琴凳⑤工作台⑥电源插座⑦乐器陈列室⑧乐器资料、演出服保管柜⑨课桌⑩活动窄条桌⑪学生⑫合唱站台⑬窗⑭音乐学习园地

为了给学生与学生之间提供更多的交流机会，为学生提供音乐活动表演的场地，音乐教室的座位排列也可以采用以下方式。

图 15—3　　　　图 15—4

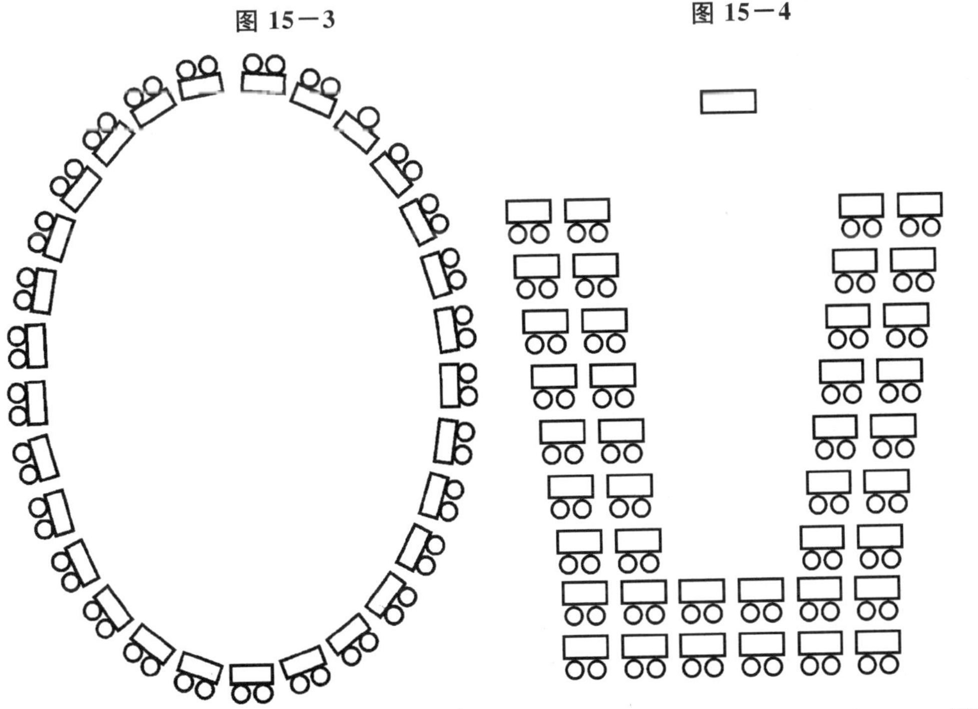

（二）黑板

为了便利音乐教学，音乐教室黑板宜用以下形式：

（1）大黑板（如图 15—5）

（2）小黑板应有两块或两块以上，五线谱黑板和普通小黑板各一块。

图 15—6　　　　**图 15—7**

（3）磁性五线谱黑板（即磁性五线谱教板）。

磁性五线谱黑板的优点在于：音符、谱号、符号均是活动的，可随时贴或是取下，任意排放，具有直观性和趣味性。

磁性五线谱黑板分两种类型：

①大型——用于教师教学。

②小型——用于学生学习之用，可人手一块。

（三）钢琴或风琴一台

（四）音乐教学挂图、乐谱资料和参考书等

（五）录音机、录像机、电视机等电声器材及其音响资料

（六）各类乐器

（七）乐器陈列柜和乐谱资料、演出服的保管柜等

二、音乐教学设备的管理

随着音乐教育事业的发展，音乐教学设备日益增多，逐步完善。为了保证音乐教学设备充分地用于教学，每位音乐教师都有管理好音乐教学设备的职责。为此，音乐教师应做到以下几点：

(1)熟悉各项音乐教学设备的性能，掌握其使用方法；学习各种设备的保管、维护、修理的基本知识。例如乐器一般应避免暴晒或长期置放于潮湿处；而电教设备一般应注意防止灰尘、避免淋雨、保持清洁等等。

(2)对学生进行科学管理和正确使用音乐器材的知识宣传，教育学生爱护音乐器材，科学地使用音乐器材。使用乐器要轻拿轻放，防止碰撞、损伤等等。

(3)要制订管理和使用音乐器材的规章制度，并认真执行。例如各种音乐器材设备应登记入册；严格执行借还制度；定期检查维修等等，以保证音乐教学工作的持久性。

总之，只有管理好各种音乐器材设备，才能更好地发挥它们的性能和作用，才能更好地完成音乐教学任务。

第二节　现代教育技术

一、现代教育技术在音乐教学中的作用

现代教育技术是现代科学技术与现代教育理论发展到一定阶段的产物，是以视听教育为基础，并充分利用了众多的最新科技成果和汲取了科学方法论的精华而形成和发展起来的。现代教育技术着重从学习过程和学习资源两个方面相结合的角度，探讨和解决运用现代科技优化教学过程，提高教育教学效率、效益和质量的问题。

现代教育技术自19世纪末产生以来，从开始用于教学的幻灯，到当今21世纪的电脑、激光视盘等媒体进入音乐教育领域，现代教育技术进入系统发展阶段。

我国的现代教育技术，萌芽于20世纪20年代，起步于30年代，至今已有六十多年的历史。但真正得到迅速发展，是在20世纪70年代后期，经过80年代的全面发展，90年代更是进入深入发展时期，取得了明显的教育、教学效益与社会效益，推进了我国教育、教学改革的深化。对于现代教育技术在我国教育改革中的地位和作用，我国教育部领导提出：要把现代教育技术当作整个教育改革的“制高点”和“突破口”。教育部部长陈至立在《中国教育报》创办的专题新闻版上撰文指出：“要深刻认识现代教育技术在教育教学中的重要地位及其应用的必要性和紧迫性；充分认识应用现代教育技术是现代科学技术和社会发展对教育的要求，是教育改革和发展的需要”。并号召：“各级各类学校的教师要紧跟科学技术发展的步伐，努力掌握和应用现代教育技术，以提高自身素质，适应现代教育的要求”。学习、掌握并运用现代教育技术，对于音乐教育改革和发展意义深远，其主要作用

可以概括为：

（一）增加教学的情趣性，激发学生学习兴趣

现代教育技术的多种功能，优化了音乐教育、教学过程，可以达到色彩逼真，形声并茂，这种音画结合既可以再现场景，也可以创设情境，使音乐教学富有情趣，在音乐与感情、形象融为一体的情境中，使学生心灵受到熏陶，引起学生感情上的共鸣，能够有效地激发学生的学习兴趣，触发学生的想象力，活跃学生的思维，让学生产生强烈的学习欲望，调动学生学习的主动性和积极性，达到寓教于乐、寓教于美。

（二）增大教学的信息量，开拓学生音乐文化视野

现代教育技术突破了空间与时间的限制，既可以充分展示音乐教学中所涉及的古今中外音乐文化知识，发挥教师的主导作用，又可以充分体现学生认知主体作用，能让学生自主学习，使学生更容易进入音乐并且创造音乐。此外，运用投影、录像、多媒体等直观展示，可以把较复杂的问题简明化，抽象的问题形象化，丰富学生对音乐的感性认识，增大音乐教学的信息量，极大地丰富音乐教学内容。还可以让学生通过电视或教师事先制作的课件等，收看或收听到高质量的"音乐会"、"音乐欣赏讲座"及相关的音乐文化知识等等，这对开拓学生音乐文化视野，提高学生的审美能力，无疑会产生巨大的作用。

（三）促进音乐教学改革，提高音乐教学效率

现代教育技术可以使学生充分地利用视觉和听觉去获取知识，这种多种感觉器官并用无疑有利于使学生学习效率提高。对学生而言，可以在有限的时间里获取更多的知识；对教师而言，还可以利用录音、录像等记录音乐教学过程，以供课后分析，从而有利于提高教师业务素养和教学水平。再者，通过现代教育技术，全国各地乃至世界各地的优秀教师的音乐教育、教学活动录像资料可以相互交流，在教育思想、教学方法、教书育人等方面可以给广大音乐教师带来深刻的启示，为我国音乐教育改革带来新的活力，促进音乐教学改革，提高音乐教育质量。

二、音乐教学中常用的现代教育技术设备

（一）录音机、激光唱机

录音机、激光唱机主要作用于人们的听觉器官。由于录音机、激光唱机只有音响，没有图像，能使学生集中注意力，使学生的听觉能力得到锻炼，学生在倾听音乐的过程中，情绪受到感染，并深化学生思维，有利于培养学生感知音乐、理解音乐。

1. 录音机

录音机是记录声音信号的设备，在音乐教学中的运用最为普遍。如在录音机上运用录音磁带录制声乐、器乐曲，音乐参考资料，可供教学示范用；也可以录存学生演唱（演奏）的音乐作品，以供教学评价等。

录音机的种类较多，在音乐教学中宜使用盒式录音机。它的特点是携带方便、操作简便，其所用的磁带又便于保藏。在购盒式录音机时，还可购置与之匹配的无线话筒，以备举行较大规模的音乐讲座所用。音乐教学中适宜使用的盒式录音机有：

(1)收录两用录音机

它的特点是既可录放教学内容，又可收录电台广播的音乐节目，便于音乐教师教学和收录有关音乐教学的音响资料。

(2)立体声收录两用收录机

这种型号的录音机除了具有上述的特点外，还可以进行立体声收放，音质较好。

(3)盒式录音座

这是一种比较高级的电子设备。它有全自动停机功能，降噪系统，可自动选择磁带上的音乐节目，自动倒带，定时录放，录放性能优良。

2. 激光唱机(CD唱机)

激光唱机(CD唱机)是一种用电脑控制的智能化高保真立体声音响设备。用于激光唱机(CD唱机)的唱片简称CD唱片，因其录、放音原理采用了激光技术，所以又称为激光唱片。由于激光唱机操作简便，选曲快速，又能逼真地重放录制的音乐，且层次分明，有临场感，失真度小，为一般录音机所不及，因此，激光唱机运用于音乐教育教学亦较为普遍。

(二)幻灯机、投影器

幻灯机、投影器主要作用于人们的视觉感官。幻灯机、投影器的最大特点是可以为音乐教学提供色彩鲜明的视觉形象，使音乐教学过程变得更为生动、直观而富有情趣，能有效地激发学生的思维，加速学习的进程。音乐教学常常运用的视觉媒体有以下几种：

1. 幻灯机

幻灯机是一种能提供静止画面的光学放大器。它将静止的画面通过放大投射到银幕上，由于放映时间不受限制，有利于学生仔细地观察和欣赏。白天使用幻灯时，应注意关闭教室的窗帘，使室内保持黑暗，以保证图像画面清晰。

幻灯机的种类较多，在音乐教学中常采用直射式幻灯机。

2. 投影器

投影器是一种镜头在上方的专用光学放大器，用来投影透明片。投影器又叫书写投影仪、白昼幻灯机。它是在幻灯机的基础上发展起来的一种便于书写的装置。投影器的原理与直射式幻灯机一样，只是增加了一面反射镜，改变了光线方向，因此它可将水平放置的投影片的图像投射到银幕上。

投影器的优点在于：首先，教师可以面对学生操作，一边投影讲解，一边观察学生，及时获得教学信息的反馈；其次，投影器多用强光源，室内不必遮光可以看到清晰、醒目的图像；再次。投影片除了用来演示幻灯片、投影教具外，还可以把玻璃片或透明胶片放在投影器上，用彩色水笔书写或画图，代替黑板板书，改善教学条件。使用投影器时应准备白色的帆布以作银幕布。当然，光滑、整洁的白墙壁也可以代替银幕布。

（三）电视机、录像机

电视机又称为电视接收机。把由天线收到的电视台发送的高频电视信号还原为视频图像信号和低频伴音信号，分别通过显像器件和扬声器重现出逼真的图像和伴音的装置。录像机是能记录和重放电视图像的视频信号和音频信号的装置。

电视机与录像机集中了录音机、幻灯机的优点，它可以同时传送图像和声音，它具有图像动态化、音响化的优点，由于这种动态的视觉与听觉的结合，声画并茂，促进学生多种感官综合作用，有利于在音乐教学中提高学生学习兴趣，培养学生的观察力、理解力，同时，还可以扩大学生学习音乐文化的范围，有利于加速学生对音乐知识感知和理解的进程。近年来，许多优秀音乐教师的课堂教学录像片，给广大教师提供了良好的学习、观摩机会，这对于提高音乐教学质量无疑是很好的手段。

目前，音乐教学中常用的多是 20 英寸以上的彩色电视机；同时还配置相应的盒式磁带录像机，以供教学的需要。

（四）计算机

计算机亦称“电脑”，是一种能够接受和存储信息，按程序对信息进行处理，并提供处理结果的电子装置。通常包括计算机硬件和计算机软件两部分，计算机硬件在软件的控制和指示下工作。计算机的特点是信息处理速度快、存储量大、数据处理精度高、人机交互通讯手段丰富。计算机在教育领域的应用十分广泛，如有计算机辅助教学等方式。当前，多媒体技术也已经在计算机辅助教学领域得到广泛应用。多媒体技术把文字、声音、图像、动画、视频等多种媒体的信息通过计算机进行交互式综合处理，使音乐欣赏、音乐知识、视唱练耳和音乐创作等教学活动更具直观性、活泼性、丰富性，能有效地吸引学生，使学生积极投入学习，取得良好的教学效果。因此，计算机辅助教学和多媒体技术，在我国中小学音乐教学中已体现出极大的应用前景。

教育要面向现代化，面向世界，面向未来。音乐教育技术现代化的发展已成为必然趋势，学习与运用现代教育技术，对于音乐教育的改革和发展意义深远，是每一个音乐教育工作者的职责所在。音乐教师应该不断学习和掌握现代教育技术，以适应时代发展的要求。在音乐教育教学中，遵从讲究实效，富有美感的原则，在对各种现代教育技术充分了解的基础上，综合运用现代教学技术，扬长避短，使现代教育技术为优化音乐教学过程，提高音乐教学质量发挥积极的作用。

第十六章

音乐教育实习

第一节　音乐教育实习的目的和意义

音乐教育实习是高等师范院校音乐教育专业教学计划的重要组成部分，是理论联系实际，增强学生音乐教育专业思想，巩固和运用所学的知识和技能技巧，了解教育规律，培养学生音乐教育教学独立工作能力，成为合格的音乐师资的重要环节，同时，也是全面检验高师办学水平，提高教育质量的必要措施。

我们可以从以下几个方面来认识音乐教育实习的目的意义：

一、教育实习是实现高师培养目标、贯彻理论与实践相结合原则的体现

我国高等师范院校音乐教育专业的培养目标是为中小学校培养合格的音乐师资。音乐教育实习是师范院校对学生进行音乐教师的职业训练，培养合格的音乐师资的重要组成部分，是师范生的必修课。合格的中小学校音乐师资必须具备良好的政治修养，较高的业务素质和健全的体魄。为此，高师院校教学计划规定了学生学习相关的政治理论课、教育理论课、音乐专业的理论课和技能技巧课。但培养合格的音乐师资，仅有理论教育和技能的学习是远远不够的。毛泽东同志在《实践论》中引用斯大林的论述说："理论若不和革命实践联系起来，就会变成无对象的理论。同样，实践若不以革命理论为指南，就会变成盲目的实践"，①"通过实践而发现真理，又通过实践而证实真理和发展真理"。② 理论和实践只有紧密结合起来，才能发现和发展真理，才能推动社会的进步。高师院校的音乐教育实习，正是要求学生把所学的理论知识运用到教育教学实践的具体环节中去，使学生逐步了解、认识和掌握中小学教育教学规律，使高师培养的音乐师资，既具有广博的系统的理论知识，又富有音乐教育教学实践经验的优秀人才。因此，音乐教育实习是实现高师培养

---

① 毛泽东．毛泽东选集．北京：人民出版社，1968.269～270页

② 毛泽东．毛泽东选集．北京：人民出版社，1968.273页

目标，贯彻理论与实践相结合原则的直接体现。

二、教育实习是培养学生教书育人工作能力，巩固学生专业思想的必要环节

教育实习是对高师学生的一项综合性、实践性、社会性都较强的“实战演习”。通过演习，使学生增强为人师表的意识，培养教书育人的工作能力，同时，也可以使学生牢固树立专业思想，那就是忠诚人民的教育事业，增强从事音乐教育事业的光荣感和责任心，树立为音乐教育事业的奉献精神。

合格的音乐教师需要多方面的工作能力。教育实习可以培养学生的音乐教学工作能力，从事班主任工作的能力，辅导课外音乐活动能力，以及教育科研能力、语言表达能力、分析问题和处理问题的能力等等。在教育实习中，面对中小学生渴求知识的目光和热情，不少实习生与学生朝夕相处，情感交融，思想感情发生了升华，把对学生的热爱转化到教育教学过程的每一个具体环节中，尽心尽职；当实习生用自己的言行感染并影响到实习学校学生并为学生所效仿的时候，使实习生真实地体验到教师职业的神圣与光荣，开始初步形成教师职业道德品质，从而增强了责任感和使命感，树立了牢固的专业思想；尤其是在实习中与中小学教育工作者的接触了解，往往被他们的敬业精神所感染；更有部分实习生在亲身体验中感受到音乐教育事业的重要性，而乐意自我奉献。总之，音乐教育实习奠定了学生就业择业最重要的思想基础，提高了师范大学生的综合素质。

三、教育实习是检验高师教育质量，推进音乐教育改革的重要途径

教育实习对高师院校来说，是对学校思想政治工作、办学思想、教师素质、课程结构、课程内容和教学管理水平等各方面工作的检验。

教育实习是一面镜子，它所反映的问题往往就是高师教育教学中的薄弱环节。由于教育实习的内容广泛，反映的问题全面，既能反映学生音乐文化基础理论、基本技能的掌握情况，又能反映学生的工作能力、专业思想、政治素质等方面的情况；既能反映高师院校的办学方向，又能反映高师院校的办学水平等等。获得这些反馈信息后，高师院校也可对症下药，改进高师的教育、教学及管理工作，推进音乐教育教学改革，进一步提高高师的教育质量。

第二节　音乐教育实习的内容和实施要点

一、音乐教育实习的主要内容

音乐教育实习的内容主要有试教、试作两个方面:

试教:包括课堂音乐教学和课外音乐活动辅导。

试作:班主任工作。

此外,实习生到实习学校还可以面向全校师生或某个年级的学生开展音乐专题讲座;实习小组到实习学校还可以以音乐会或联欢会等形式开展艺术实践活动,为实习学校师生演出;实习生还可以对实习学校或实习所在的区县开展艺术教育专题调查等科研活动。

二、音乐教育实习的实施要点

音乐教育实习工作是大量而细致的工作,涉及高师院校的院(系)及指导教师和学校各个部门的配合工作,这需要进行精心计划、认真组织,既要各负其责,也要相互配合。这里就针对实习生而言,阐述实习生参加音乐教育实习工作的实施要点:

(一)实习准备工作

为了认真搞好音乐教育实习,在正式开始实习之前,实习生首先应认真学习教育实习相关文件,如《教育实习工作条例》、《教育实习计划》、《实习生守则》、《教育实习成绩评定办法》等,明确教育实习的目的、意义、安排和要求,认识自己在实习期间的身份具有双重性,即在指导教师面前是学生,但在学生面前是教师。其次,实习生还应了解实习接受学校的基本情况,钻研实习学校所执行的音乐课程标准或音乐教学大纲和教科书,积极准备实习所需的相关教育教学参考资料。

由于音乐教育实习主要分为见习与实习两个阶段,下面就见习和实习分别阐述:

(二)教育见习

教育见习包括试教见习与试作见习,这一环节往往放在教育实习的第一周。

1. 试教见习

试教见习,是指实习生到所承担实习试教班级观摩原任音乐教师的音乐课。实习生观摩课时应作好听课笔记。实习生还应了解和初步掌握实习学校音乐教学的基本情况,如教师的业务水平、教学特点、教改成绩及经验;音乐教学进度、教学安排、教学要求以及教学条件;所实习班级的班风、学生情况等。同时,实习生着手积极准备备课和预讲等相关工作。

音乐教育专业的实习生还要见习,并了解实习学校课外音乐活动的情况及原任音乐教师的辅导计划,并积极参与辅导工作。

2. 试作见习

试作见习,是指实习生到所承担实习班主任工作的班级,做见习班主任工作。实习生还应了解和初步掌握实习班级的基本情况。如:了解班主任的职能,原任班主任本学期主要的工作安排,了解学生情况,积极思考制定班主任工作的实习计划。

一般通过一周的试教、试作的见习准备工作,实习在第二周可以正式开始试教、试作工作。

(三)实习试教工作

虽然学校音乐教育工作包括课堂音乐教学和课外音乐活动,但实习生的试教工作常常是以课堂音乐教学为主,辅以课外音乐活动。

1. 课堂音乐教学的实习

实习生应结合见习掌握的情况,认真备课,搞好课前的预讲。预讲是实习生在试教之前,依据编写的教案进行的课堂教学演习。通过预讲,实习生能够在一定程度上克服初上讲台的心理障碍,进一步熟悉教学内容,掌握教学步骤和教学方法,培养初步的音乐教学技能;相应的,指导老师也可以进一步检查发现实习生备课的不足,提出改进措施。

预讲通常有三种形式:

第一种形式:实习生独自在空教室或其他合适场所,按照正式上课的要求,将教学过程预演一遍。

第二种形式:实习生请实习小组同学充当听众,在音乐教室内演习。

第三种形式;实习生请指导教师和实习小组同学参加。

实习生在所实习小组音乐教学预讲后要及时评议,充分肯定成绩,找出不足之处,以利正式教学顺利进行。同时,对其他实习生也是互相学习、取长补短的学习机会。

实习生对待正式试教的上课应注意以下几个方面:

(1)保持正常的心理状态。

实习生要上好音乐课,首先应使自己努力保持正常的心理状态。一般实习生在上头几堂课给学生留下的印象往往是很深刻的,因为在这个时候,学生对实习老师较敏感,对实习老师的一言一行都十分注意。因此,实习生在上头几堂课时应表现出高超的教学艺术和广博的知识,要使学生感到实习老师是亲切的,对他们有帮助,是促进他们成长和发展的不可缺少的人,从而给学生留下良好印象,有利于整个实习试教工作的开展。如果实习生初次正式上课,因过度紧张而造成心理失态,可能使熟悉的教案变得陌生,从而词不达意,或者程序颠倒;或用不到一半的时间讲完一节课的内容;反之,或一课时仅讲完预定内容的一半等等。为避免这种心理失态,实习生应加强个人心理素质的锻炼,树立信心,进行自我心理调整,增强自已的胆识,加强自己的应变能力。同时,要尽可能在课前与学生接触，有意识地在全班面前多“亮相”，减少陌生感，建立良好的师生关系。另外，试教前应避免过度疲劳，以保持充沛的精力和良好的精神状态。

(2)熟记教案要点。

教案是备课成果的结晶。实习生要善于使用它，而不是硬背全部教案。实习生对教案内容应当熟悉，在理解的基础上熟记教案要点，使自己在教学过程中思路清晰。同时，对教案也要灵活运用，如对讲授的详略等，也应根据教学过程中学生的学习情况而决定。

(3)做好上课的准备工作。

上课之前，实习生应做好各种准备工作。如清点教学用的教具、图片、音像资料，检查音响设备是否完好等，包括着装与发式都要得体。

(4)搞好课堂教学评议。

为了搞好课堂教学评议，实习生之间应当互相听课，待实习教学后进行评议。评议由实习教师、实习小组成员和指导教师共同参加，针对每个实习生的基础和实际教学进行综合分析，客观衡量，全面评价，以便提高实习质量和教学质量。

2. 课外音乐活动辅导的实习

实习生可以按原任教师对课外音乐活动的辅导要求，执行原任教师的辅导计划。此外，实习生自己也可以安排新的课外音乐活动内容，但应在主动争取学校领导和原任音乐教师的支持、征求他们的意见后，再订出课外音乐活动的目标，确定主要的课外音乐活动的形式。课外音乐活动形式多种多样，可参见第13章内容介绍，这里不再重复阐述。

实习生辅导课外音乐活动要注意的是，由于实习生在接受实习学校的时间有限，因此，最好不要“漫天撒网”、“面面俱到”，应在调查了解的基础上，结合自己的音乐专长来确定主要开展的课外音乐活动形式和内容。如善于指挥或声乐较好的实习生，可以为学校排练合唱、辅导声乐兴趣小组；而器乐专业强的同学则可以集中精力训练乐队、辅导学生的器乐。一般来说，实习生在实习期间应争取主要搞好某一、二项音乐活动，再同时兼顾其他项目的音乐活动。其次，实习生应明确每次辅导练习的任务，并且，应注意培养和发挥学生音乐活动骨干的主动性和积极性，既把他们当作朋友和助手，加强对他们的辅导，又可以通过他们及时反馈学生学习音乐的情况及学习要求。再有就是要将课外音乐活动的内容、目标和每周的排练时间向学生公布，以便统一规划，保证课外音乐活动的顺利开展。

(四)实习试作班主任工作

实习班主任的工作是音乐教育实习的另一重要内容。实习生配合原班主任有大量艰苦细致的工作要做，其中最主要的基本作法是：

1. 制定班主任工作的实习计划

制定切实可行的班主任工作实习计划，可以使班主任实习工作井井有条，卓有成效。班主任实习计划要明确教育实习期间，班主任工作实习的主要内容和方法。班主任工作实习计划并无固定的模式，其内容应根据实习班级所在学校和所在年级而定。一般应包括以下几个方面：

(1)实习学校和实习班级的名称，原任班主任的姓名。

(2)实习班级基本情况分析。

(3)班主任工作实习计划的基本思路。

(4)班主任工作实习期间的主要内容及日程安排。

注：实习计划开展的活动、时间、地点，准备工作的内容和执行人或活动的主持人等都应具体落实。

实习生制定出班主任工作的实习计划，应主动征得原任班主任指导和修正，并经原任班主任签字同意后在其指导下实施。

2. 指导本班共青团、少先队和班委会开展工作

班上的团、队组织是班集体的核心，班委会是班主任的助手。实习生指导团、队组织和班委会开展工作，也是班主任工作实习的重要内容。实习生应帮助团、队组织和班委会制订工作计划，抓好思想政治教育工作，协助团、队组织和班委会开展多种形式活动，重视他们的组织建设，充分调动学生干部发挥积极作用，让每个学生干部明确自己在班集体中的位置、作用和任务，激发他们的荣誉感和责任感。对他们的成绩和点滴经验应当及时总结和肯定，对他们工作中出现的缺点，应当满腔热情地帮助纠正。

3. 注意面向全体学生的教育工作

实习生在开展班主任工作时，应注意要面向全体学生的教育工作。实习班级开展的各项活动应以学生为主体，使每一个学生的各项潜能得到开发并使他们从中受益。在活动中，实习生应注意把全体学生的普遍参与与发展不同个性有机结合起来，要热爱、尊重每一个学生，与学生建立感情上的联系，尤其是对后进学生应该更多一点爱，引导后进生发扬积极因素，克服消极因素，帮助他们明确学习目的，端正学习动机和学习态度，并注意与他们的家庭、社会相配合，有的放矢地进行教育工作。

4. 发挥音乐专业优势开展班主任工作

音乐教育专业的实习生在实习班主任的工作时，应该扬长避短，发挥音乐专长的优势积极开展班主任工作。开展教育活动时，应充分发挥音乐教育的功能，寓思想品德教育于音乐活动之中。在教育内容方面，实习生应根据教育的工作重点，选择一些针对性较强具有教育意义的音乐作品；在教育形式方面，既要有细致的个别教育，也要有生动活泼，甚至是轰轰烈烈的集体教育活动。常见的形式有：配合教育中心开展“每周一歌”活动；开展富有特色的“音乐主题班会”活动，就是向全班学生进行某项教育时，以音乐的形式开展班级活动。音乐主题班会的“主题”要鲜明，注意其思想性、教育性和艺术性的结合。音乐主题班会通常有以下几种形式：

(1)以歌咏为主的主题班会。通过全班同学各种形式的演唱，可以是以小组为单位，也可以是学生自由组合，促进班级的团结友爱风气，提高班级歌咏水平。

(2)以音乐知识竞赛为主的主题班会。通过学生与学生之间、学习小组与小组之间的音乐知识比赛，提高学生学习音乐的兴趣，巩固学过的知识，锻炼学生的能力。

(3)以音乐舞蹈表演为主的主题班会。可选某一题材为主题(如赞美祖国等),让学生发挥自己的特长,以音乐舞蹈的形式进行,培养学生健康的审美情趣,在音乐艺术的熏陶中培养学生热爱祖国、热爱中国共产党、关心集体的思想品质。

(4)以观后感为主的主题班会。可选一些富有教育意义的音乐会组织全班学生观摩,看后就这次音乐会的主题进行主题班会的讨论。如观看录像片《黄河大合唱》、观看《20世纪华人经典作品音乐会》的录像等。

此外,还可以采取"请进来"(请某位音乐家作专题报告等)、走出去(组织学生参加某单位的文艺联欢等)的形式开展丰富多彩的教育活动。

(五)教育实习总结

教育实习总结,是指实习生把自己在教育实习期间参与教育教学的各项工作进行回顾、总结、分析、研究,找出自己的长处,寻找工作中还存在的差距,并初步小结所掌握的教育教学规律以指导今后的工作。通过教育实习总结,肯定成绩,克服不足,促进自身今后的工作。

教育实习总结一般分为两种类型:

第一种是实习生的个人总结。

实习生个人总结应包含实习生本人参加教育实习全过程的基本情况简介,对实习试教和试作工作的认识、体会,取得的经验及教训,以及今后应努力的方向等几个方面。实习生写出的总结可以是综合性的教育实习总结,可以是专题性总结。

第二种是院系的实习总结。

院系的实习总结是总结本院系教育实习的基本情况,实习的主要特色和实习的经验,分析本院系培养人才的质量与既定目标之间和社会之间的差距。此外还可以针对实习生带有普遍性存在的问题提出改进的意见。院系教育实习领导小组在教育实习工作结束后,应召集领导小组和指导教师总结、座谈后,形成书面的院系教育实习工作总结,在此基础上召开院系教育实习总结会,并邀请下一年级学生参加会议;还可以通过系列活动巩固和发展实习成果:如举办音乐教育实习图片、教案等实物展览;实习生音乐教学讲课比赛;组织优秀实习生给低年级学生讲示范课,介绍实习经验、感受;编印教育实习经验汇编等等。

附　录

一、说　课

说课是执教者面对同行及教学研究人员系统地阐述自己的教学设计及理论依据。说课是音乐教学评价中的一种自评形式，是在音乐教学中促进教师发展的有力措施。如果说教案阐述了教什么、怎么教的问题，而说课则说明了为什么要这样教的原因。因此，人们常把说课比作教育理论与教学实践之间的桥梁。

说课主要包括以下内容：

1. 说教材——对教材的理解；
2. 说学生——分析教学对象；
3. 说教法——选用哪些教学方法与手段；
4. 说过程——介绍教学过程设计；
5. 说理念——剖析如何运用教育和教学理念于教学之中。

由于说课让执教者自己说话，自己进行评价，听课者可以提出问题，让执教者当场解答，甚至可以讨论、辩论。那么这种充满研讨氛围的评价内容，不但有利于执教者自身的发展，而且能够促进所有听课教师的共同提高与发展。

（选自《小学音乐教学竞赛指南》主编邹阳）

课例：咚咚 哒哒

教学目标

1. 能积极参与《咚咚 哒哒》的音乐活动，并从中体验到快乐。
2. 学会唱《出旗曲》并能用大鼓、小鼓的节奏为《出旗曲》伴奏。

教学设想

创设少先队出旗的情境活动，引导学生在自主探索与合作交流的学习活动中学习《出旗曲》和大鼓、小鼓的节奏。分旗手、副旗手、号手、鼓手等角色参与少先队小队出旗竞赛的表演活动。

教学准备

塑料桶 20 个，塑料盆 20 个，并在盆的两边穿上绳子，筷子 20 双，课件。

教学过程

一、听一听，唱一唱

1. 听音乐《学做解放军》进教室。体育委员走在队伍最前面，随音乐喊口令。

全班学生都到座位后，音乐停，口令止，体育委员回座位。

2. 听琴，师生问好。

3. 放《出旗曲》展示出旗画面。

师：上节课，我们学做了一回神气的解放军，那今天我们又要来学学谁呢？看屏幕，你们说说这些少先队员在干什么？

生：……

师：对，小朋友都说得对。他们就是少先队的号鼓队，正在演奏《出旗曲》，那么我们今天也来学学少先队号鼓队演奏《出旗曲》，并进行出旗活动，好不好？

生：……

4. 学旗手。

师：先来学谁呢？我们来看看队伍中谁最神气。

生：……

师：哦，是旗手，他走在队伍的最前面，也最神气，那我们一起来学学旗手举旗。

（教师示范，学生学做）

师：跟着音乐做一做（放音乐），看谁最神气，就选他上来当旗手。

（选一名学生当旗手，上台举旗，贴旗手标志）

师拿起旗面问：你们看这面旗子的一角到哪里去了？知道吗？它已变成了我们的红领巾。所以就要选少先队员出来保护我们的队旗，那就是我们的护旗手。

5. 学护旗手。

师：跟在旗手后面的两个敬礼的少先队员就是护旗手，他们神气吗？

生：神气！

师：那我们一起也来学学护旗手，看谁最神气，敬队礼的动作最标准，我就选他做护旗手。准备了——敬礼！注意是右手五指并拢，高举过头顶，表示人民的利益高于一切。（放音乐）原地踏步走，立——定！礼毕！

（在全班选出两名学生当护旗手，给他们俩贴护旗手标志）

6. 学队号旋律做号手。

师：看画面，这两个少先队员在干什么？

生：吹号。

师：对，他们就是号鼓队的号手，那么我们来学学号手，大家来做一做，谁做得最像最

神气，就请他上台做。（学生看画面模仿）

师：那么号手是怎么唱歌的呢？跟我来学一学。

方法：

(1)师带唱一遍。

(2)师弹琴，学生唱，选出几位当号手，贴上号手标志。

师：同学们唱得真好，让我们再来一次。

7. 旗手、护旗手、号手上台表演。

二、找一找，敲一敲

1. 导入。

师：好了，现在我们已经有了旗手、护旗手、号手，同学们看看还缺什么？（看画面）

生：鼓手。

师：对，那我们就学学哥哥姐姐们来打鼓。首先我们来认识一下大鼓（拿出实物）。你们会敲吗，谁能上来试试，给我的出旗曲伴奏。（指名学生上台）

师：刚才这个小朋友敲得不错，那你听到的大鼓的声音是怎样的呢？

生：咚咚。

师：对，大鼓的声音我们用"咚咚"唱（贴标题"咚咚"），在号鼓队中，大鼓是这样敲的，听老师唱唱：

$\frac{2}{4}$　大鼓|唱　0|咚　咚　|咚　0|

大鼓|唱　0|咚　咚咚|咚　0|

你们想不想学？

生：……

师：那我可要选敲得最好的小朋友上台来敲。（贴大鼓的标志）

方法：

①师教一句，生学一句。

②生读上句，师读下句。让学生比较老师读的两个下句有什么不同。

③师读上句，生读下句。

④学生用左手做大鼓、右手做鼓棒，拍击大鼓节奏，休止符用握拳表示，边唱边拍。

⑤学生默唱拍击大鼓节奏。

⑥指名两位学生上台敲大鼓，其他学生跟着默唱。（这两名学生选为大鼓首席）

2. 找大鼓音源。

(1)师：想想，在我们身边会有什么东西发出的声音像大鼓。（指名学生找一找，敲一敲）

师：你们看看教室里，老师带来了些什么？怎么敲才能让桶子、盆子发出的声音更像大鼓呢？

(2)学生分两大组：一组探索桶子的敲法，一组探索盆子的敲法。

(3)(学生听音乐安静，随音乐回到座位)指名说说各自敲击的方法。

师：那你们觉得桶子和盆子哪个敲击的声音更像大鼓呢？

生：桶子。

师：那我们都用桶子来做大鼓，4～7组的小朋友听音乐去拿桶子。

(4)1～3组拍手，4～7组拍桶子，拍击大鼓节奏给《出旗曲》伴奏。

3. 学小鼓节奏。

(1)师：刚才我们学敲大鼓了，现在我们来认识一下小鼓，有没有同学知道小鼓怎样敲，谁来试试给《出旗曲》伴奏。(指名学生上台敲一敲)

(2)师：敲得挺不错，那小鼓的声音和大鼓的声音有什么不同呢？

生：……

(3)师：你们说得对，那么小鼓我们就用"哒哒"来唱(贴标题"哒哒")。"咚咚"是大鼓的声音，"哒哒"是小鼓的声音，今天我们这节课就叫"咚咚 哒哒"。在《出旗曲》中，小鼓是这样敲的。听老师唱唱，看谁听得最认真：

$\frac{2}{4}$ 小鼓 来唱 | 歌 哒哒 | 小鼓 来唱 | 歌 哒哒 |

我们 大家 | 听 哒哒 | 小鼓 来唱 | 歌 0 |

你们一块来学好吗？

生：……

(师贴出小鼓的歌)

方法：

①师教一句，生学一句。

②生读上句，师读下句。比较一下两个下句有什么不同。

③师读上句，生读下句。

④齐读，小鼓的演奏方法是双手敲(师示范)。

用腿当小鼓，手当鼓棒，拍击小鼓的节奏，边唱边拍。

⑤默唱，拍击节奏。

⑥指定三位学生上台敲小鼓，并选为小鼓首席。(贴上小鼓首席标志)

4. 寻小鼓声源。

(1)师：想想我们身边，有什么东西发出的声音像小鼓。(指名学生说一说，敲一敲)

(2)1～3组的学生随音乐将盆子拿回座位。

(3)师：想想，桶子和盆子怎样敲才像小鼓声？你们试一试。

(4)(听音乐安静)指名学生说一说。

(5)1～3组用盆子击出小鼓节奏，4～7组拍腿击出小鼓节奏。

三、评一评，演一演

1. 合作练习。

(1)拍手复习大鼓节奏。

(2)拍腿复习小鼓节奏。

(3)指名大鼓首席上台与老师合作。

(4)指名大、小鼓首席合作,1～3组同学拍腿,4～7组拍手。

(5)全班同学用手中的乐器伴奏,师弹琴。

2. 出旗表演。

师:现在我们来进行出旗表演,看谁表演得最神气,表演得最好。

口令:全体起立!

旗手出列!接旗!

护旗手出列!

号手出列!

鼓手出列!

请同学们把自己的乐器拿到手上。

3. 跟琴预演一次。

4. 师总结:今天模仿号鼓队出旗活动非常成功,退场。

5. 学生随音乐出教室。

说课

让我们快乐地敲起来

——上《咚咚 哒哒》一课有感

《咚咚 哒哒》一课,是义务教育课程标准实验教科书小学一年级音乐教材中的一堂综合活动课。教学的主要目标是:学会唱《出旗曲》并能用大鼓、小鼓的节奏为《出旗曲》伴奏;能积极参与《咚咚 哒哒》的音乐活动,并从中体验到快乐。

对于整个教学,我是这样设想的:创设少先队出旗的情境活动,引导学生在自主探索与合作交流的学习活动中学习《出旗曲》和大鼓、小鼓的节奏。分旗手、护旗手、号手、鼓手等角色参与少先队小队出旗竞赛的表演活动。

当初设计的这堂课时,我想:作为示范教学课,如果过多地使用课件和繁琐的教具会给条件不太好的学校、老师、学生带来一些麻烦。于是决定,课件不再另外做,就采用课本配套的课件,条件差一点的学校可以只用教学磁带和课本(或教学挂图),条件好的学校对于课件的使用也很轻松。那么教具呢?就准备两面大鼓、三面大鼓、一面中队队旗、四把队号(少先队员鼓队的号鼓每个学校都会有)。另外,就是准备学生模仿大鼓和小鼓的塑料桶和塑料盆,以及筷子。

在教室的布置方面,可将座位摆成队旗的形状,这样,学生进教室里也会有种新鲜感,从而激发他们的学习兴趣。

在整个教学过程中，有几个方面通过反复试教修改后，我觉得比较满意。

一、情境的创设

为什么要创设情境，在新课标中提出这样的目标："通过提供开放式和趣味性的音乐学习情景，激发学生的好奇心和探究愿望，引导学生进行以即兴式、自由发挥为主要特点的探究与创造活动，重视发展学生的创造性思维的探究过程。"因此，教学中，我引导学生通过动口、动手、动脑等行为把知识具体化、形象化，使之积极主动地参与到学习活动中来。教学开始时，我引导学生神气地唱着《学做解放军》这首歌，同时由体育委员随着音乐节奏喊着响亮的口令，列队步入教室，学生此时情绪饱满地进入了学习状态。

要使学生达到这一良好的效果，就要在上一节课学习时进行练习，唱着歌听着体育委员的口令进行整齐的踏步练习。另外，在平时的音乐课前，就要坚持训练学生听琴进教室并很快找到自己的座位。否则，想让一年级学生在这一堂课达到你预想的效果，是不可能的。这要求老师在平时就要训练学生良好的学习习惯。

对于一年级学生，他们最喜欢的活动之一就是模仿。模仿成人的活动、模仿各种小动物，他们会乐此不疲。这堂课也是如此，我通过运用多媒体展示少先队员出旗的场景，塑造形象，引导学生转换角色，通过学习模仿少先队号鼓队员的活动，导入本课主题。在教学过程中，我将这一主题活动贯穿始终。通过竞评旗手、护旗手、号鼓手以及结合儿歌的节奏自寻音源等活动，激发学生的学习兴趣，带动了他们的参与情绪。

二、在实践中体验

体验是人们在亲身实践中体会知识的一种心理和行为活动。新课标中明确指出：小学音乐要"体现以音乐审美体验为核心……引导学生主动参与音乐实践，尊重个体的不同音乐体验和学习方式……启发学生在积极体验的状态下，充分展开想象；保护和鼓动学生在音乐体验中的独特见解"。在学生参与实践、体验贯穿教学过程中，我借助各种教（道）具，充分调动学生学习的积极性和主动性。在探究音源这一教学环节中，我曾设计：全班学生到教室各个角落寻找接近大、小鼓声的音源，再通过敲击塑料桶、盒，比较其声音是否接近大、小鼓声。在试教过程中，发现这样做，教室里又吵又乱很不好组织，还耽误了许多时间，于是改成让个别学生说说教室里有什么东西发出的声音像大、小鼓，敲一敲，然后让同学们说说像不像，最后再集体探究桶子、盆子怎样敲击出像大、小鼓的声音。这其间，用弹奏音乐的方法来组织学生离开座位，展开探究活动，再回到座位，学生在一个轻松愉悦和张扬个性的氛围里，体验和感受了大、小鼓的音色与节奏，使整个课堂气氛张弛有度，且达到了教学效果。

三、巧妙设计，难点突破

本课的主要难点就是，熟练掌握大、小鼓的节奏及简单的二声部节奏。在设计中如果采用常规的教法进行，对尚未接触过二声部节奏训练的小学一年级学生来说，无疑是座难以翻越的高山。针对这一情况，我进行了这样的设计。首先，在节奏训练时，我采用自编节奏儿歌的教学形式，最初是这样的：

1：$\frac{2}{4}$　大鼓|唱 0|咚　咚　|咚 0|

大鼓|唱 0|咚　咚咚|咚 0‖

2：$\frac{2}{4}$　小鼓　来唱|歌　呀呀|小鼓　来唱|歌　呀呀|

我们　大家|听　呀呀|小鼓　来唱|歌　0　‖

试教中发现，学生对两条节奏的双句都掌握不好，容易混淆。于是在师生对唱这一环节中，总是要学生先读单句，我来接双句，让学生比较发现老师读的两个双句有什么不同，然后，再由老师读单句，学生读双句，这样一来，问题解决了。最后，通过大声读、轻声读、默读，同时双手模拟敲击双腿的方式，使学生在趣味中熟练掌握节奏。为了与课题《咚咚哒哒》相呼应，把小鼓儿歌节奏中的“呀呀”改成“哒哒”，也就是今天教案中的儿歌。这样化解了教学难度，突破了难点。

接下来，就是解决二声部合奏的难题了。怎样才能让学生掌握好呢？由于在上一环节中有较好的铺垫，所以在这一环节中需建立学生良好的合作意识了。首先，我通过竞评选出节奏掌握较好的学生担任大、小鼓“首席”的职务，因为他们能起良好的示范作用。通过我与大鼓“首席”的合作，让学生听到两种节奏、声音合奏的效果；再让大、小鼓“首席”之间合作，让学生们加深感受；最后，在首席的带领下，全班合奏，使二声部合奏的难点在此得到突破。

以上，是我在试教及教授这堂课中的一些体会，当然还有很多，不能在这里一一阐述了。我相信，每一位上了此课的老师都会有比我更丰富的体验。

（长沙市岳麓区高新博才小学　赵韧）

二、微格教学

微格教学是借助现代的视听工具，以若干小组的学生为对象，培养某种教学技能的方法。由于它的教学是一个有控制的实践系统，并且是建立在教育教学理论、视听理论和技术理论基础上，能够在短时间内系统地训练和提高教师的教学技能，使未来教师和在职教师有可能集中解决某一特定内容的教学行为或能在一定条件下进行学习。因此，微格教学是当今师范生和在职教师掌握提高教学技能，从而被广为采用的一种方法。

微格教学，又被称为“微型教学”、“微观教学”和“小型教学”。

微格教学的过程大致如下：

自上世纪 60 年代初斯坦福大学的研究者提出微型教学以后，几十年来，它不断改进，不断完善，其教学的过程已经形成了一个稳定的模式，概括起来，我们可以从以下步骤去认识它（如图所示）。

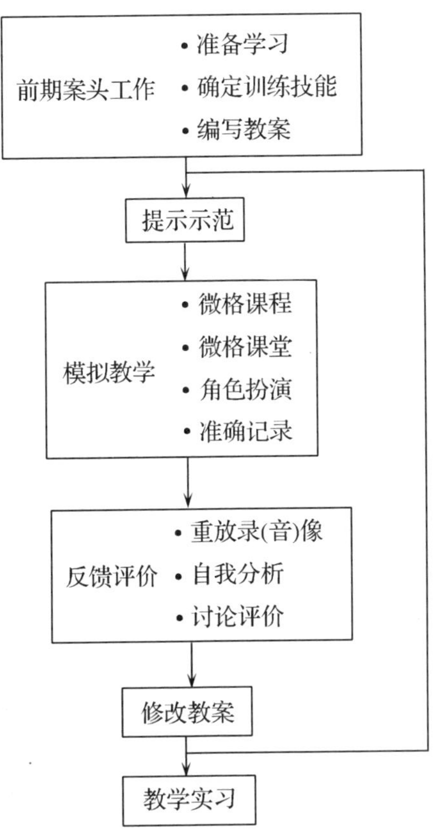

1. 前期案头工作

微格教学是在现代教育理论和思想指导下的实践活动，大量的实践证明，它是培养教师技能的一项成效甚佳的措施。但是，微格教学的前期工作应该是十分细致的，它包括准备学习、确定培训技能和编写教案。

首先是准备学习。在进行微格教学教学训练之前，施教者的准备学习，尤其是有关教学理论的学习和教学理论的研究，是十分必要的。学习得好与差，研究得粗与细，直接关系到微格教学的成功与失败。具体地讲，学习与研究的主要内容有教材的分析、教学目标的分类、教学方案的设计、课堂的观察方法、采用的教学技能分类、教学的评价手段以及学习者的特点等等。

其次是确定培训技能。培训技能是微格教学的主要目的。在微格教学进行之前，为了便于教师尽快地掌握某些教学技能，一定要确定好一到两项技能，并设计安排好在不同的单元或与之相适应的环节上分别进行训练，项目不宜过多。

再次是编写教案。编写教案往往是在确定培训技能后，施教者为被培训者选择恰当的教学内容，并根据所设定的目标(包括总体目标和专项目标)进行包括教学方法制定、教学时间分配在内的教学设计，从而写出详细的教学方案。微格教学的教案与通常意义上的教案略有不同，它要求施教者必须详细说明其教学行为所应用的技能和对被培训者的学习行为的预测。

2. 提供示范

微格教学由于是单元式或片断、环节式的教学，从而有比较容易掌握或让被培训者接受的可能性，但也有易被轻视的另一种可能。因此，在进行正式训练前，要首先明确训练的目的和目标以及要求。通常情况下可采用播放录像、录音或实际角色扮演的方法，对所要训练的技能进行示范。这种示范可以是一节课的全过程，也可以是一个环节或者一个课堂教学的片断。有条件的学校可采用声像结合的办法，但要做好文字说明，或者施教者随着示范进行指导说明，以利被培训者对各种教学技能的正确感知、理解和分析。示范的初期，多以优秀课例作为典型为好。

3. 模拟教学

模拟教学是借用物理学的实验术语。它的形式和特点是在较小范围内的角色扮演，可能是被培训者扮演教师，也可能是被培训者扮演低一层次的学习者。这种形式更适合于师范生和在职教师的继续教育，主要特点是就某一个单元内容，或者某一个选题，或者某一个课堂环节，抑或某一项专业技能的模拟。在模拟教学过程中，主要分四个程序，即微格课程设计，微格课堂模拟，模拟师生的角色扮演，所有参与者对被培训者施教过程的评价。

(1)微格课程

微格课程是指一个学科所包含的一系列的半独立的单元，每一个单元讨论一个独特的概念或活动。微格课程设计主要指被培训者按照自己的训练进度单独学习一个单元，或某一项技能，可以不必考虑单元之间的逻辑顺序，也可以不去顾及多项技能间的衔接关系。但要注意的是，学习微格课程时，被培训者一定要在教师辅导下，通过阅读教材，观看电视、电影或计算机的终端所显示的教材，独立地去完成这种学习活动。这种活动可以是连续性的，即：当一个微格课程达到一定程度时，被培训者可以向教师申请考试。通过一个微格课程后，可再选定另一个有关的微格课程。如此循环进行，就可以不断地掌握更多的学科内容。

(2)微格课堂

当一个微格课程设计并完成之后，被培训者或施教者可根据其内容在一个小范围内(10人左右为宜)进行小格的课堂教学技能训练。这个程序主要是模拟，施教者和被培训者的角色要有所调整。所以，在操作过程中，被培训者可以不必考虑教和学双边的任何限制和制约，而在比较轻松的气氛下随时修正或者及时调整。微格课堂要由扮演的教师(被培训者)、学生(被培训者的同学)、教学评价人员(由指导教师和被培训者的同学组成)和摄录像设备的操作人员(专业人员和被培训者的同学)组成。

(3)角色扮演

模拟教学中的角色扮演是通过微格教学获得教学技能的一个十分重要的环节。它关系到教与学双边的扮演者能否进入角色，而角色的成功与否又决定着教学技能的掌握和体验程度。因此，模拟教学的设计不仅要环环缜密，而且在情境创设上要认真投入。通常情况下，由于微格课程的内容所限，在微格课堂上只能练习一两种技能，所用的时间以10

～15分钟为宜。在进入角色开始，被培训者要做一简要说明，以便明确训练的技能、教学内容和教学设计思想。

(4)准备记录

前面已经讲过，微格课堂的结构组成要有摄录像设备及操作人员，目的是在被培训者进入角色后，对施教者操作的微格教学的全过程进行准确的记录，包括他的施教行为和学生的配合行为，以便能及时准确地进行反馈。记录的方法可以多样，条件好的学校最好利用录像，条件不允许的学校可以采用文字记录和录音记录。

4. 反馈评价

反馈是被培训者的再学习过程。它主要包括：重放录(音)像、自我分析和讨论评价三个方面。

(1)重放录(音)像

当一个微格课堂模拟教学完成之后，在进行评价或获得反馈之前，一定要重新播放录(音)像，这样可以使培训者和被培训者的角色双方以及评价人员能够更准确、更客观、更真实地观察角色双方的实际情况和某项技能培训所达到目标的程度。重放录(音)像还有另外一个目的，就是看整个过程的情境是否都已进入角色，因为进入角色的程度决定着技能训练的结果。

(2)自我分析

看过录像或听过录音后，模拟教学中的教师角色首先要有一个微格课程和微格课堂设计的说明，说明训练的主要技能；然后做一个自我分析，检查在模拟实践中是否达到了预定的目标，所培训的技能项目是否已掌握或掌握的程度有多大。

(3)讨论评价

模拟教学后的讨论评价是一个亡羊得牛的过程，因此要十分重视。在讨论中，作为学生角色、评价人员和指导教师都要站在各自的立场，公正、客观、毫不顾及情面地把问题摆出来，并尽可能地提出改进的方向和办法。

5. 修改教案

修改教案是被培训者根据自我分析和讨论评价中所指出的问题，重新修改所设计的教学方案，包括情境的创设、教学方法的调整、技能训练的强度等等。为进行下一次同一内容的微格教学的再循环或进入教学实习阶段做好准备。

(选自《音乐微格教学法》郁正民著)

主要参考书目

1. 顾明远．教育大辞典．上海:上海教育出版社,1990
2. 陈元晖．教育与心理辞典．福州:福建教育出版社,1988
3. 郭德俊,雷雳．教育心理学概论．北京:警官教育出版社,1998
4. 郭成,赵伶俐．美育心理学．北京:警官教育出版社,1998
5. 罗小平,黄虹．音乐心理学．广州:三环出版社,1989
6. 曹理,何工．音乐学习与教学心理．上海:上海教育出版社,2000
7. 曹理．普通学校音乐教育学．上海:上海教育出版社,1993
8. 廖家骅．乐思集．北京:中国文联出版社,1999
9. 谢嘉幸．走进音乐．成都:四川人民出版社,1999
10. 扈中平．现代教育理论．北京:高等教育出版社,2000
11. 郭声健．艺术教育论．上海:上海教育出版社,1999
12. 蔡铁权,楼世洲,张剑平．现代教育技术教程．北京:科学出版社,2000
13. 何克抗．现代教育技术．北京:北京师范大学出版社,1998
14. 音乐欣赏手册．上海:上海文艺出版社,1981
15. 冯克诚,舒达．素质教育模式与评估督导实用全书．北京:中国民主法制出版社,1998
16. 舒达,蒋长好．素质教育全书．北京:经济日报出版社,1997
17. 顾春,张会军．中国素质教育实用全书．北京:开明出版社,1997
18. 田本娜．小学教育学．福州:福建教育出版社,1995
19. 邵祖亮．中学音乐教学法．上海:上海音乐出版社,1993
20. 高师《中学音乐教学论教程》教材编写组．中学音乐教学论教程．北京:人民音乐出版社,2000
21. 杨立梅．柯达伊音乐教育思想与实践．北京:中国人民大学出版社,1994
22. 蔡觉民,杨立梅．达尔克罗兹音乐教育理论与实践．上海:上海教育出版社,1999
23. 曹理．音乐学科教育学．北京:首都师范大学出版社,2000
24. 秦德祥．元素性音乐教育．南京:南京大学出版社,1989
25. 瞿保奎主编．中国大百科全书．(教育)中国大百科全书出版社,1985
26. 徐英俊．教学设计．北京:教学科学出版社,2003
27. 中国音乐教育．北京:人民音乐出版社,2000～2005(各期)
28. 张凯．音乐心理．重庆:西南师范大学出版社,2001
29. 金亚文．初中音乐新课程教学法．北京:高等教育出版社,2004

30. 李德隆．高师音乐教育学概论．上海:上海音乐学院出版社,2003
31. 郁正民．音乐微格教学法．上海:上海音乐出版社,2004
32. 邹阳．小学音乐教学竞赛指南．长沙:湖南师范大学出版社,2003

后 记

20 世纪 80 年代中期，我开始从事高师音乐教育理论与实践课程的教学工作，为了教学的需要，当时曾编写过《中等学校音乐教学法》，之后，由于中国音乐教育学会成立，进一步推动了我国高师音乐教育理论与实践研究，90 年代初，我又与全国 6 省 2 市的 12 位学会会员，共同撰写了一本用于高等师范院校音乐教育专业教学的《中学音乐教学法》。此后，我国教育改革形势发展很快，同行专家编著了不少各具特色的有关音乐教育学、音乐教学论之类的教材，形成了音乐教育理论与实践研究园地里百花齐放的亮丽风景。自己在这个园地里已辛勤耕耘了 20 多个春秋，现亦将自己所感、所思、所悟、所获编纂成此书，奉献给音乐教育事业，奉献给我国音乐教育理论与实践研究园地。我不敢说此举是为这个园地锦上添花，但愿它能为这个园地增添一片绿意，并欲以此求教于方家，且希望同行和专家不吝赐教。

在此书编撰过程中，深受音乐教育界前辈及同行专家著述的启迪，在此一一致谢。

此书编撰过程中，得到西南师范大学出版社的大力支持，得到了张友刚教授的帮助，得到了责任编辑贾晖的协助，在此也一并致谢。

编著者

21 Shiji Quanguo Gaoshi Yinyue Xilie Jiaocai · Jichulilun

图书在版编目（CIP）数据

音乐教学论 / 尹红编著 .—重庆：西南师范大学出版社，2002.2（2022.3 重印）

（21 世纪全国高师音乐系列教材）

ISBN 978-7-5621-2642-3

Ⅰ. 音… Ⅱ. 尹… Ⅲ. 音乐课—教学法—中小学—师范大学－教材 Ⅳ. G633.951.2

中国版本图书馆 CIP 数据核字（2002）第 014863 号

教育部体育卫生与艺术教育司审查通过
全国高等学校音乐专业课程教材
21 世纪全国高师音乐系列教材

音乐教学论（修订版）

尹 红 编著

责任编辑：贾 晖 王 菱
封面设计：尚品视觉 CASTALY 周 娟 钟 琛
出版发行：西南师范大学出版社
地址：重庆市北碚区天生路 2 号
网址：www.xscbs.com
邮编：400715
经 销：新华书店
印 刷：重庆华林天美印务有限公司
幅面尺寸：185mm × 260mm
印 张：13.5
版 次：2007 年 9 月 第 2 版
印 次：2022 年 3 月 第 20 次印刷
书 号：ISBN 978-7-5621-2642-3
定 价：39.00 元